長宗我部元親

土佐の風雲児 四国制覇への道

Truth In History 16

プロローグ

雲辺寺より

　井のなかの蛙、大海を知らず——そんな"蛙"が、初めて井の外に出てみたときの話が残されている。
　天正5年（1577）春、四国土佐の戦国大名・長宗我部元親は、讃岐にある雲辺寺という寺を訪ねた。
　この寺は、雲辺寺山という標高916mの山頂に建つ寺である。
　「四国の辻にありて、仏殿四隅の柱、四ヶ国に根を下ろす。国は讃州に近く、里は大西白地（徳島県三好市）に近し。高山の絶頂なる故に雲辺寺と云う」（『南海通記』）
　ちょうど香川、徳島、愛媛、高知の県境近くにある霊場で、"四国の辻"と呼ぶにふさわしい山だ。現在では山頂にスキー場も建造され、冬はスキー客で賑わう人気スポットにもなっている。
　開祖は元親を凌ぐ四国のスーパースター、弘法大師（空海）だ。四国八十八箇所の六十六番札所で、最も高い場所にある寺である。ちなみに四国一の高山は、愛媛の石鎚山（標高1982m）となる。
　雲辺寺の所在は徳島県だが、古くは讃岐に分類され、八十八箇所でも讃岐の礼所として知られている。
　余談だが、四国は本当に山が多い。
　遍路をされた方ならわかる話だろうが、四国の山道はとにかく峻険だ。特に県境を隔てるようにそびえる山々を旅すると、4県にそれぞれ独特の風土、文化、人情が生まれた理由が少しはわかるような気がする。四国は意外な山国なのだ。
　この雲辺寺山を、もちろん元親は徒歩で登ったわけだが、現在では山頂と香川県観音寺市を結ぶロープウェイがあり、7分程度で雲辺寺に着けるようになっている。
　ロープウェイを降りると、想像以上の寒さと霧の深さに驚かされる。
　「伊予、讃岐を眼下に見、九州、中国を目の当たりに見る大山なり。常に雲霧絶えず、初夏に雪を戴き、海上より見る大山なり」（同）
　地元の人の話では、山麓と山頂では7度も気温が違うという。"雲霧絶えず"の言葉通り霧が立ち籠めており、元親が登った春にも雪を残していた

であろうと感じられる高峰だ。

雲辺寺は文字通り雲の辺にある寺であり、下界とはまるで別世界の空間に思えた。訪れるお遍路さんも多く、本堂の前で熱心にお教をあげる人も見られた。

山頂からの眺望は素晴らしい。"四国の辻"からの絶景は、まさに雄大の一語である。

東西南北から4県を望むと、香川方面には瀬戸大橋、愛媛には石鎚山系の稜線、徳島の町、そして元親が生まれ育った高知の山々も見える。

さて、長宗我部元親はなにも物見遊山や参詣、願かけのためにこの寺へ立ち寄ったわけではない。

この天正5年(1577)、元親は39歳。2年前の天正3年(1575)に土佐を平定し、一国の主(あるじ)として天下に名乗りをあげたばかりのころだ。

元親は残る讃岐、阿波、伊予の制圧をにらみ、

「当国(讃岐)一の高山、隠れなき霊地」(『土佐物語』)──雲辺寺より、まだ見ぬ3国を検分しようとしたのである。

●

天正5年(1577)といえば、織田信長が天下統一に向けて驀進(ばくしん)していた時代で、あの本能寺の変より5年前の年である。

すでに武田信玄や毛利元就といった巨頭も没し、応仁の乱から約100年

◆雲辺寺

長宗我部元親と住職の問答で知られる寺。開基は弘法大師。四国八十八箇所の六十六番札所としても知られる(徳島県三好市)

続いた乱世はクライマックスを迎えようとしていた。

各地を流れる川の支流がことごとく巨大な大河に流れてしまうように、全国の群雄は信長、秀吉、家康という3人の英雄に飲み込まれようとしていたのである。

ただし、当時の四国はまだこうした大きなうねりの外にいた。時代の中心人物だった信長の視界にも、いまだ入らぬ遠方の島国だったのである。率直にいえば、四国は天下の外にある田舎に過ぎなかったのだ。

だが、そんな四国にも、変革の荒波が奔流となって押し寄せようとしていた。

食うか食われるか。殺るか殺られるか。

この変革のキーマンが、3国に真っ向から戦いを挑もうとしていた、長宗我部元親その人である。

土佐の一豪族という"井のなかの蛙"に過ぎなかった元親は、四国平定という大事業を前に――雲の辺へと登ってみたのだ。

山頂から初めて四国の広さを体感した元親。この土地すべてを己のものにできるかもしれない、戦国大名として生き残るためには、四国全土をものにしなければならない。その胸中には、感動、興奮、不安、緊張……さまざまな思いが去来したことだろう。

●

この際、元親は寺で住職と会見をしている。会見の模様は『土佐物語』『長元記(ちょうげんき)』『南海通記』など複数の史料に記載され、四国では有名な逸話となっている。以下がその内容だ。

――元親に対面した住職はまずこう問うた。

「天下大いに乱れ、賊も跋扈(ばっこ)するこのごろ、あなたはなんのために、はるばるここまでこられたのですか」

元親は己の野望を包み隠さず、「当国を平定するためです」と、あっけらかんと答えている。

住職は驚き「あなたは天性闊達の人とかねてから聞いていたが、予想以上です。しかし、軍慮いまだ足らざるところがあるのではないですか。敵国に入るには、その地理と兵の気を知るのが第一です。この讃岐は11郡も

の広い土地なのですよ」と話し、障子を開け、改めて讃岐の広大な土地、多くの城を指し示した。

天性闊達とは、度量が大きく、自由気ままな人柄、気性を意味する。生粋の土佐っぽである元親にはぴったりな言葉かもしれない。

住職は続けて『孫子』(中国の兵法書)を元親に説いている。

この時代、僧侶は現在の抹香臭いイメージではなく、見識豊かな学者として敬われていた。信長や謙信、信玄といった武家の大将が幼少時に寺に入れられたのは、僧に学問や兵法を学ぶためだったのである。

「兵を用いるには、味方が敵の10倍の兵力ならば敵を包囲し、5倍ならば攻撃し、2倍ならば2手に分けて攻撃し、同数ならば全力で戦い、兵力が劣るならば退け、と申します。あなたはわずか土佐7郡の少勢でこの讃岐11郡を攻めるつもりのようですが、それは無茶というものです」

住職は続けて、そばにあった茶釜と水桶を指し、こう告げた。

「あなたはこの釜の小さな蓋で、この大きな水桶を覆おうとしているようなものですよ？ お志が高いのはご立派ですが、それは不可能というものです。すみやかにご帰陣なされよ」

敵国の大将を前に堂々と道理を説いているわけだから、この僧も相当肝が座った人のようである。

だが、元親は当代の学者を前に堂々といい返した。

「……私の蓋は名人が鋳た蓋なのです。私はわずか3000貫から身を起こし、12年のうちに土佐一国はもちろん、阿波をも覆おうとしています。これから数年のうちに"四国の蓋"になって、貴僧にお目にかけましょう」

無理を通せば道理が引っ込む。住職は驚くと同時に感服し、「あなたのいう名人の鋳た蓋とは、唐、天竺にもないものでしょう」と手を打って称えたという。

●

四国に蓋をする。それこそが井のなかの蛙、元親が抱いていた壮大な夢である。

実は、元親が雲辺寺から見た四国の風景よりも、天下はさらにさらに広いものだった。瀬戸内海を越えれば京があり、尾張があり、越後があり、

奥州も九州もある。
　元親は、結局はそうした巨大な天下に押し潰される運命にあった。だが、雲辺寺で抱いた元親の夢は、「唐、天竺」を越えていくものでもあったのだ。
　その破天荒な夢は、彼の死後も幕末に至るまで、土佐という国に残り続けていたような気がしてならない。

　井のなかの蛙、大海を知らず。されど、空の青さを知る。空の高さを知る——長宗我部元親の夢の軌跡を追ってみたい。

※長宗我部は「長曽我部」「長曾我部」と記されるケースもあるが、本書では『長宗我部地検帳』に則り、「長宗我部」とする。

Truth In History **Contents**

長宗我部元親

プロローグ 雲辺寺より　　　　　　　　　　　　　　　3

物語

第一章	風雲！ 土佐七人守護の時代 ～長宗我部氏の誕生～（古代～1539）	12
第二章	"土佐の姫若子"元親登場(1539～1563)	34
第三章	本山・安芸氏を降し、土佐統一に王手 (1563～1569)	56
第四章	土佐平定と四国征服作戦の始動(1569～1575)	76
第五章	阿波・伊予・讃岐、火蓋切る3正面作戦(1575～1578)	92
第六章	天下分け目の「中富川の戦い」に勝つ(1578～1582)	112
第七章	対決！ 豊臣秀吉 ～元親、天下を敵に回す～(1582～1585)	140
第八章	戸次川結晶～信親討ち死に～(1585～1587)	166
第九章	元親死す～豊臣家臣としての晩年～(1587～1599)	190
終　章	盛親とその時代～滅亡、長宗我部家～(1599～1615)	204

コラム

四国	32
土佐国	54
阿波国	90
讃岐国	110
伊予国	138
長宗我部元親百箇条	202

ミニコラム

七鳩酢草の家紋	18
色好みのお坊ちゃま？ 一条兼定という男	51
元親夫人・石谷氏は絶世の美女	60
元親と土佐の寺社勢力	81
禁酒令を諫めた福留隼人	89
秀吉の大器を見抜いていた久武親信	98
元親夫婦、法号を得る	102
長宗我部家の威信をかけた相撲勝負！	109
近衛前久もビックリした岡豊の一級文化	114
元親と紀州雑賀衆	119
元親の厚情に泣いた笑岩	130
三好の鳥刺し	137
元親と春日局	141
元親夫人の死	145
忠兵衛の両軍比較	154

秀吉の人間的魅力	171
秀吉と新納忠元の対面	186
元親とヒトラー	193
一領具足、検地役人に復讐する	195
サン・フェリペ号事件	198
盛親は豊臣家から認められていなかった？	205
キレやすい？　盛親の素顔	207
松尾山に築かれていた新城	215
関ヶ原戦後処理の意味	219
山内一豊対一領具足	224

人物

人物ページの見方と索引	242
一門	243
家臣	255
敵将	267

情報

主要武将生没年比較表	280
長宗我部家年表	282
長宗我部元親合戦録	284
四国地図	288
総索引	289
参考文献	299
あとがき	302

物語

第一章
風雲！土佐七人守護の時代
〜長宗我部氏の誕生〜

● 古代〜1539

「長宗我部」とは何者だ？

　　――チョウソカベ。

　なんとも独特な響きである。
　織田、武田、上杉、伊達といった名立たる戦国大名の名字(苗字)のなかでは、正直野暮ったい語感だ。4字の名字も珍しい。この長い名字が面倒だったのか、元親自身も「長宗」とのみ書いてすませている書状もあるくらいである。
　実は、元親の正式な名前はもっと長い。永禄4年(1561)に本人が署名している公的な文書には「長宗我部宮内少輔秦元親」とある。
　分解するとこうなる。

「長宗我部　宮内少輔　秦　元親」
　（名字）　（官職名）（氏）（諱）

　この官職名は自称であり、戦国時代は元親のように勝手に称していた(官途書出)武将が多く、「美濃守」や「常陸介」が全国にゴロゴロいた。特に珍しくはない。諱(字)は本名だ。
　注目ポイントは「秦」という氏である。氏とは本当の姓(本姓)であり、血統の称号だ。この代表的なものは源、平、藤原、橘で、天皇から賜与された公的な姓である。秀吉が後年「豊臣」の姓を下賜されたことも知られる。
　この本姓は、明治以降、平民も全員名字を持つようになり、本姓使用

の禁止(姓戸不称令)が出された結果、ごく一部を除いて名乗る家はなくなり、名字が一般的となる。

同じような例をあげると、

「織田　上総介　平　信長」
（名字）（官職名）（氏）（諱）
「徳川　内大臣　源　家康」
（名字）（官職名）（氏）（諱）

がある。

信長の上総介は自称、家康の内大臣は正式に叙任されたもの。ただし信長の平氏、家康の源氏はハクをつけたいがための自称と見られているのだが……つまり、この時代の公的な名前は「平信長」「源家康」、そして元親は「秦元親」なのである。

源氏や平氏に比べ、あまり聞かれない「秦」という氏。この「秦」と「長宗我部」が結びついた理由、それが元親の出自を探る大きなカギなのだ。

元親の先祖はあの始皇帝だった!?

秦氏はどうやって生まれたのか。

元親の近臣だった高島孫右衛門という人物が寛永8年(1631)に著した『元親記』によれば、長宗我部家は「家の根源は唐の人、秦始皇帝六代孫の流れなり」とある。なんとあの万里の長城で有名な、始皇帝の血を引く渡来人が一族の始祖というのだ。

始皇帝の6代の後裔(4代、12代説あり)とは、「功満王」という人物である。この功満王は仲哀天皇8年(199)に日本に渡来し、しばらく信濃の国で暮らしていたという。その後、天皇に召されて上洛し、「秦」の姓を賜ったというのだ。

ほかの説では、功満王の子孫が仁徳天皇(在位313～399)より「波多」という姓を賜り、その後裔が「秦」を名乗ったともいう。

本当に始皇帝の6代孫が祖先だったのか、真実はわからない。だいたいが仲哀・仁徳両天皇の実在も謎であり、この手の話は疑い出せばキリ

がないのである。逆をいえば、始皇帝の子孫説が100％嘘と断ずることもできないので、「元親は始皇帝の血を引いているのかもしれない」としたい。同じような例だが、周防の戦国大名である大内氏も、当時は「百済の皇子の後裔」を称していた。これも裏づけはない。

　秦氏自体は、実在していた帰化人の一族だ。うち、平安時代の人物である信濃の"秦能俊"という人物が、土佐と秦氏の繋がりを生むキーパーソンとなるのである。

　江戸初期の兵法家・香西成資の『南海通記』、長宗我部家の遺臣・奥宮正明の『土佐国蠧簡集』『更科郡誌』などの史料を総合すると、秦能俊とは以下のような人物である。

　能俊は、聖徳太子の時代に活躍した"秦河勝"という豪族の子孫である。河勝が信濃の地を与えられ、同地に秦一族が勢力を張っていた。そして能俊の代に保元の乱（保元元年〈1156〉）が起こり、能俊が敗軍である崇徳上皇に味方したため（勝者は後白河天皇と平清盛）、土佐の国に逃れた──。

　もっとも、能俊の土佐入国については諸説があり、承久の乱（承久3年〈1221〉）後に移ったとの伝承もある。

　ただ、土佐は遠国であり、当時は辺境としかいいようがない国だった。国司として赴任した紀貫之(866～945)の『土佐日記』では、土佐から京までの船旅が55日もかかっていることがわかる（行程はゆっくりしたものだったが）。また、土佐は重罪人が配流された国でもあり、承久の乱の土御門上皇はじめ、多くの政治的敗北者が流された国でもある。平氏の落人伝説も少なくない。

　秦能俊が彼自身望んで土佐に入ったとは考えづらく、やはり中央から見れば負け組、あるいは脱落者グループであったように思われる。いずれにしても、源平争乱の時代から鎌倉時代にかけて能俊が土佐に入り、長宗我部家の礎を築いたと見られる。

秦能俊から「長宗我部能俊」へ

　さて、土佐に入国した能俊は、長岡郡宗部（宗我部）郷（高知県南国市岡豊町）という地に住むようになった。南国市は、現在は高知市に次ぐ高知県第2の都市だが、当時は土佐の首都的な存在だった。紀貫之はじ

Truth In History 長宗我部元親

物語 第一章 風雲！ 土佐七人守護の時代〜長宗我部氏の誕生〜

◆長宗我部氏系図

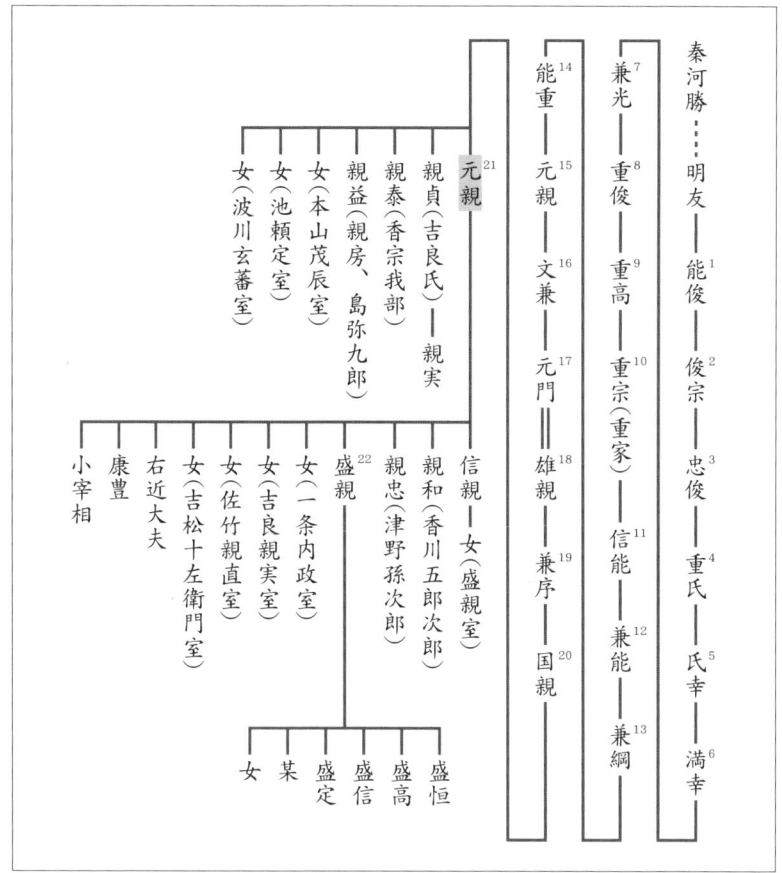

　め歴代の土佐国司が赴任した土佐国府の国分寺が築かれたのが南国市。つまり、政治や文化の中心だったのだ。

　『南海通記』では、能俊は現地の有力者・夜須氏に仕えて勢力を広げたとされるが、詳しいことは不明である。ただ、宗部郷に本拠を構えたことは、その後の一族繁栄の大きな背景になったと見られる。

　見逃せないのは、宗部郷が平野部にあったことだ。土佐＝現在の高知県は基本的に山国であり、可住地面積の割合は16.4％と、47都道府県中で断トツに低い（全国最下位、平均は32.5％。2001年総務省調べ）。土佐は海の国、のイメージがあるのもこのためで、現在も狭い平野部に人々はひしめき合っているのである。高知市も、古代は海であり平安期以降

15

に開拓されたとする説もあるほどだ。
　そんな土佐の数少ない平野部のひとつが高知平野の東部を占める「香長平野」で、物部川下流に位置する。南国市や香南市などを含む香美・長岡両郡にまたがることから、この名がついたのである。香長平野は弥生時代から稲作が行われていた土地であり、中世から近世にかけて、土佐最大の穀倉地帯へと成長している。いわば秦能俊は、土佐の"一等地"を足がかりとしたのだ。この宗部は、平安中期に作られた辞書『和名類聚抄』で"曽加倍"と読みが記されている。
　いつのころからか、能俊（あるいはその子孫）は「宗我部」と称するようになった。
　源義仲が木曾の義仲、源行家が新宮の行家と地名を名乗るのと同じパターンである。現在でも、同じ名字の親類のあいだで「仙台の叔父」「大阪の叔母」と話すケースと似ている。
　だが、長岡郡の秦氏が「宗我部」を名乗るには、ひとつ問題があった。長岡郡に隣接する香美郡にも、同じ「宗我部」という別の一族があったのだ。これは甲斐源氏武田一族の家臣を始祖とする血統だった。2氏を区別する必要があったため、「長岡郡に在るを長宗我部となし、香美郡に在るを香宗我部となす」（『土佐国蠹簡集』）となったという。江戸時代の『古城伝承記』にも同じ長宗我部・香宗我部の由来の記述があり、現在でもこれが通説になっている。
　こうして秦氏は通称"長宗我部氏"となったのだ。

長宗我部の砦、岡豊城誕生

　秦能俊に始まる長宗我部氏は、いつのころからか国分川に面して立つ小さな山に城を築いて定住するようになる。この山は岡豊山といい、標高97mの小さな山である。
　この城が、長宗我部氏代々の本城となる岡豊城だ。正直、戦国大名の城と呼ぶにはやや肩すかしの規模であり、土豪の砦といった趣なのだが、それがまた長宗我部氏らしい。
　現在では岡豊山全体がこぢんまりとした公園になっており、城址のそばには高知県立歴史民俗資料館が併設され、長宗我部氏関連の充実した展示を見ることができる。

Truth In History 長宗我部元親

第一章 風雲！土佐七人守護の時代～長宗我部氏の誕生～

◆岡豊城跡

長宗我部氏の本城。元親もここを拠点とした。天正16年（1588）に元親が大高坂山に移転したため廃城。現在は曲輪、土塁跡などが残るのみ（高知県南国市）

　岡豊山は南国市街の郊外、北西にあり、高知大学医学部・付属病院にほど近い。のちに元親が廃城にしてしまったため、観光客が期待するような天守や本丸はない。しかし、石垣、土塁、空堀などの遺構が完全に残されており、指定史跡として県が綺麗に整備している。山頂から見渡せるのどかな田園風景も楽しい。

　築城年代は不明なのだが、能俊の代ともいわれる。当初は城というよりも、居館に毛が生えたようなものであったろう。代々の子孫が修築を重ね、元親の代までに、今に残る城郭へ発展させていったと見られる。

　なお、いわゆる"戦国山城"のイメージが誕生するのは能俊の時代よりもっとあとの話で、南北朝期に楠正成が築いた千早・赤坂城（大阪府）がそのルーツになる。

　さて、土佐に入国した能俊のその後、及びこれに続く鎌倉時代の9代の詳しい動向は、秦氏の系図を残すほかは不明である。

　鎌倉時代に多くの分家（江村、久礼田、広井、中島、野田、大黒、中野氏など）を出し、その惣領家として岡豊城を地盤に発展したと見られるのだが、詳しいことはわからない。これには理由がある。元親の代までに岡豊城が2度にわたる大混乱に見舞われたことが原因だ。これは第18代・雄親と第19代・兼序の時代の話で、岡豊城は大きな危機に直面することになる。

　秦氏系図では雄親（元親は第21代）の注に「重書（古文書）以下紛失」と記されている。岡豊城は長宗我部氏栄光の城であるとともに、受難の城にもなっていくのだ。

◎七鳩酢草の家紋

　長宗我部氏の家紋、トレードマークとして知られるのが「七鳩酢草」の紋である。

　この由来は『元親記』によれば、秦河勝（能俊の先祖）の子孫が土佐国司に任じられ「江村郷、廿枝郷、野田、大埆、吉原郡、都合三千貫領知すべき旨、綸旨（みことのり）を受けて、御盃を頂戴した。その盃の中に鳩酢草の葉が一つ浮いていた。この故をもって鳩酢草を家紋とした」という。

　鳩酢草は「酢漿草」とも書き、雑草としてあちこちに茂っている草だ。繁殖率が旺盛なため、子孫繁栄の願いが込められているのだ。葉はハート型で3枚つき、春から秋にかけて黄色い花を咲かせる。

　家紋の場合は「片喰」とも書き、長宗我部家のほかにも酒井家、中村家など多くの家で使われている。

　なお、秦＝長宗我部氏が土佐国司となったという記録は全くなく、この由来話も秦能俊の子孫が作った話であろう。長宗我部氏の起源はほかに、蘇我氏の部民（隷属民）説、土佐地頭としての入部説などさまざまな説があるが、どれも決め手はない。

足利尊氏に味方して繁栄の基盤を築く

　長宗我部氏が本格的に歴史の表舞台に出てくるのは、能俊から数えて11代目の信能と、嫡子の第12代・兼能の時代である。信能父子が、超ビッグネームである足利尊氏（室町幕府初代将軍）に臣従するようになったのだ。

　鎌倉末期の元弘3年（1333）6月4日付で、尊氏が信能に宛てた貴重な書状が残されている。

　元弘3年（1333）といえば鎌倉幕府が滅亡した年だ。京では5月7日に尊氏が北条方の六波羅探題を滅ぼし、鎌倉では5月22日に得宗（北条氏惣領）の高時をはじめとする北条一族が新田義貞軍に敗れ、東勝寺で自刃している。この6月はいよいよ後醍醐天皇が京に復帰し、天皇自らが行う政治、「建武の新政」をスタートさせた月でもある。

　この書状は尊氏の信能への命令書で、内容は「土佐の介良荘（高知市）で発生した土豪の乱暴狼藉を、香宗我部とともに鎮めよ」というものである。長宗我部氏の一級史料としては、これが歴史上初出といえる。

　時代はあの『太平記』真っ只中の動乱期。一大過渡期とあって、日本

各地は大混乱となっていた。北条家に代わる武家の棟梁となっていた尊氏は、信能を頼り、介良荘の紛争鎮圧を命じたのである。つまり、長宗我部氏と香宗我部氏は、この時期に中央政界から認められるほど、土佐の有力な国人(在地の武士)領主へと成長していたのだ。

さて、建武の新政は武士たちの不満を解消できず、結局2年後に尊氏の反乱で頓挫することになり、時代は南北朝の大乱に突入することとなる。この時期に信能は尊氏・北朝に味方し、足利一門の細川氏の傘下で後醍醐天皇・南朝と戦った。

尊氏は戦闘を優位に進め、征夷大将軍となって室町幕府を創設。この戦いで軍功をあげた細川一族は、讃岐、阿波、土佐の3か国及び河内、和泉などの守護となったほか、その後一族の嫡流が将軍に次ぐ最高職である管領に就くようになり、庶子家を含めて幕府の一大勢力となった。

細川氏の嫡流は代々右京大夫(唐名で京兆)の官職を世襲したため、「細川京兆家」と呼ばれる。よく家康が時代劇で「内府」と呼ばれているが、内府も内大臣の唐名である。細川京兆家は畿内と四国に一大基盤を築いたのである。京兆家は京にあり、それぞれの領国には守護代が置かれた。ちなみに伊予守護は、古代からの伊予の名族で鎌倉時代にも守護を務めていた河野氏が継承した。

細川京兆家の被官となった信能と兼能は、大埇(現在の南国市南方)、吉原(同香南市南方)の地頭職、及び高知市西部の領地(朝倉、深淵など)を与えられた。いわば信能父子は、うまく"勝ち馬"に乗って南北朝の動乱期を渡りきったのである。

その後、兼能は細川氏の命で吸江庵(高知市)という寺の寺奉行に任じられている。この吸江庵は、夢窓疎石が開基した名刹だった。疎石は南朝・北朝両方の武士に敬われた高僧で、尊氏が後醍醐天皇の菩提を弔うために建てた天龍寺(京都市)の開山にもなっている。

こうした背景から土佐の吸江庵も細川氏によって手厚く保護され、被官のなかでも信頼の置ける兼能を奉行職に就けたと見ることができる。

以後、長宗我部氏は細川氏の力を後ろ楯に、順調に発展していったのだが……。

応仁の乱勃発、土佐に関白を迎えた長宗我部氏

　日本全土を混乱の渦に叩き込んだ大戦争、それが応仁元年(1467)に火蓋を切った「応仁の乱」である。応仁の乱はもともと、細川京兆家の細川勝元と山名宗全の権力闘争が原因だった。勝元は管領で摂津や土佐など4か国の守護、宗全は播磨など9か国の守護で、両者は幕府を二分する実力者である。

　勝元と宗全の戦いは将軍家の継嗣問題、有力武家の家督争いにも飛び火し、勝元グループ(東軍)と宗全グループ(西軍)に分かれて日本を二分する争いへと拡大。京は焼け野原と化してしまう。

　このとばっちりは、武家は無論のこと、朝廷、公家、一般庶民と、あらゆる階級に降りかかった。京の貴人たちは邸宅を焼かれて路頭に迷うことになったが、このなかに一条教房という超VIPがいた。

　一条家は藤原北家で、代々朝廷の最高職である摂政関白を務めてきた名門中の名門である。教房も応仁の乱直前まで関白の座にあった。教房の父・兼良は"日本無双の才人"と呼ばれ、中世トップクラスの学者として有名である。

　兼良・教房父子は、戦火で一条室町の屋敷と代々の蔵書を集めた書庫を失ってしまったのである。ふたりは奈良に避難したが、その後教房は父を置いて単身土佐へと向かう。土佐には一条氏の領地、幡多荘(高知県幡多郡)があったためだ。

◆一条教房の墓

京から下向してきた前関白・教房は中村に土佐一条家の礎を築き、58歳で死去した(高知県四万十市)

Truth In History 長宗我部元親

第一章 風雲！ 土佐七人守護の時代～長宗我部氏の誕生～

◆中村御所館跡

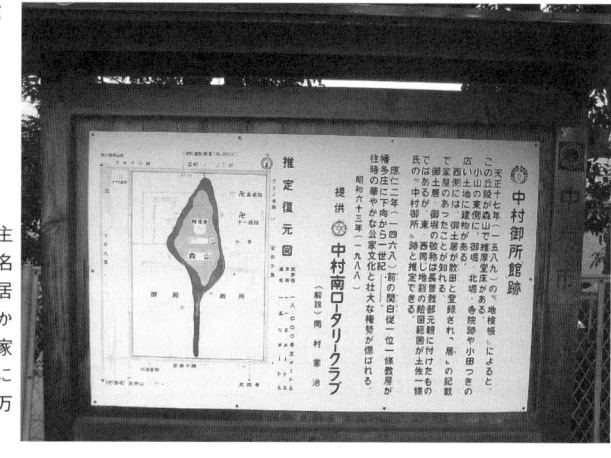

土佐一条家歴代当主の本拠。「御所」名は本来天皇家の住居を指すが、平安期から高位の武家や公家の住居を指すようになった(高知県四万十市)

　前関白の土佐下向。前代未聞の出来事である。応仁の乱勃発前には考えられないことだった。この際、教房を甲浦湊(高知県安芸郡)に出迎えて面倒を見たのが、長宗我部家第16代当主の文兼である。文兼は岡豊城の一角に教房の御座所を設け、細々と世話をしている。

　身分を考えれば、およそ接点など考えられない長宗我部家と一条家。実は両家は細川氏を通じて誼を結んでいたのである。かつて文兼の父・元親(第15代当主、本書の主人公・元親とは同姓同名)が上洛した際、細川氏を通じて一条経嗣(教房の祖父)に行儀作法や言葉遣いの指南を受けた経緯があったのだ。

　文兼は「田舎者だった父は大いに感激し、"一条殿のご厚恩は七生まで忘るべからず"と私に言い残した」(『土佐物語』)としている。

　他の土佐の国人たちも教房を厚く敬った。土佐は遠方の地だからこそ、いまだ鎌倉時代の気風が残っており、関白という大看板の威光は絶大だったのである。やがて教房は幡多郡中村(高知県四万十市)に移り、同地に御所を構えた。これが中村御所である。以後、教房とその子孫は中村に土着し、「土佐一条氏」として一大勢力を築くことになる。

　なお、文兼の代に長宗我部家にはお家騒動(文兼と嫡子・元門の争い)が勃発し、伝来の古文書をなくすほどの混乱に見舞われた。騒動は元門の追放と元門の弟・雄親の家督継承で落着したが、岡豊城の2度にわたる危機のひとつがこの事件である。

21

一条氏と七人守護の時代が到来

　応仁の乱が続く中央では、文明5年(1473)に東西両陣営の中心人物だった山名宗全と細川勝元が相次いで死去した。その後も戦闘は長引き、結局文明9年(1477)に東西両陣営の和睦により、11年に及ぶ大乱は幕を閉じることになる。

　しかし、戦乱の爪痕はあまりに大きいものだった。足利将軍家の威光は失墜し、天下は乱れに乱れてしまったのだ。

　全国では、力を蓄えていた守護代や有力国人らが台頭するようになった。力ある下の者が上の者を倒す"下克上"の時代の到来である。

　こうした動きは土佐も例外ではなかった。細川家の帝王だった勝元が死去したことで、京兆家、守護代を務めていた細川庶流の支配力は弱まり、長宗我部氏ら国人層の力が一気に台頭してきたのだ。

　新興勢力の中心となったのは、土佐一条氏だった。事実上の土佐国司として擁立されたのである。一条教房とその子・房家は中村御所に君臨し、近隣に中村城(四万十市)を擁して諸豪族に戴かれることになった。公家の権威で一国ににらみを利かせる"公家大名"の誕生である。

　かくして、戦国初期の土佐の勢力分布は以下のようなものとなった。

「土佐の国七郡、大名七人、御所一人と申すは、一条殿一万六千貫、津野五千貫、大平四千貫、吉良五千貫、本山五千貫、安芸五千貫、香宗我部四千貫、長宗我部三千貫、以上八人のうち、一条殿は格別、残りて七人守護と申す」(『長元物語』)

　一条氏と7つの氏族による土佐新時代の到来である。

　この「土佐の七郡」とは、東より安芸、香美、長岡、土佐、吾川、高岡、幡多となる。「一条殿は格別」というように、関白家の権威は揺るぎないものだったのだろう。

　「七人守護」は"土佐の七雄"とも呼ばれている。長宗我部氏を除く6つの家を見ると――。

◎津野氏……藤原仲平の後裔ともされる一族で、土佐中西部の高岡郡を中心に発展した。伊予守護の河野氏と繋がりがあるのが特徴だ。のちに隣接する一条氏に屈服した末に、元親に家を乗っ取られる。

- ◎大平氏……高岡郡の豪族。長宗我部氏と同様に細川氏の被官であり、一条氏の土佐下向にも尽力したのだが、のちに一条氏と不和に陥ることになる。
- ◎吉良氏……土佐吉良氏とも呼ばれる吾川郡の実力者。『忠臣蔵』の吉良上野介で知られる足利一門の吉良氏とは別流。ただし本姓は源氏の名門である。津野氏と同様、元親に乗っ取られる。
- ◎本山氏……長宗我部氏最大のライバルとなる長岡郡山間部の豪族。発祥は不明だが、"土佐第一の要害"と恐れられた本山城を根拠に土佐中原への進出を目論むことになる。
- ◎安芸氏……土佐に配流された蘇我赤兄の子孫ともいう。細川氏の被官となって土佐東部の安芸郡に勢力を広げた。一条氏と密接な関係を持っていた。
- ◎香宗我部氏……甲斐源氏武田氏の傍流。香美郡を地盤に細川配下として発展した。長宗我部氏と協力して介良荘の平定を行ったこともある。隣接する長宗我部氏、安芸氏とは微妙な関係にあった。

　この七人守護以外にも、香宗我部支族の香美の山田氏、安芸氏と敵対した安芸の和食氏、土佐郡の天竺氏など中小の豪族が割拠していた。
　『長元物語』では、彼ら七人守護の知行は貫高制で表されている。ややわかりづらいので、参考までに石高に換算してみよう。仮に1貫＝2石

◆一条家と土佐七人守護の勢力比較

氏族	貫高(貫)	石高の目安(石)	本拠
一条	16000	32000	幡多郡中村城
津野	5000	10000	高岡郡津野城
大平	4000	8000	高岡郡蓮池城
吉良	5000	10000	吾川郡吉良峰城
本山	5000	10000	長岡郡本山城
安芸	5000	10000	安芸郡安芸城
香宗我部	4000	8000	香美郡香宗城
長宗我部	3000	6000	長岡郡岡豊城
総計	47000	94000	

※一条氏は全体の34％を占める大勢力。長宗我部氏は最下位である。

とした場合の石高はP.23の表の通りである。のちの豊臣政権下で土佐一国の総石高は9万8000石だったので(元親による「長宗我部検地」で24万8300石)、おおよその目安はつくだろう。

　トップは一条氏、ほかは拮抗しているが、長宗我部氏が最下位にあるのが興味深い。無論、石高が実力のすべてではないのだが、この時代、1万石以上が大名、という条件でいけば長宗我部氏は弱小といえるものだったのだ。

　だが、長宗我部氏は経済基盤以上の力を持っていた。一条家と深い繋がりがあったうえに、影響力が低下したとはいえ、依然土佐守護として京からにらみを利かせる細川京兆家が後ろ楯となっていたのだ。所領3000貫とはいえ、他の豪族にとっては決して侮れない権威を持っていたのである。

本山氏ら豪族連合、岡豊城を急襲！

　長宗我部家は第19代・兼序（かねつぐ）の代になって勃興以来のピークを迎えた。兼序は元親の祖父にあたる男である。

　兼序はひとかどの人物だったようで「武勇才幹衆に越え、大敵を見ては欺き、小敵を侮らず、寡を以て衆に勝ち、柔を以て堅を挫くこと、孫子や呉子（中国の兵法家）の妙術を得たる大将なり」（『土佐物語』）と評されている。

　なかなかのやり手でもあり、国人領主として多くの土豪を味方につけて勢力を広げていた。半面、同じ長岡郡の本山氏、香美郡の山田氏ら隣接する有力国人との諍いも多く、かなり恨まれてもいた。特に、本山氏の当主だった本山養明（もとやまようめい）の兼序に対する憎悪は凄まじかった。

　江戸時代初期に毛利家支流の吉川家家老が著した『陰徳太平記（いんとくたいへいき）』では、「兼序は従来奢侈甚だしく、わがまま放題に振る舞った」「本山らに虎（細川氏）の威を借る狐と憎まれた」と辛辣な批評が書かれている。

　元親の代に毛利家は長宗我部家と敵対関係にあったことを考慮せねばならないが、この毀誉褒貶（きよほうへん）の激しさは現代のベンチャー起業家を思い起こさせるものがある。

　しかし、出る杭は打たれる――。

　永正（えいしょう）4年（1507）、兼序のもとに衝撃的な報がもたらされた。勝元亡き

あと京兆家を継いでいた細川政元が、京で暗殺されたのだ。この事件は天下の一大事でもあった。管領として幕政の中心を担っていた政元の死により、京は再び足利将軍家を巻き込んだ戦乱のるつぼと化した。以後、細川京兆家は急速に没落していくことになる。

土佐に在任していた細川一門は、領地を捨ててことごとく京に向かった。ここに細川氏の支配体制は名実ともに終わり、"一条氏と七雄"による戦国時代がスタートしたのである。

事態の急変で兼序は窮地に立たされた。細川氏という強固な後ろ楯を失えば、長宗我部氏は3000貫の弱小勢力でしかないのである。

ライバルの本山養明にとっては好機到来である。養明は山田氏、吉良氏ら諸豪族と共謀し、永正5年（1508、永正6年〈1509〉とも）、総勢3000の兵で岡豊城を襲った。長宗我部軍は500余だったという。

この襲撃メンバーには諸説があり、養明でなく、その子・本山梅慶の主犯説、大平、香宗我部を含む残る六雄全員参加説などがある。いずれにしても、七雄のなかで兼序が孤立してしまったことは間違いない。

兼序は籠城して大軍を相手に善戦した。しかし、日が経つにつれて兵糧はなくなり、討ち死にする者も増え、落城は時間の問題となった。岡豊城は小規模ながらも堅固だったが、援軍のあてがない籠城戦に最初から勝ち目はなかったのである。

岡豊落城！　兼序、国親に復讐を託して死す

『土佐物語』には落城の経緯が詳しく記されている。

いよいよ落城が目前となった夜、兼序は近藤某という家臣を呼び出している。近藤は兼序の嫡子・国親（のちの元親の父、幼名・千翁丸）の傅役で、兼序の信頼厚き男だった。

兼序は「明日は潔く討ち死にしようと思う。お前は千翁丸を抱いて脱出し、一条殿（一条房家のことで、教房の子）を頼れ」と命じた。

近藤は涙を流して、主に大役を果たすことを誓った。

兼序は次に国親を呼び出した。このとき5、6歳だったという。「お前はまだ子供だが、父の言葉をよく聞け。勇ましく成長して必ず家を再興せよ。そして憎むべき本山どもを滅ぼせ。敗戦の恥辱を晴らして、我が亡魂の鬱憤を散じるのだ」

この瞬間から、国親の一生は父の復讐に捧げられることになる。
　近藤は国親を抱いて岡豊城をたち、夜陰に乗じて城を囲む敵陣から逃れることに成功した。兼序にはもうひとり娘がいたが、これも無事に落ち延びさせた。
　その後、兼序は家来たちに「息子が成長したら助けてやってくれ」と頼むとともに、城から落ちることを命じた。老臣たちは「我々はもう歳ですので若殿のお役に立つことはできません」と答え、自分の子ら若い兵たちに脱出を促した。兵たちは泣く泣く城を逃れ、岡豊城は老臣11人、兵53人、郎党数人を残すのみとなったという。
　――このへんは土佐人の特性だろうか、長宗我部軍の兵は戦国時代には珍しく、涙もろくて忠義に厚い。元親、盛親(もりちか)の代もこうした主君思いの家臣が多いのには驚かされる。
　その後、兼序たちはささやかな酒宴を行っている。夜更けまで、岡豊の山から笛や鼓の音が敵陣にまで響いた。敵兵のなかには「最後の酒盛りか。今日は人の上、明日は我が身かもしれない」と涙を流す者もいたという。
　翌朝、本山氏らは岡豊城を総攻撃した。長宗我部軍の兵は死力を尽くしたが次々に討ち取られ、兼序も奮闘の末に自刃して果てた。
　一方、遠く岡豊から逃れた国親は、城から立ち上る黒煙をただ見つめていた。彼は生涯この光景を忘れなかったろう。こうして秦能俊(よしとし)以来続いてきた長宗我部家は、一時的に滅亡してしまったのである。

幼き国親、命を賭けて一条氏にお家再興を望む

　教房の跡を継いでいた一条房家(のりふさ)は、幡多郡中村に"小京都"と称えられるほどの街を建設し、権勢を誇っていた。現在の高知県四万十市に残る「鴨川」「東山」という地名の名づけ親は房家とされる。
　岡豊(おこう)を逃れた近藤は行商人に身をやつし、粗末な籠に入れた幼い国親を背負って、一路中村御所へと向かった。敵地である土佐、吾川、高岡の3郡を突破して、4日後に中村へ着いた。命がけの道中である。
　本山らの岡豊城襲撃は、房家のあずかり知らぬことであった。
　房家は国親と対面し、近藤の報告を聞いて大いに驚いて涙を流し、「世継ぎが無事でよかった。今、私が国司と仰がれているのも先々代の

文兼のお陰である。その恩を返すために私が養育しよう」と近藤に誓った。近藤は房家に「主従一致」(主従の心がひとつである)とその忠節を称えられた。近藤は中村御所を辞したのち、出家して兼序の菩提を弔い続けたという。

近藤某のその後の消息は定かでないが、「主従一致」の土佐侍を象徴するひとつのモデルとして非常に興味深い。

房家は国親を我が子のように手厚く保護した。本山養明・梅慶父子ら諸豪族も、さすがに一条家に手を出すことはできず、国親は中村で不自由なく幼少年期を過ごすことになる。『長元物語』など複数の史料に、当時の国親の逸話が残されている。

房家は当時、土佐だけでなく南予(愛媛県南部)の一部までを勢力範囲とするなど、大きな力を持っていた。彼は伊予の宇和郡にある風光明媚な地に高い楼閣を建て、公家らしくそこで歌を詠んだり詩を賦したりしていた。

岡豊落城の翌年の夏、房家は膝元に幼い国親を置き、近習たちとその高楼で酒宴をしていた。上機嫌の房家は国親に「この欄干から庭に飛び降りれば、父の名跡を取り返してやるぞ」とふざけて話したところ、その言葉が終わらぬうちに国親は走り、高さ1丈(約3m)の欄干を飛び越えた。驚いた房家が庭を見下ろすと、国親はにっこり笑って立っていた。

年端もいかない子供だというのに、家の再興のためなら、いつでも命を投げ出す覚悟が備わっていたのだ。

◆中村御所
（一条神社）

国親が幼少時代を過ごした中村御所。歴代一条氏の霊を祀る祠が立てられた「一条神社」となり、毎年11月に一条大祭が行われている（高知県四万十市）

房家は「一命を捨てた飛び様であった。天晴れ、行く末が頼もしい」と感服したという。後年、房家はこの約束を守った。本山、吉良らを呼び出して仲介の労を執り、国親の本領3000貫を取り返してやったのである。本山養明・梅慶父子も、土佐国司の威光には逆らえなかった。
　永正15年(1518)8月27日、国親は元服して岡豊城へ戻った。国親の妹も戻り、岡豊周辺の名主たちも皆集まって涙を流して喜んだ。長宗我部家の再建と憎き本山一族への復讐。国親の戦いはここに始まったのだ。

国親、名参謀・吉田孝頼を得る

　本領を回復した国親だったが、苦難の時代は長く続いた。
　本山、吉良、大平、香宗我部らが互いに交流を持つ一方、長宗我部は依然としてつまはじきにされていたのである。もちろん、国親も本山ら父の仇と手を組むことなどできない。
　「仇を討ちたいが、とても覚束ない」と国親は己の無力を嘆いていた。

◆岡豊城二ノ段

城の一区画の曲輪で、詰(本丸)から堀切で隔てられている。近年の調査で、焼土や炭化物を含んだ層が確認され、兼序の代での落城に関する資料が含まれていると考えられている(高知県南国市)

そんな国親が目をつけたのが、吉田孝頼(周孝)という人物である。吉田氏の先祖は藤原秀郷(俵藤太)といわれる。孝頼は岡豊にほど近い江村郷吉田(南国市)の領主で、智謀勇猛の士として知られていた。

「まずは吉田を味方につけることだ」。そう決心した国親は必死で孝頼を口説き、ついには妹を嫁がせて孝頼を臣従させたのである。

国親・孝頼主従は互いに信頼し合い、水魚の交わりを結ぶ。参謀となった孝頼は、国親にこう献策した。「天の時は地の利に如かず、地の利は人の和に如かず、と言います。大事を成すためには、民を懐かせねばなりません。そのためには善政を敷くべきでしょう」(『土佐物語』)

これを聞いた国親は直ちに領内の税を下げ、法を緩くした。また、身寄りのない者に住居や衣食を与えてやった。思い切った高福祉政策である。

国親・孝頼コンビの作戦は図に当たった。国親の声望は一気に高まり、郷民たちは「如来様の再誕である」「長宗我部を再興させるのはこの人である」とはやし立てた。いまだ帰参していなかった譜代の家臣たちも評判を聞き及び、続々と岡豊に戻ってきたのである。

岡豊城下は賑わいを取り戻し、長宗我部家は復活に向けて力強く歩み始めた。

以後、孝頼をはじめとする吉田氏は、長宗我部家になくてはならない存在となる。なお、孝頼の子孫には、幕末の土佐藩を支えた、あの吉田東洋がいる。主君を補佐する"王佐の才"に優れた一族だったのだ。

一条氏の斡旋で長宗我部氏と本山氏に和議成立、そして……

本山氏は国親の巻き返しを強く警戒し、長岡郡には再びきな臭い空気が漂うようになった。養明に代わって本山当主となっていた梅慶は賢明な人物であり、国親が己の首を狙っていることをよくわかっていたのである。

梅慶は大永7年(1527)までに土佐郡朝倉(高知市)に進出し、朝倉城を築いて土佐中原の制覇に取りかかろうとしていた。

こうした情勢を聞き及んで驚いたのは、中村の一条房家である。国司として再び戦乱が起こることを憂いた房家は、長宗我部・本山両家の仲裁を決意したのである。房家はなんと両家の婚姻を企図した。国親の娘

と、梅慶の嫡子・茂辰に目をつけたのだ。縁組が成立すれば両家は縁者となり、わだかまりは消えると考えたのである。

——房家がこの和議を企図した時期が詳しくわかっていない。房家の死去は天文8年(1539)なので、これより以前であることは確かだ。また、国親は嫁をもらっていることになるが、彼女の名前も生没年も不詳である。元親を生んだ女性だというのに、史料が全くない。

実際、長宗我部家にまつわる女性は謎の部分が多く、伝える書も非常に乏しい。戦国大名のなかでも珍しい家である。

結論からいえば、この縁談は国親と梅慶の同意を得た。両家とも、房家に逆らうことなどできなかったのである。

もっとも、国親はまだまだ復讐を果たすには時期尚早と考えており、梅慶も土佐中原への侵攻に手一杯だったため、一時休戦はふたりとも渡りに船だったのかもしれない。

『元親記』や『土佐物語』には、国親の娘の結婚に関するいざこざが記されている。それによれば、実は国親の娘はすでに香宗我部家の当

◆**長宗我部元親の銅像**

長宗我部元親の凛々しい初陣の姿をイメージして作られた像。高知市長浜の鎮守の森公園に立つ

主・親秀の妻だったというのだ。両家の仲立ちをしたのは吉田孝頼と見られる。隣接する香宗我部と同盟することを考えたのであろう。

この事実を一条房家が知っていたかどうかは不明だが、結局、国親は娘を本山家に嫁がせることに同意した。力で香宗我部氏に勝る本山氏と和議を結んだほうが得策と考えたのであろう。家臣たちは香宗我部家に忍び込み、国親の娘を取り返して本山家に送った。

――こうしたドタバタは戦国時代ではよくある話で、たとえば淀殿の妹である小督は、秀吉の意向で3度も他家へ嫁がされている。女性は政策の具に過ぎなかった時代なのである。

国親は「家来が勝手にさらった」と現代の政治家のような弁明をしたが、香宗我部親秀は「このままでは面目が立たないので国親を討つ」とカンカンになって怒り、両家は一触即発となった。

長宗我部家は窮余の一策として、ユーモラスな謝罪をしている。『元親記』によれば国親が、『土佐物語』では吉田孝頼が頭を丸めて出家し、親秀に詫びているのだ。国親と孝頼が出家しているのは事実であるため、あるいはふたり揃って剃髪したのかもしれない。これで親秀は恐縮し、恨みの矛先を本山氏に向けたという。

岡豊城下は平穏な日々を取り戻し、国親は孝頼とともに力を蓄えることに専念した。

さて、一条房家が安心して世を去った天文8年(1539)に、国親夫人は岡豊城で初めての男子を出産している。この年、国親は36歳なので、待ちに待った嫡子の誕生であった。

色白で優しい顔立ち、まるで女の子のような子供だった。幼名は弥三郎。彼がのちの長宗我部元親である。

Column

🏯 多彩な人材を生んだ南海道・四国

　　世の人は　四国猿とぞ笑ふなる　四国の猿の子猿ぞわれは
　　　　　　　　　　　　　　　　　　　　　　（正岡子規）

　伊予出身の歌人・正岡子規のユーモラスな句である。
　「四国猿」とは、本州の人々が四国人を貶めて呼んだ言葉だ。
　江戸時代の洒落本には「湯をわかして水になるをも知らぬやつ。きやつらをなづけて至極の空気（こけ）とも四国猿ともいふなり」（『禁現大福帳』）と、かなりひどい表現が見られる。
　平安後期の『今昔物語』では、四国は「四国の辺地（片田舎）と云ふは伊予、讃岐、阿波、土佐の海辺の廻（もとおり・もとおし……まわりの意味）なり」と記されている。都や江戸の人にとって、四国は手っ取り早く"田舎"を指す言葉だったようである。
　実は、四国はそこまでひどくいわれるほど田舎ではなく、なにより都に近かった。北に瀬戸内海、東に鳴門海峡、紀伊水道、西に豊後水道、そして南は太平洋に面していたことから、海上交通も著しく発展した。特に瀬戸内海での海上物流を中心に、四国は中国や朝鮮の大陸文化と上方文化が往来する中継地点でもあった。
　しかし、本州の人にとって四国は"島"の印象が強かったのだろう。加えて、四国は流人の島でもあった。
　平安時代に崇徳上皇が讃岐、土御門上皇が中央での政争に敗れて流罪となったほか、浄土宗の開祖・法然も讃岐へ流されている。また、四国には源平合戦で敗退した平家の"落人伝説"も各地に残っている。こうした歴史と「四国の辺地」の印象は、無縁ではないだろう。
　しかし、四国の人々にはそうした暗い歴史や、本州の人からの視線を笑って受け止める大らかさがあった。温暖で南国特有の明るさが四国人の特長でもある。結核という暗い運命にありながら明るさを失わなかった子規などは、典型的な人物といえるだろう。
　子規と同じ伊予出身で、時宗の開祖・一遍上人の明るさは底抜けだ。"踊り念仏"で全国を行脚し、教えを広めた話は有名である。

また、本州とのかかわりのなかでは、四国人特有の強い反骨精神も培われていったように思われる。平賀源内（讃岐）、坂本龍馬（土佐）、板垣退助（土佐）、そして豊臣秀吉という天下人に抗（あらが）った長宗我部元親も、そんな人物のひとりだろう。

修行の島

板垣退助の銅像

　四国といえば八十八箇所巡り、遍路がよく知られる。讃岐の人、空海（弘法大師）の修行の旅から発祥した巡礼である。『梁塵秘抄（りょうじんひしょう）』『今昔物語』によれば、すでに平安後期に八十八箇所巡りの原型が生まれていたようだ。

正岡子規の石碑

　「我等が修行せし様は、忍辱（にんにく）袈裟をば肩に掛け、また笈（おい）を負ひ、衣はいつとなく潮垂れて、四国の辺地（へじ）をぞ常に踏む」（『梁塵秘抄』）

　室町を経て江戸時代に遍路は定着し、四国は「修行の地」とされるようになった。なお88とは88の煩悩を断滅し、88所の浄土を現じ、88尊の功徳を成就するため、といわれる。この遍路文化のせいか、四国は神秘的で、どこか死と隣り合わせのような雰囲気がある土地である。

◆四国の基本データ

面積	約1万8810平方km
人口	153万2131人（1721年）→405万8752人（2009年）
律令国	阿波（徳島）、讃岐（香川）、伊予（愛媛）、土佐（高知）
おもな付属島	小豆島（香川）、大三島（愛媛）、大島（愛媛）、中島（愛媛）など

　四国は奈良時代に成立した「五畿七道」（律令制の広域行政区画）で「南海道」に分類され、阿波、讃岐、伊予、土佐の4か国が置かれたことから成り立った（なお、南海道はこの4国に紀伊と淡路を加えた6か国）。
　面積は日本一広い県である岩手県（1万5278平方km）とほぼ変わらない。
　地形は、徳島から佐田岬までを横切る中央構造線（西南日本を内帯と外帯に分ける大規模断層帯）により南北に2分される。北四国は讃岐平野など平野部が広がり、気候は温暖小雨。南四国は四国山地など山が多く、気候は海洋性温暖多雨である。
　山が多い四国では、四国山地が高知と愛媛・徳島を隔て、讃岐山脈が徳島と香川を隔てる格好になっている。

※1721年の人口は「国勢調査以前 日本人口統計集成」（内務省・内閣統計局）、2009年の人口は「都道府県別の人口及び世帯数」（総務省統計局）より。

第二章
"土佐の姫若子"元親登場

1539〜1563

女の子のような少年だった元親

　岡豊城に生を受けた運命の子、長宗我部元親。

　のちに四国を揺るがす風雲児となる男である。だが、彼の少年時代には、その後の大器を予感させるような武勇談は見られない。わずかな伝承をたどってみると、長宗我部家の世継ぎとしてはかなり頼りない、拍子抜けするような子供だったようである。

　元親は背が高く、色が白く、柔和な性格の少年だった。いわば乳母日傘で育てられたお坊ちゃまだったのであり、武家の子にありがちな腕白な子ではなかった。織田信長や豊臣秀吉の少年期のようなたくましいイメージはゼロである。また、普段から無口で、人と会ってもニッコリ笑うだけで会釈をしなかった。少し内気な子供だったようである。

　家臣たちは、元親があまりにおとなしく、まるで女の子のように見えたことから「姫若子」というおかしなあだ名をつけ、笑いの種にしていた。荒海育ちの土佐侍が馬鹿にするのも無理はない。国親はそんな元親を情けなく思うことが多かったという。

　姫若子は武芸より学問が好きだった。

　18歳になったとき、元親は相談役だった秦泉寺豊後という家臣に「戦いで兵を動かす道とはなにか」と問うたことがある。豊後は「用兵の道は、理をもってするものです」と答えた。

　これを聞いた元親は大いに喜んだ。その日から日夜『孫子』や『六韜』といった兵法書を読み耽り、片時も本を手放さなかったという。武田信玄や上杉謙信もそうであったように、元親もまた本の虫だったので

ある。

　元親はまた、儒学や朱子学の本も好んで読んだ。実はこの時代、儒学はあまり浸透していない。同時代人の前田利家が晩年になって初めて『論語』を読み、「こんなおもしろい本があるのか」と夢中になったのは有名な話である。特に朱子学は、江戸時代になってようやく武士階級に広がった学問なのだ。

　朱子学は、為政者の道や実践道徳を説き、江戸から戦前までの日本のイデオロギーを形作った体制教学でもある。正直、戦国乱世にはマッチしない学問だったのだが、元親という武将の人格形成に大きく影響したことは間違いない。

　元親の儒学の師は忍性という吸江庵の禅僧である。忍性は当時の大儒学者・南村梅軒に朱子学を学び、のちに花開く「土佐南学」の礎を築いた人物のひとりであった。元親は月に6日、城下に人々を集めて、ともに書を読んだり、兵法の勉強会を行ったりしていたともいう。

　本好きの青白いガリ勉・元親。率直にいって、世が世なら典型的ないじめられっ子である。日夜、血なまぐさい戦に明け暮れていた国親や家臣たちの目から見れば、"姫若子"は大将としては落第と映っていた。

火蓋切る戦国トーナメント戦、塗り変わる勢力地図

　さて、長宗我部元親が生まれた天文年間(1532〜1555)は、戦国時代が大きな節目を迎えた時期でもあった。

　天文8年(1539)には阿波の梟雄・三好長慶が上洛して細川政権を脅かし、天文12年(1543)には種子島に鉄砲が伝来、天文20年(1551)には、周防守護で西日本最大の実力者だった大内義隆が、家臣の陶晴賢のクーデターにより滅亡している。

　また、天文3年(1534)に信長、天文6年(1537)に秀吉、天文11年(1543)に家康と、乱世の主役が次々に誕生。天文8年(1539)の元親を含めた"天文の世代"が歴史をリードしていくことになる。

　大内氏を滅ぼした陶晴賢は、その後、安芸の毛利元就に倒されることになる。こうした、京の三好や中国の毛利らの台頭は、"強き者が上に立つ"という下克上が一段と加速してきたことを意味する。

　彼ら強き者が率いる強き国は、弱き国を次々に従えていく。いよいよ

群雄相撃つ壮大なトーナメント戦が日本全国でスタートしたのである。
　一条氏と七雄(津野、大平、吉良、本山、安芸、香宗我部、長宗我部)の均衡が続いていた土佐の勢力地図にも、大きな変化が訪れた。勝ち抜いていったのは、幡多郡の一条氏、長岡郡の本山氏、長宗我部氏、安芸郡の安芸氏。反対に脱落していったのは、高岡郡の津野氏、大平氏、吾川郡の吉良氏、香美郡の香宗我部氏である。
　国親の動向と合わせ、天文年間の土佐の勝ち組、負け組の動きを見てみよう。
　関白家・一条氏は、房家の孫・房基（ふさもと）の代にさらに強大となり、戦国大名へと変貌していく。房基は東へと兵を向け、抵抗する高岡郡の津野氏と大平氏を降伏させて、姫野々城（ひめのの）(高岡郡)と蓮池城(土佐市)を支配下に置いた。幡多と高岡の2郡を制圧した一条氏は、土佐最大の勢力となったのである。
　一方、国親にとって親の仇である本山梅慶・茂辰（しげとき）父子は、吾川郡へと西進して勢力を一段と拡大する。土佐中原に朝倉城(高知市)、山間部に

◆土佐のおもな城と勢力図

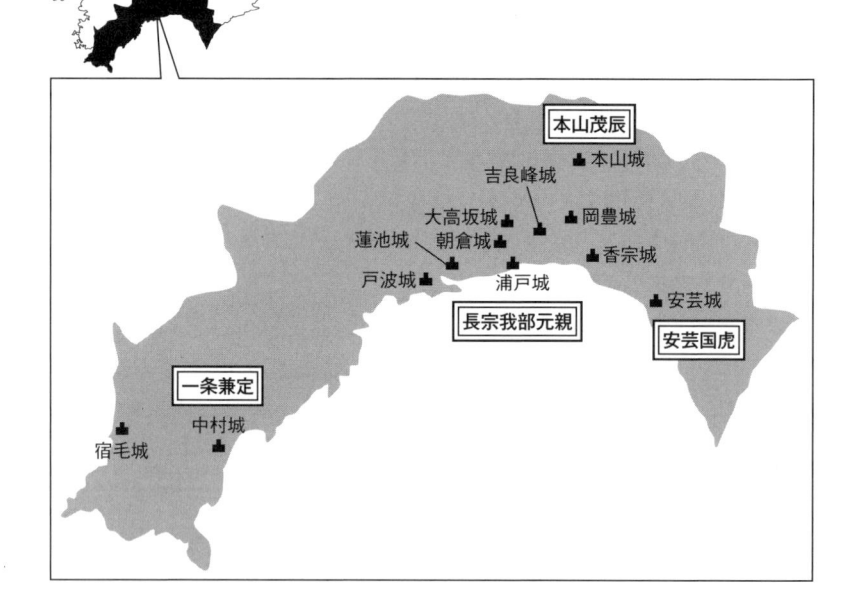

難攻不落の本山城(長岡郡)と、二大拠点を持っていた本山氏は、吉良峰城(吾川郡)を奪い、名門・吉良氏を滅亡させた。

こうして本山氏は、土佐中原を横断する一大勢力となったのだ。そして、梅慶父子はさらに高岡郡進出を目論むようになり、一条氏と激しい抗争を展開するようになった。一方、安芸郡の安芸氏は香美郡へ西進し、香宗我部氏を攻撃。香宗我部氏は押されっぱなしで、安芸氏の香美郡制圧は時間の問題になっていた。

こうした情勢のなかで、長宗我部国親も天文年間に着実に勢力を広げている。彼が最初の攻撃目標としたのは長岡郡南部だった。稲穂たなびく田園地帯である豊かな南部に目を向けたのは、長宗我部家の財政基盤を確立するうえで、極めて正しい選択だった。

国親、八幡大菩薩の加護を受け「義戦」に乗り出す

『土佐物語』には、天文13年(1544)2月5日に岡豊城で起こった奇怪な現象が伝えられている。

深夜午前0時ごろ、城内にあった楠の巨木が、風もないのに突然折れて倒れたというのだ。この楠は高さが30m以上もあり、長年にわたって岡豊城を見守ってきた、由緒ある大木だった。

国親は「これはどんな災いのしるしなのだろう」と恐れ、池沢という天文の権威を呼び出した。池沢は「ご当家隆盛のめでたいしるしです。東南の方角が亡ぶことを意味しています」と意外な占いを示した。

国親が喜んで城下の人を集めて神事を執り行っていたところ、いわゆる"神懸かり"となった少年が現れ、御託宣(神のお告げ)を述べた。

「我は八幡大菩薩(軍神)なり。よくぞ楠のしるしを察した。国親に父の仇を討たせ、彼の鬱憤を散じてやりたい。今こそ家を興す時節である。急ぎ南方より出て馬を出せ。国親が向かうところ敵はないだろう。我、行く末を守るべし」

——これを聞いた国親と岡豊の人々は大いに喜び、他の土地の人々は恐れおののいたという。

国親の差し金、パフォーマンスとも受け取れる話だが、仮にそうだとしても、当時こうした神仏を利用した演出は、全軍の士気を鼓舞するうえで非常に有効な手段であったのだ。武力行為には必ず大義名分がい

る。国親は「神が仇討ちを認めた」ということを、近隣の諸豪族にもアピールしたのである。

　その後(天文16年〈1547〉とも)、国親は天竺孫十郎という小豪族が籠もる大津城(高知市)を攻撃した。天竺氏は、かつて本山氏らとともに兼序を攻め殺した豪族連合のひとりだったという。大津城は岡豊城とは目と鼻の先、国分川を渡って南方へ数kmの距離である。

　このとき、長宗我部軍の兵力は800余騎で、先鋒は久武昌源、吉田重俊、中島親吉の3名だった。

　久武昌源は長宗我部譜代の家臣で、のちに元親の懐刀となる親信・親直兄弟の父である。吉田重俊は、国親の知恵袋・吉田孝頼の弟。重俊の次男・親家が江村家に養子にいき、父と同じ官名(備後守)を称したことから、重俊は"大備後"、江村親家は"小備後"と呼ばれた。中島親吉は長宗我部氏の分家である。

　戦いは長宗我部軍の圧勝に終わり、国親は長岡南部制圧に向けて幸先のいいスタートを切った。

　なお、天竺氏はこのころ、一条氏に降っていたとされている。国親は恩ある一条氏に弓を引いたことにもなるのだが、この意味でも彼には八幡大菩薩の託宣が必要だったのかもしれない。

国親驀進、長岡南部を平定

　国親は南下を続け、周辺の諸豪族へ襲いかかる。

　勢いを得た長宗我部軍の攻撃は凄まじく、介良城(高知市)の横山氏、下田城(南国市)の下田氏、十市城(南国市)の細川氏(細川京兆家の庶流)、池城(高知市)の池氏らが次々に軍門に下った。改田城(南国市)の蚊居田氏は国親の縁戚となっており、早々に帰順していた。

　ここに国親は本領の岡豊周辺に加え、長岡郡南部を有する一大勢力となったのである。

　天文18年(1549)ごろに国親は駒を東に進め、亡き兼序の仇のひとりである山田氏を山田城(香美市)に葬った。国親の武威を恐れて、土佐郡東辺の豪族も降伏するようになった。こうして天文末年までに国親は、一条、本山、安芸氏らと肩を並べるまでに飛躍を遂げたのである。

　一連の合戦では、先の久武、吉田、中島氏らのほかに、桑名、中内、

福留(ふくどめ)氏ら、のちの元親軍の中枢を担う武家が大いに活躍している。このなかで、久武、桑名、中内は「三家老」と呼ばれ、長宗我部家が戦国大名として創業するうえで大きな役割を果たしている。

また国親は、十市城主の細川宗桃(ほそかわそうとう)をはじめ、蚊居田修理(かいだしゅり)、池頼定(いけよりさだ)ら帰順した部将を巧みに家臣に組み込み、長宗我部軍団の充実を図っている。

長宗我部家の一門では、国親の弟(国康(くにやす))の子・長宗我部親武(ちかたけ)や親興(ちかおき)らが、家臣団の中心を担う武将として成長していた。

国親にとって生涯の敵は、父を殺した本山梅慶・茂辰(しげとき)父子だった。土佐中原に覇を唱える強大な梅慶父子を倒すために、彼は本山氏と対等に戦えるだけの軍団作りに心血を注いだのである。

命知らずの軍団「一領具足」誕生！

こうした軍事強化策の一環として国親が試みたのが、「一領具足」と呼ばれる半農半兵の下級武士集団の編成だった。一領具足は『土佐物語』で「死生知らずの野武士なり」と称されている。

このユニークな組織を考案したのは、アイデアマンの吉田孝頼だったといわれている。国親は、領内の名主層から武勇に秀でた者を取り立て、一領具足として採用したのである。

戦国時代は、信長、秀吉の天下統一が進むようになってから"兵の完全プロ専業化＝兵農分離"が進むのだが、このころは兵農はまだまだ未分離の状態だった。

一領具足は平時では田畑を耕す農民であり、普段の勤めや岡豊城(おこう)への出仕などはない。彼らは野良仕事をしているときに、畔道(あぜみち)に槍と、槍の柄に一領(ひとそろい)の具足、草鞋(わらじ)、兵糧などをくくりつけていた。そして、ひとたび招集がかかれば、鎌や鍬を投げ捨てて槍を取り、軍務に就いたのである。

現代社会でいえば、普段は各地で営業をしている人が、大量の請負い仕事があった場合には製造現場に回るようなものである。国親のようなトップにとっては、臨機応変に、しかもスピーディーに大勢の戦力を招集できることがメリットとなる。

一領具足は普段はただの農民だから、武士としての礼儀作法も知ら

◆一領具足

長宗我部軍を支えた一領具足は、平時は田畑を耕し、合戦になれば、一領しかない武具に身を包み駆けつけた

ず、武勇のみが自慢の荒くれ集団だったという。まさに「死生知らずの野武士」だったのである。国親に従えば武勇が活かせる。戦いに勝てば領地がもらえる。一領具足のモチベーションは非常に高いものだった。のちに元親は、一領具足の組織強化をさらに進めている。

ただし、いいことずくめのように見える一領具足にしても弱点がある。半分は農民だから、農繁期の大量動員は困難だったのだ。国親と孝頼が考案したシステムは、兵農分離への過渡期の産物ともいえるものだった。

——長宗我部の「一門衆」、三家老を中心とする「譜代衆」、征服地で投降してきた「外様衆」、そして下級武士団「一領具足」。長宗我部軍団を支えるシステムは、こうして形作られていったのである。

香宗我部氏へのM&A作戦

天文年間(1532〜1555)を通じて、土佐の覇権争いは、一条、本山、安芸、長宗我部のベスト4に絞られていった。半面、滅亡の淵に立たされていたのが、土佐七雄のひとりだった香美郡香宗城(香南市)の香宗我部氏である。

当主の香宗我部親秀は、東方より安芸氏の攻勢にさらされ、西方より国親の圧迫を受け、進退窮まっていた。

親秀の嫡男・秀義(ひでよし)は安芸氏との戦いで討ち死にしたため、親秀は弟の秀通(ひでみち)を養子として家を継がせていた。しかし、香宗我部家の劣勢が続い

Truth In History 長宗我部元親

物語 第二章 〝土佐の姫若子〟元親登場

◆香宗城跡

土佐の名族・香宗我部氏の居城。現在は土塁の一部が残るのみで、小さな宮が奉られている(高知県香南市)

たことから、親秀は天文年間より隣接する国親を頼るようになる。

　親秀の国親への依存度は相当なものだったようで、天文12年(1543)12月25日付で、香宗我部家臣の村田という者に「忠節があったので扶持を与える」とする国親の文書が残っている。

　両家は南北朝時代に足利尊氏の命でともに介良荘(けら)の暴動鎮圧にあたったり、一条教房(のりふさ)の土佐入部を助けたり、一時的に親秀が国親の娘を妻にするなど、浅からぬ縁があった。国親も親秀の頼みで香宗我部家の政務を手助けしていたのであろう。

　そして、弘治2年(こうじ)(1556)になって、親秀は重大な決断をする。当主の秀通を引退させ、国親の子を養子にもらい受けて、長宗我部・香宗我部の〝合併〟を果たそうとしたのである。恐らく親秀ひとりの発案ではなく、勢力拡大を目論む国親の意向が大きく働いたものと見られよう。

　さて、国親には元親を含め、4人の男子がいた。長男が元親、次男が親貞(ちかさだ)(のちの吉良親貞)、三男が弥七郎(やしちろう)、四男が弥九郎(やくろう)(のちの島親益(しまちかます))である。なお、娘の名は全員不明で、長女が本山茂辰(しげとき)の妻、次女が池城主・池頼定の妻、三女が高岡郡波川城主・波川玄蕃(はかわげんば)の妻である。すべてが政略結婚で、池と波川はのちに元親の重臣となっている。

　香宗我部家への養子として選ばれたのは、三男の弥七郎だった。しかし、引退を命じられた秀通は「武門の恥辱である。国親を恐れて養子を取るなら差し違えて死ぬ」と激怒した。親秀は説得に苦慮した末、やむ

なく秀通を殺した。血を分けた弟の命よりも、お家の再興のほうが重かった時代である。

こうして弥七郎は、永禄元年(1558)に香宗我部家を継ぎ、香宗我部親泰と名乗る。このとき16歳で、元親の4歳下だった(親貞は元親の2歳下)。かくて香宗我部家は長宗我部家に飲み込まれた。やがて親泰は、親貞とともに兄・元親の覇業を支えていくことになる。

守護でも地頭でもない弱小豪族だった長宗我部氏の拡張政策は、現代のベンチャー企業のM&A(企業の買収・合併)にも似ている。同じような境遇だった安芸の毛利元就も、養子を送って他家を乗っ取り、戦国大名としてのし上がっていったのである。

策士・国親、本山氏の城へ潜入!?

長岡郡南部の平定により、国親の拡張政策はひとまず一段落を迎えた。家臣団も充実し、もはや長宗我部氏は押しも押されもしない土佐の大豪族へと成長したのである。国親は、子供のころより抱いていた宿望を実現させようと、ひたすらその機会をうかがっていた。いうまでもなく、仇敵・本山氏への復讐である。

国親の娘と本山梅慶の嫡子・茂辰が婚姻を結んで以来、両家のあいだは天文年間(1532〜1555)を通じて小康状態にあった。土佐中原に、朝倉城を中心に長浜城や浦戸城(高知市)など強大な地盤を築いていた梅慶・茂辰父子に隙はなく、国親はうかつに攻め入ることもできなかった。

なお、本山城は遙か北方の山間部にあるため、当時の本山氏の戦略拠点は朝倉城が中心となっており、梅慶と茂辰もここに在城していた。本山城の留守居役は、一門の本山茂定らが務めていた。

しかし、天文24年/弘治元年(1555)に、両家の均衡を揺るがす出来事が起こる。梅慶が突然の病により朝倉城で死去したのだ。梅慶は侮れぬ大将だったが、子の茂辰は若輩で、梅慶ほど権謀術数に秀でた人物ではなかった。国親にとっては好機到来である。

『元親記』に、このころの国親の動静を伝える逸話がある。

ある日、国親は娘婿である茂辰に使いを送った。「妻が娘の顔を見たいといっている。わしも忍びで一緒に朝倉城へ参りたいと思うが、どうだろうか」

暗殺の可能性もあるというのに、思い切った申し出である。茂辰は国親の本山家への信頼の厚さに感激し、この訪問を受けた。茂辰は訪れた国親夫妻に最高のもてなしをし、国親がきていることはわずかな接待役にしか知らせず、細かく気を配った。また、安全を期して、国親にはずっと女装をしてもらうことにした。

その日、国親夫妻は朝倉城で宿泊。翌日、茂辰は城中でふたりに能見物をさせた。その席で国親は、陪席している本山家の重臣を見て、接待役の女房に「あれは誰」「あの男は」と名前を聞いた。国親はこうして綿密に本山家臣団の役割なども聞き出し、小さな硯を取り出して紙に書きとめ、懐にしまった。

次の日には相撲が行われ、本山家中からは大身の者から小身の者まで、すべての家臣が参加した。国親はまた硯を取り出し、女房たちから家臣のデータを残らず聞いて書きとめ、茂辰らと名残を惜しんで、4日目に岡豊城へ帰った。

国親は、重臣たちに多くの名前が書かれた紙を見せ、こう話した。

「朝倉城は見事なものだった。本山家は養明、梅慶、茂辰と3代続いた名門なので、万事立派だった。人も多い。しかし、我が家の人材と比べて勝った者はひとりもいない。吉井修理という者だけは器量者だったが、本山といつ合戦になってもたいしたことはない」

——策士・国親らしいエピソードである。国親が朝倉城を訪れた話はほかの史料にも見え、信憑性はある。

その後、国親は弘治2年（1556）に土佐郡に出兵し、本山方に属していた秦泉寺掃部を降伏させ、配下としている。掃部の子が、元親の兵法指南役となった秦泉寺豊後である。国親は現在の高知市の中心部に進出し、ついに本山攻略の第一歩を記したのである。

一方、本山茂辰はこのころ、高岡郡で一条氏と熾烈な争いを繰り広げており、国親の土佐・吾川郡進出をあまり重要視していなかった。翌弘治3年（1557）に茂辰は一条方の蓮池城（土佐市）を落とし、高岡郡南部の平定を志すようになっていた。茂辰自身は永正5年（1508）の兼序殺しにかかわっていないうえ、世代も異なっていたため、国親の恨みの重さを実感することはなかったのであろう。

茂辰の油断は、続く永禄年間（1558～1570）に入り、本山家の命運を左右する戦いへと繋がっていく。

国親の奇襲、長浜城を一夜で陥落させる

　現在の高知市街は浦戸湾を挟んでふたつに分かれた土地だが、おおむね東方が長宗我部氏、西方が本山氏の勢力だった。高知市を舞台とした長宗我部氏と本山氏の戦いは、小さなトラブルが導火線となった。

　長宗我部軍が種崎城（高知市）という支城に兵糧を運搬しようとしていたところ、潮江城（高知市）の本山軍に襲われ、兵糧を奪われるという事件が発生したのである。種崎城は、本山方の長浜城、浦戸城、潮江城と、浦戸湾を挟んで対岸にある城だった。

　浦戸城は桂浜にあり（長浜城はその西方約1km）、現在では浦戸大橋によって桂浜と種崎は結ばれている。互いに目と鼻の先の距離にあり、紛争が起こるのは時間の問題だったのかもしれない。

　国親から抗議された茂辰は知らぬ存ぜぬといい張り、部下の首を切って差し出した。これで義父は許してくれると考えたのであろう。しかし、国親は「不義は許せない」と茂辰を許さず、ついに永禄3年（1560）に本山氏討伐の兵を起こした。

　兼序が死んでから50余年、岡豊城から脱出した子供は、すでに白髪交じりの57歳となっていた。まさに執念の挙兵である。

　国親が最初に目標としたのは長浜城であった。作戦的に最終ターゲットは、土佐中原の要塞・朝倉城だったが、まずは西方の勢力圏を固めて浦戸湾の制海権を取り、朝倉城を追い詰めることが狙いである。

　長浜城攻略のキーマンは、城下に住む福留右馬丞という大工だった。

◆秦神社

現在の秦神社・雪蹊寺の裏手に長浜城があった（高知市）

右馬丞は城中の工事を手がけていたが、もともとは長宗我部家の家臣で、国親の勘気を被って牢人していたのである。右馬丞は密かに岡豊城を訪ね、国親に帰参を願い出た。長浜城の構造を隅から隅まで知る男が現れたのである。国親にとってはもっけの幸いだったろう。

5月26日深夜、岡豊城の国親は夜討ちを決断し、右馬丞と兵300を種崎に向かわせ、船で長浜北方へ渡らせた。

右馬丞の手引きでやすやすと城内に侵入した長宗我部軍は、方々に火を放って城兵に襲いかかった。不意を衝かれた本山方は防ぎようもなく、城将の大窪美作守はじめ城兵は朝倉へと逃走。長浜城はあっけなく国親の手に落ちたのである。

国親はほくそ笑み、茂辰の反撃に備えて一時種崎城へと戻った。

朝倉城の茂辰は、息も絶え絶えの美作守の報告を受けて驚いた。まさか、たった一夜で城を奪われるとは思ってもいなかったのだ。「このうえは是非もない」。翌27日早朝、茂辰は2000余の兵を率いて長浜城へと進軍した。

戸ノ本の合戦、元親大変身！

国親は茂辰を迎撃すべく種崎を出発。1000余の兵とともに長浜城近くの慶雲寺(現在の雪蹊寺)に駒を進めた。

このとき国親は、子の元親・親貞兄弟を従えている。実は、ふたりにとってはこれが初陣だった。元親は22歳、親貞は20歳。親貞はともかく、元親の初陣はこの時代としてはかなり遅い。国親は長く元親を戦に連れていくことをためらっていたのだ。

元親はこの歳になってもボーっとした"姫若子"ぶりで、国親の頭痛の種だった。家臣たちは「姫若子を主君と仰ぐなど、木仏を立てて後世を頼むようなものじゃ」と囁き合っていたほどである。とはいえ、さすがに本山氏との大勝負に後継者を連れていかないわけにはいかなかったのである。

やがて、本山軍が慶雲寺にほど近い長浜日出野に到着し、ついに合戦の火蓋が切られた。長宗我部軍は数では本山軍に劣ったが奮戦し、戦いは一進一退。長浜城下は血なまぐさい戦場と化した。

元親は合戦を横目に、戸ノ本という地で槍を持ち、馬鹿のように突っ

立っていた。従う者は、指南役の秦泉寺豊後以下50騎である。国親はこれを見て「あのうつけは放っておけ。勝手に死ぬわ」と苦々しくいい放つしかなかった。

「それ討ち取れ」。元親を見定めた大窪美作守ら本山方は、怒濤のように元親のほうに向かってきた。元親は少しも臆した様子はなく、傍らの豊後に聞いた。「豊後よ、わしは槍の使い方を知らん。どうすればいいのだ」。豊後は「敵の目を突くと申します」と答えた。命のやり取りが目前に迫っているというのに、珍妙な問いである。

また元親は「大将は先にいけばいいのか、あとにいけばいいのか」と聞いた。豊後は「大将は進んで打ちかからず、退かず。先をいくものではありません」と答えた。こんなのんきな初陣は、ほかに例がない。

——うなずいた元親が"戦士"の顔に変わったのはこのときである。元親は、打ちかかってきた3騎ばかりの敵をたちまちのうちに突き伏せたのだ。若大将の変身ぶりに、豊後たちは大いに驚いた。元親は戦場に轟くような大声で、全軍にいい放った。

◆戸ノ本の戦い

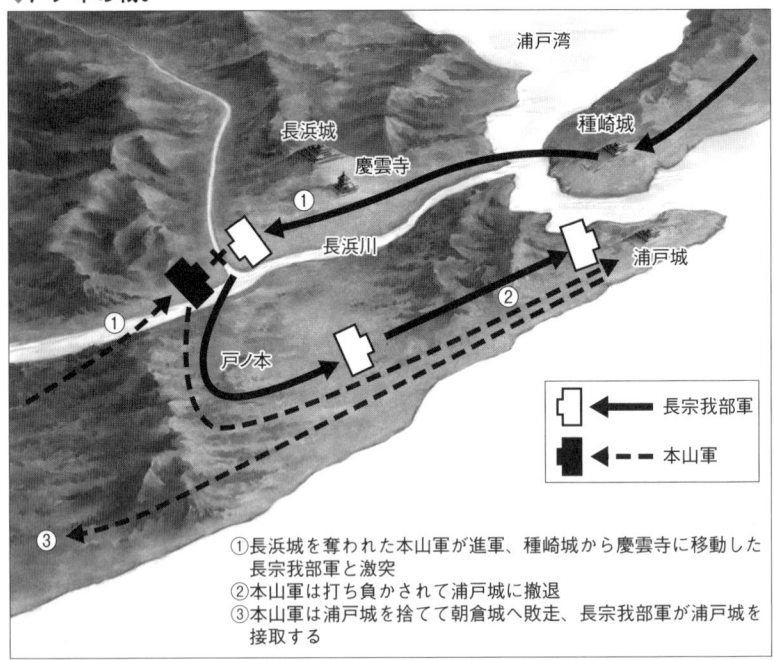

①長浜城を奪われた本山軍が進軍、種崎城から慶雲寺に移動した長宗我部軍と激突
②本山軍は打ち負かされて浦戸城に撤退
③本山軍は浦戸城を捨てて朝倉城へ敗走、長宗我部軍が浦戸城を接取する

Truth In History 長宗我部元親

物語 第二章 "土佐の姫若子" 元親登場

「ここを退いて、なんの面目あって、また人に面を合わすことができようか！　武士は命を惜しまず名を惜しめ！　ここより一歩も引くべからず！」

　長宗我部軍にとっては、勇気百倍となる御曹司の檄である。親貞、江村小備後（親家）、親家の兄・吉田伊賀介ら、長宗我部軍の若い力が元親のもとに集まり、本山軍に襲いかかった。

　戦場を駆け回る"姫若子"を見て、国親は目を疑った。さっきまで「放っておけ」といっていたが、慌てて「弥三郎（元親の通称）を討たすな、続け」と下知したほどである。

　長宗我部軍は元親を先頭に茂辰の陣へ突撃し、群がる敵を薙ぎ払った。茂辰は一時浦戸城に撤退したが、結局6月に入ってここも捨て、朝倉城へと敗走していった。この際、元親に続いて今度は親貞が奮闘し、逃げる敵を槍で追い立てて数人を討ち取っている。

　長宗我部軍は本山軍を打ち破った。高々と勝鬨を上げる元親、親貞、そして彼らの周りに集う長宗我部軍の若武者たち。国親は我が子の晴れ姿を喜び、老臣らはあ然として元親らを見つめていた。

元親「偽兵の計」を見破り、大将の器を示す

　国親は、浦戸城に親貞、種崎城には江村小備後を城代として配置し、長浜城は用済みとして破却した。意気上がる長宗我部軍だったが、国親はここで本山氏攻めを一時中断した。体調が突然悪化し、岡豊へ帰還せ

◆戸ノ本古戦場

高知市長浜にある戸ノ本古戦場。国親が陣を敷いた若宮八幡宮にほど近い。現在は住宅街のなかの小さな公園になっている

ざるを得なくなったのである。

　元親も国親とともに岡豊へ戻る予定だったが、彼は行きがけの駄賃として、もう一合戦を主張した。「ついでに潮江城も落とし、そこから船で岡豊城に戻ろう」と豪語した元親は、潮江城と山続きの宇津野山に向かおうとした。

　(うつけが調子に乗ってほざきおる……)辟易した老臣たちは「宇津野山は城に近過ぎて危険です。早々に岡豊へお戻りください」と制止した。老臣たちは、まだ"姫若子"が信用できなかったのである。

　元親はこれを振り払って、300の兵とともに宇津野山へ向かう。老臣たちは渋々あとに続くしかなかった。案の定、本山方は迎撃してきたが、元親は用意していた鉄砲隊でこれを釣瓶打ちにし、宇津野山を占拠することに成功する。

　直ちに城に攻め入ろうとする元親を、老臣たちは再び制止した。山からは、城に多くの旗印が見えていたのである。「城内にどれほどの兵がいるのかわかりません。目標は朝倉城の茂辰。こんな端城を落とすなど、大事の前の小事です」

　しかし元親は「いやいや、わしの見るところ、この城には兵はいない」と答え、若侍たちに進軍を命じた。長宗我部軍が門を破って押し入ったところ、果たして城内は無人であった。旗印は木の枝や梢に結わえつけられているだけだったのである。本山方は"偽兵の計"の備えをして逃げ去っていたのだ。

　老臣たちが驚いて「若殿、なぜ兵がいないとわかったのですか？」と聞くと、元親は淡々と答えた。

　「太公望(古代中国の軍師)の書に"塁(砦)上の飛鳥驚かざれば、必ず敵偽って人形を作るを知る"とある。この城を見ていると、鳥やカラスは悠々と飛んでいたのだ。また、旗印も全く動いていなかったうえ、この山を守っていた兵は一度も城を見ずに逃げた。城に兵がいれば、援軍を期待して必ず城を見るはずである」

　老臣たちは「我々はこのような人を侮り蔑んでいたのか」と恥じ入り、「行く末が頼もしい」と賞嘆した。

　兵たちは皆、槍を地に置いて元親をこう称えた。

　「当国は申すに及ばず、四国の主におなりなさるべき大将の御分別」

　——伊達に兵法書を読み耽っていたわけではないのである。国親や家

臣らが知らぬ間に、姫若子は大将の器を備えた人物へと成長していた。

国親、元親に本山氏への復讐を託し逝去

　胸を張って岡豊城に戻ってきた元親だったが、そこには悲しい出来事が待ち受けていた。国親の病状が急変し、危篤状態になっていたのである。

　今まさに臨終を迎えようとしていた国親。長浜城夜討ちから一月も経っていない6月15日のことである。

　国親は元親の名を呼び、遺言を告げた。

「本山への復讐を遂げずに果てるのは無念だが、本山領の境を踏み越えて一矢報いることができた……戸ノ本でのお前の戦いぶりは申し分がなかったぞ……」

　涙ぐむ元親に、国親は、吉田孝頼、久武昌源、江村小備後、福留親政ら家臣の名をあげ、「我が軍は一領具足の兵に至るまで、除外すべき者はひとりもいない……我ら主従は七郡の侍に比類のない者だ」と、改めて"主従一致"（主従の心がひとつである）の精神を訴えている。

　国親は最期にこういった。

「我がためには本山を討つよりほかに供養なし……しかし親の死後に仏事をしないと人は嘲弄するだろう。だから7日間は世法に従え。だが、7日を過ぎれば喪服を脱いで甲冑に着替え、直ちに軍議を行うのだ……我は軍神となってお前たちを守る……」

　元親に本山氏への復讐を託して国親は逝去した。元親の器を見届けた直後の出来事だった。享年57歳。流浪の孤児から身を起こし、見事に長宗我部家を再興させた国親。長岡郡南部の制圧、一領具足の結成、香宗我部氏との合体、そして主従一致の魂……彼が築いた礎なくしては、のちの元親の覇業もなかっただろう。

　元親は遺言通り、7日間は国親を弔い、喪が明けると直ちに軍議を開いた。長宗我部家第21代当主となった若大将は、涙に暮れる家臣たちにこう語った。

「時はしばらくも失うべからず」

　国親が死んで10日後の6月25日には、もう元親は岡豊を出て種崎城へ向かっている。弔い合戦の決意を秘めて。

一条兼定、本山氏攻めに協力

　本山方は長浜城と浦戸城を失ったものの、本山と朝倉の両城がいまだ健在。両城を結ぶ線上には多くの城が配置され、防衛態勢を固めていた。

　元親の狙いは朝倉城の孤立である。そのためには各支城を突破し、本山・朝倉両城を分断させねばならなかった。元親は、現在の高知駅西方の国沢、高知市丸ノ内付近の大高坂山へ進み、国沢将監、大高坂権頭ら本山方の武将を次々に降した。のちに元親は大高坂山に城を築くことになるが、これが高知城の前身となる。

　国親が死んだ永禄3年（1560）のうちに、元親は続いて秦泉寺、久万、福井と高知市近郊の諸城を落としている。弔いの涙も乾かぬ間に怒濤の進撃を続けたのだ。

　こうした元親の活躍を見て、意外な大物が協力を申し出てきた。幡多・高岡両郡を統治する土佐一条家の当主・一条兼定である。兼定は、国親を助けたあの一条房家の曾孫にあたる人物だ。天文12年（1543）生まれで、元親より4歳若い。父の房基は土佐一条氏を戦国大名家へと導いたやり手だったが、天文18年（1549）に謎の自殺（狂い死にとも）を遂げた。兼定は京の関白・一条房通（房冬の弟）を後見人にして、7歳で家督を継いでいた。

　一条家の混乱を衝いて本山茂辰は高岡郡に進出し、弘治3年（1557）に蓮池城（土佐市）を奪っていたのである。

　兼定は元親に使者を送った。

　「そなたの働き見事。我らもこの好機を逃さず蓮池城を取り返したい。それで、こちらには兵を出してほしくない」

　兼定は本山攻めの手助けを申し出るとともに、高岡郡、つまり仁淀川以西への進出に釘を刺したのである。長宗我部家にとって一条

◆一条氏系図

```
藤原鎌足 ── 不比等 …… 忠通 ── 兼実 ── 良経 ── 道家 ── 実経 ──（6代）

兼良
├─ 教房[1]（土佐一条）── 房家[2] ── 房冬[3] ── 房基[4] ──┬─ 兼定[5] ── 内政 ── 政親
│                                                    └─ 女（安芸国虎室）
└─ 冬良（京一条）
```

> ◎色好みのお坊ちゃま？　一条兼定という男
>
> 　事実上、土佐一条家最後の当主となる兼定。諸々の史書では、彼の評判は正直よろしくない。政務をほったらかしにして放蕩を好む、典型的な〝暗君〟として扱われている。事実、彼の名がある公文書は全く見つかっておらず、すべて家臣が代行したものばかりである。
>
> 　兼定は、艶福家としても名を馳せる。男女どちらでもこいのバイセクシャルで(当時としてはあまり珍しくないが)、13～14歳で子供(内政)を作っている早熟ぶりには驚かされる。正室は伊予宇都宮氏の娘だったがのちに離別し、あの大友宗麟の娘を娶っている。
>
> 　また、名門一条家の出身ながら茶目っ気があったようで、近臣と友達のように接したり、領民と踊りを踊ったりする一面もあった。よくも悪くも〝無邪気なお坊ちゃま〟だったのかもしれない。

家は大恩ある家で、土佐国司の兼定は主筋といっても過言ではない人物であった。断るわけにはいかない。

「委細かしこまりました」。元親は兼定の申し出に応じた。当面は遠交近攻、一条氏とともに東西から茂辰にプレッシャーを与える作戦も悪くないと判断したのである。

その後、兼定は蓮池城を取り返し、高岡郡から本山勢力を駆逐することになる。茂辰は苦境に立った。

朝倉合戦スタート、元親、甥の親茂に苦戦

　永禄4年(1561)に入って長宗我部軍の攻勢は一段と加速し、本山方の支城を次々に陥落させた。

　この年の戦いでは、参謀の吉田孝頼をはじめ、細川宗桃、福留親政、中島大和らが軍功をあげている。元親は孝頼らを奪い取った城の城主に任命し、着々と版図を広げた。一方、本山方の主立った城は、茂辰が籠もる朝倉城以外に、本山・吉良峰両城を残すのみとなった。

　元親自身は、朝倉城付近の村々に「麦薙ぎ」と呼ばれる戦術を実行している。これは城攻めの常套手段で、敵方の収穫を不可能にして兵糧に打撃を与えるとともに、農民が大半を占める城兵を動揺させる効果がある。真綿で首を絞めるような元親の作戦を受け、長宗我部氏に寝返る兵も続出した。

茂辰は「亡き父・梅慶の名を汚してしまった。どうやってこの恥辱をすすげばいいのか」と歯がみし、必死で抵抗したものの、劣勢を覆すことはできなかった。

　翌永禄5年（1562）、元親は満を持して朝倉城攻めを開始した。長浜城夜討ちと父の死から2年かけて、根気よく土佐中原の本山勢力を駆逐し、茂辰を追い詰めたのである。若きころから手堅く理詰めの武将であったことがうかがえる。

　元親はこの合戦に長宗我部氏の総力を結集、久武昌源、中島大和、吉田伊賀介、桑名丹後守（くわなたんごのかみ）、秦泉寺大和（じんぜんじやまと）（豊後の祖父）ら3000の主力部隊を投入した。弟の香宗我部親泰と久武昌源の子・久武親信もこの合戦より名が見える。ふたりとも誠実で有能な人物だったため元親に愛され、のちの四国平定戦では中心的役割を担う武将となる。

　9月16日、元親は総攻撃を命じた。両軍は鬨（とき）の声を上げ、各所で激しい戦闘が展開された。朝倉城は平城で、本山城ほど難攻不落の砦ではなく、兵力も長宗我部軍が優位であった。しかし、あの本山梅慶が手塩にかけて築いた城だっただけに、攻略は容易ではなく、長宗我部軍は苦戦した。

　本山方で気を吐いたのは茂辰の子・親茂（ちかしげ）である。国親の娘の子なので、元親にとっては甥にあたる16歳の若武者だ。親茂は元親の陣に散々矢を射かけて名のある武将を打ち倒し、兵たちの度肝を抜いた。元親は「あいつはいつの間にこれほどの矢を習ったのか」と舌を巻いている。血を分けた甥だけに、どこか憎みきれない響きがある。

　親茂の大奮戦で本山軍は勇み立ち、元親は一時敗走を余儀なくされてしまった。やはり本山は侮れぬ敵だったのだ。

元親、土佐中原を制す

　9月18日、元親は城を出てきた茂辰（しげとき）と、付近の鴨部ノ宮の前で野戦を繰り広げた。凄まじい戦いとなり、本山勢は343名、長宗我部勢は511名が討ち死にしたとされる。結局、痛み分けとなり、元親は城攻めを断念して一時岡豊（おこう）に帰陣。茂辰も朝倉へ引き揚げた。

　なんとか長宗我部氏の猛攻を防ぎきった茂辰だったが、状況がジリ貧であることには変わりなかった。生命線だった本山・朝倉両城のライン

Truth In History 長宗我部元親

第二章 "土佐の姫若子" 元親登場

は寸断され、東から長宗我部、西から一条の圧迫が続いていたのである。将棋でいえばすでに"詰み"に等しい。

「本山城こそ究極の要害です。今は退いて時期を待ちましょう」。家臣の勧めを受け、茂辰は朝倉城と吉良峰城を放棄することに決めた。

永禄6年(1563)1月、茂辰は朝倉城を焼き払い、妻である元親の姉や子の親茂らとともに、本山城へ帰還した。吉良峰城は焼かれず、城を守っていた将兵たちは各々帰還していった。

ここに土佐中原の本山勢力は壊滅し、元親は仁淀川から東、豊かな高知平野の大半をものにした。山間部が大半の土佐国にあって、中原を制した意味合いは、経済的な面からは計り知れない大きなものだった。

元親は弟の親貞を吉良峰城の新たな城主とし、茂辰に滅ぼされた名族・吉良氏の名跡を継がせ、吉良親貞とした。

以後、親貞は長宗我部領西方の司令官として、仁淀川の西に君臨する一条兼定と対峙することになる。

——新しい領土を奪えば家臣たちに耕地が与えられる。長宗我部が豊かになれば、長宗我部はますます強くなる。国を守ることが国を奪うことと同義だったこの時代、元親は戦国大名としての第一歩を力強く記したのである。頼りない"姫若子"の面影は、いつの間にか消え失せていた。

◆四国のおもな城と勢力図

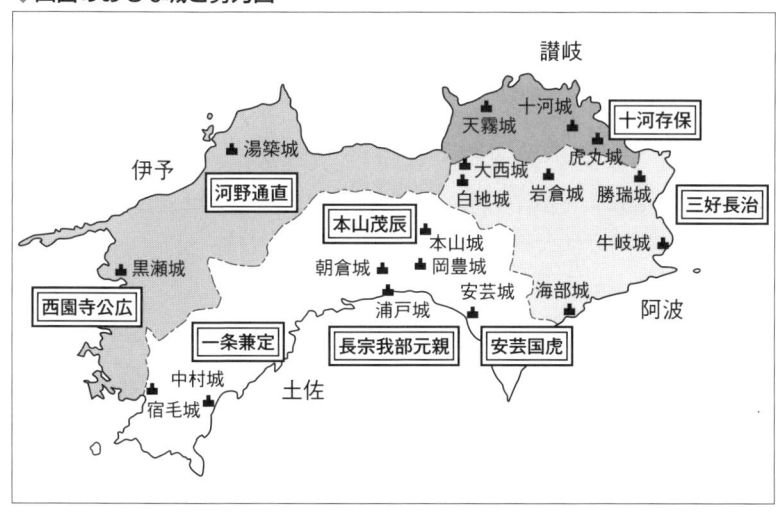

53

Column

土佐の"いごっそう"と"はちきん"

　土佐人の代名詞として知られるのが"いごっそう"。気骨があって信念を曲げない頑固者を意味するものだ。国親や元親といった土佐侍にも、こうした性質がよく見られる。

　いごっそうの気質を育んだもののひとつが、土佐特有の地理的条件とされている。北は峻険な四国山地、南は太平洋。土佐は他国との交通が非常に不便であり、四国全体から見れば最も隔絶された地域といえる。このため、反権力的な孤高の精神が培われたともいう。

　女性は"はちきん"と呼ばれ、こちらは向こう見ずで勝気な性質を示す。弟の龍馬を叱咤激励した、あの坂本乙女がイメージに近い。

　いごっそう、はちきんは、大酒飲みとしても知られる。現在でもこの傾向は変わらず、ビール都道府県別販売(消費)数量(2004年度、国税庁調べ)では、成人ひとり当たりの数量が73.3本と、なんと東京(87.5本)に次いで全国2位である。

　高知県民は挨拶として「どうぜよ、やりよる(やりゆう)かよ」(こんにちは、お酒を飲んでいますか)という言葉を交わす。元親も土佐人の酒飲み体質には手を焼き、禁酒令を出したほどだ。

　なお、いごっそうの語源は「異骨相」であるとも、「一領具足(なま)」が訛ったものともいわれるが定かでない。はちきんは「八金」とも書き、こちらも語源は諸説ある。

土佐日記

　「男もすなる日記というものを、女もしてみむとてするなり」の冒頭の一句で知られる『土佐日記』。国司として土佐に赴任していた紀貫之が、任期満了により承平(じょうへい)4年(934)12月21日に土佐国府を出発し、翌年2月16日に京の旧宅に入るまでの旅を描いたものだ。

　貫之が出発する際に、八木康教(やぎのやすのり)という人物が別れにやってくるが、康教は土佐の豪族と見られる。

　貫之は「国府で使っている人でもないのに、立派なはなむけをしてくれました。普通、国人は離任する人になんて会いにこないのに、真心のある人は違いますね。これは餞別をもらったから褒めているわけではな

いですよ」と記している。

　ほかに貫之は、身分に関係なく、いろいろな人との別れの宴を浜辺で開いて、どんちゃん騒ぎをしたことも書いている。康教の話と合わせ、当時の土佐の人々の様子がうかがえる話である。

桂浜

坂本龍馬の銅像

◆土佐（高知県）の基本データ

面積	約7105平方km
人口	35万1547人（1721年）→77万7080人（2009年）
文化財・名勝	高知城、龍河洞、豊楽寺薬師堂、桂浜
歴史上の人物	坂本龍馬、板垣退助、幸徳秋水、濱口雄幸
祭事・名産	よさこい祭り、鰹の土佐造り・タタキ、土佐和紙

　面積は四国中最大。東西に細長く伸びた地形が特徴で、東端の安芸郡甲浦から南西端の鵜来島まで、直線距離で約200kmもの距離。森林面積割合が83%（全国1位）と平野部が乏しく、典型的な山国である。北部は四国山地で占められ、気候は温暖多雨で台風の上陸も多い。

※1721年の人口は「国勢調査以前　日本人口統計集成」（内務省・内閣統計局）、2009年の人口は「都道府県別の人口及び世帯数」（総務省統計局）より。

◆郡名の沿革表

延喜式 （平安）	郡区編成 （明治）	現在（2009年）	
		郡	市
安芸	安芸	安芸郡	安芸市、室戸市
香美	香美	—	香美市、香南市
長岡	長岡	長岡郡	南国市
土佐	土佐	土佐郡	高知市
吾川	吾川	吾川郡	—
高岡	高岡	高岡郡	須崎市、土佐市
幡多	幡多	幡多郡	宿毛市、四万十市、土佐清水市

　大昔の土佐には波多、都佐の2国があったとされる。『古事記』には「土左国は建依別（勇敢な男）という」との記述がある。天武天皇の時代（6世紀末）より中央政権の勢力が浸透し、土佐国の基本となる7郡が設置された。

第三章

本山・安芸氏を降し、土佐統一に王手

1563〜1569

天下の動向と元親のネットワーク

　宿敵の本山茂辰を追い、意気上がる元親。長宗我部家は土佐中原に揺るぎない勢力を築き上げた。とはいえ元親は、天下全体から見れば、長宗我部家がまだまだ弱小勢力に過ぎないことをよくわかっていた。

　彼は、土佐の一土豪で終わる気などサラサラなかった。事実、このころから彼は長期的な視野に立って、長宗我部家の成長プランを企図している。目標はズバリ、戦国大名への脱皮である。

　「どうすれば長宗我部は富み栄えることができるのか」「どうすれば長宗我部を守ることができるのか」——。

　いよいよ元親は、生来持つ軍略家、外交家としての才能を発揮していくのである。

　彼は絶えず天下の動向に目を配っていた。祖父の兼序が後ろ楯だった細川氏をなくしたことで滅んだように、いかに田舎豪族といえども天下の形勢とは無縁でいられない。

　当時の武家の命運は、正しく天下の動きを読み(情報の収集)、自分がどういう立ち位置にあるかを知り(現状の認識)、どう動けばいいかを決める(適切な判断)ことにかかっていた。そして、元親はこの重要性をよく知る男だったのである。

　元親は中央の情勢をどうやってつかんでいたか。京で細川氏を媒介とする公家層などに人脈があったことは確かである。だが、元親はこれ以外にも、独自の情報ネットワークを築いていた。

　一見、土佐は辺境の地に見えるが、南海道の水運の一大拠点であっ

た。主要品目は「土佐檜」で知られる木材である。のちに元親はこの権益を一手にすることになるわけだが、こうした木材を上方に運ぶために、各港には京都や堺の商人が多く出入りしていた。

当時の史料によれば、8尺～1丈3尺（約2m50cm～約4m）クラスの柱、ケタ(横架材)、貫木、板といった建材が、大量に土佐から上方へ送られていた。土佐は紀州や木曽と並ぶ有数の木材産地だったわけである。

元親は商人たちと深く結びつき、のちにあの「はりまや橋」の由来となる播磨与十郎らを御用商人とするなど、手厚く保護した。また彼は、全国に広がる一向宗のネットワークとも繋がりがあった。

こうした情報網から、元親は中央の動きを手に取るように知ることができたのだ。

元親が永禄3年(1560)に22歳で新当主となり、永禄6年(1563)に仁淀川以東の土佐中央部を掌握したころ、天下は一大変革期にあった。

永禄3年(1560)には尾張の織田信長が今川義元を桶狭間に破って天下に名乗りを上げ、永禄4年(1561)には川中島で武田信玄と上杉謙信の両雄が激突、そして永禄7年(1564)には幕政を牛耳っていた梟雄・三好長慶が死去。京では松永久秀・三好三人衆が急台頭し、将軍・足利義輝と

◆戦国大名割拠図（1560年ごろ）

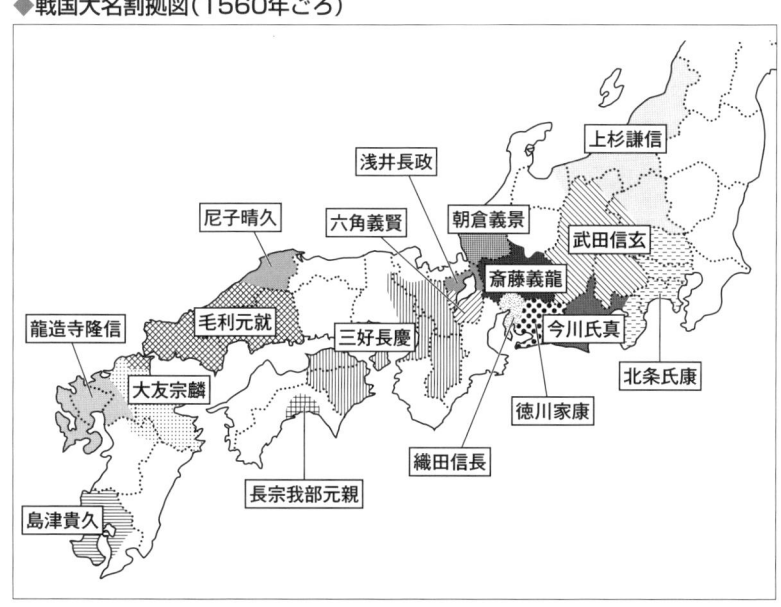

対立の度を深めていた。

群雄割拠の世は猛スピードで次のステージへ進もうとしていた。

こうしたなかで元親は、時代に置いてきぼりを食わぬよう、思いもよらぬ"政策"を実行する。そしてこの政策こそが、長宗我部家を飛躍させるための大きな一手だったのだ。

元親の嫁取り！　長宗我部家に新たな血筋を作る

――永禄6年(1563)の夏、元親は家臣たちを前にしていった。

「わしも25歳である。そろそろ嫁を取ろうと思う」

突然の嫁取り宣言である。

戦国時代、武家の婚姻は国の行方を左右する重大な政策であった。たとえば主人に姉や妹がいれば、嫁にもらって絆を強める。自分に娘があれば他家に嫁がせて同盟を結ぶ。

国親の娘が本山茂辰に嫁いだように、信長の妹・お市(浅井長政室)、秀吉の妹・あさひ(徳川家康室)、家康の孫・千姫(豊臣秀頼室)らは、すべて政策の道具となって他家へ嫁入りしたのである。

ただし、元親のケースは少々毛色が違っていた。いうなれば、長宗我部家を根底から違うものへ変えようという企てだったのである。

なお、元親夫人については"明智光秀家臣・斎藤利三の妹"が通り名になっている。少しややこしいので整理しておこう。

近年の長宗我部研究では、元親夫人は、朝倉慶景氏の主張する"石谷兵部大輔光政の娘"とする見方が大勢になっている。

石谷光政という人物は将軍・義輝の側近で、清和源氏・土岐氏の流れを汲む人である。土岐氏は南北朝期の"バサラ大名"として知られる美濃守護・土岐頼遠を輩出した一族だ。光政は美濃の人だが、義輝に仕えるために、娘とともに京で暮らしていた。

つまり、元親の意中の人は堂々たる源氏の血筋だったのである。

長宗我部家の本姓は秦氏だが、血筋的に渡来人の秦氏の格は、正直にいって高くない。土佐を束ね、天下に雄飛しようとしていた元親にとって、秦氏は戦国大名の血筋として弱く映っていた。

一条(藤原北家)、三好(源氏)、大友(藤原)、織田(平氏)らに伍していくためには、秦氏では厳しい。そこで、武家の棟梁としての源氏の血を

入れることで、長宗我部家をグレードアップさせようと考えたのだ。自分はともかく、生まれてくる子は"源氏の子"なのだ。

のちの子供（信親）に対する度を超した愛情は、すでにこのへんから始まっている。元親が相当の野心を持って嫁取りを進めたことは明らかだろう。

また、石谷家は義輝の直臣だから、長宗我部家は将軍家とも直接の繋がりを持つことができる。いかに彼が中央を意識していたかということがわかる話だ。

結婚のために上洛！　斎藤利三との縁もできる

なお、元親が石谷氏を選んだ理由はもうひとつあった。

ここでカギになるのが石谷兵部少輔頼辰という男である。頼辰は石谷氏の義理の兄にあたる人物で、同じく義輝の側近だった。

頼辰は元親と親交があり、この縁談を進めた張本人と見られる。格的には義輝の直臣と土佐の一土豪の縁組だから、難航したことが予想され

◆斎藤、石谷、長宗我部氏の関係（朝倉慶景氏の資料をもとに作成）

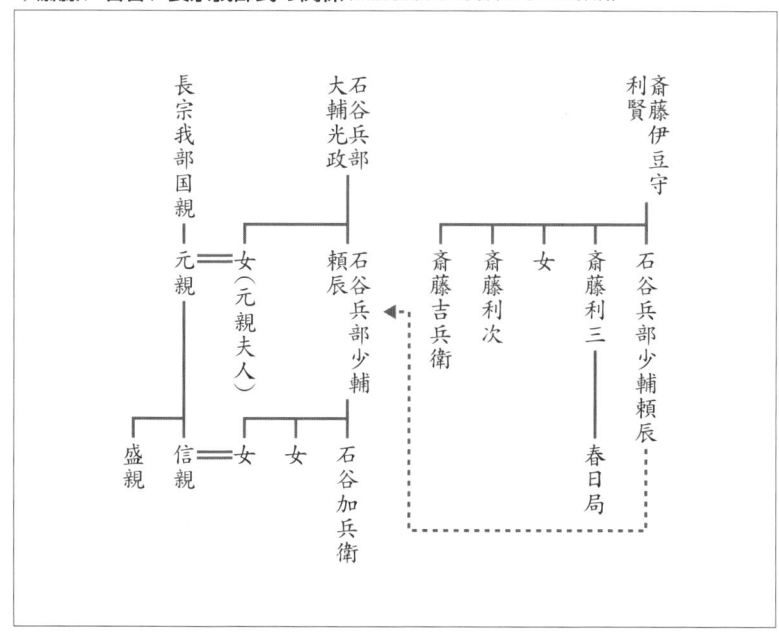

るが、彼の助力もあってなんとかこの話はまとまった。
　幕府と関係が深かった公家の山科言継が残す『言継卿記』によれば、永禄6年(1563)8月27日付で、頼辰と元親がともに山科邸を訪れたことが記されている。つまり、元親は石谷氏を土佐に迎えるためにわざわざ上洛しているのだ。元親のこの婚儀に対する情熱がうかがえる。
　さて、元親の義理の兄となった石谷兵部少輔頼辰とは何者か。
　頼辰も光政同様に美濃の人である。彼の父は斎藤伊豆守利賢だ。
　利賢は美濃の斎藤道三・義龍父子の家臣だった。なお斎藤氏は、美濃守護・土岐氏の守護代を務めた一族である。土岐氏を追い出した道三が名跡を継いだことで知られるが、利賢は道三の系譜ではない本来の斎藤一族である。そして彼の子が、頼辰(兄)と斎藤利三(弟)だった。
　石谷光政には男子がいなかったため、頼辰は養子となって石谷家を継ぎ、利三は斎藤家を継ぐことになったのだ。つまり通説通り、元親夫人は利三の義理の妹ということになる。
　元親が結婚した永禄6年(1563)の時点で、美濃守護は義龍の子・龍興に代わっている。利三もこのころは龍興に仕えていた。
　元親は当然、美濃指折りの将だった利三が縁者になったこともよく理

◎元親夫人・石谷氏は絶世の美女

　元親が石谷氏と結婚しようとしたことに対し、当初家臣たちは反対だった。なにしろ遠い国、違う世界の姫君なのである。土佐の一豪族としてのメリットは一見なにもない。
　中島大和は「殿が御好色なのは知っていますが、よく考えてください。縁ならば、阿波、讃岐、伊予の大名たちと結ぶべきでしょう。少しは世の聞こえも考えてください」とキツいことをいっている。つまり、元親の結婚の動機は、単に石谷氏が誉れ高い美貌の持ち主だったためだと、中島らは考えていたのだ。
　元親は「天地神明に誓ってそのようなことはない」と笑い、武名高き家柄を娶ることで、「長宗我部家に勇者の誕生を期待しているのだ」と述べている。源氏の血を入れるという元親の遠大な計画は、家臣たちにはピンとこなかったようだ。
　長宗我部元親の物語は、極めて女っ気に乏しいストーリーである。元親の母親にしても、その娘にしても、史料が少ないために存在感が乏しい。そうしたなかで、正室が絶世の美女だったとされていることは、元親の物語にわずかながら華やかさを与えてくれているようだ。

解していた。石谷家、斎藤家という名門との絆は、必ず長宗我部家のプラスになると計算していたはずなのである。

その後、斎藤龍興は信長の攻勢を受けて没落。重臣だった稲葉一鉄（いなばいってつ）ら美濃三人衆に見限られる。利三も龍興を離れ、妻の父にあたる稲葉一鉄の家臣となった。龍興が信長に美濃を奪われたのは、永禄10年（1567）のことである。

斎藤利三はそれから数奇な人生を歩む。稲葉一鉄と袂を分かち、あの明智光秀の筆頭家臣として仕えるようになるのだ。

元親にとって、正妻・石谷氏を媒介とする斎藤利三、明智光秀との不思議な縁は、のちの生涯に大きな影響を及ぼすことになる。

七雄最後の敵・安芸国虎との抗争スタート

元親が妻を娶（めと）ったこの永禄6年（1563）、いよいよ土佐七雄最後の強敵が牙をむいてくる。安芸郡の安芸国虎（あきくにとら）である。

香宗我部氏との"合併"以降、長宗我部領は国虎の領土と直接接するようになり、元親と国虎の緊張関係はじわじわと高まっていた。

元親はこのころ、国虎との衝突をできるだけ避けたかったようだ。

新しく手に入れた中原の統治を進めなければならなかったうえ、元親の当面の敵は、やはり本山茂辰（しげとき）である。本山城に戻って再起をうかがう茂辰の息の根を止めることが、なによりの優先課題だったのだ。元親はたびたび兵を差し向けていたが、難攻不落の本山城をまだ攻略できずにいたのである。

また、国虎は一条家と縁続き（妻は一条兼定の妹）であることも、元親を悩ませていた。下手に国虎に手を出せば、元親は本山、一条、安芸の3軍を一度に相手にしてしまう恐れがあったのだ。

長宗我部・安芸両家の38度線というべき境界が、夜須荘（香美郡）という土地であった。

元親は夜須荘北方の上夜須城（かみやすじょう）に吉田大備後重俊・伊賀介父子を配し、国虎は南方、海岸地帯の姫倉城に姫倉備前守（ひめくらびぜんのかみ）・右京（うきょう）父子を配し、一触即発のにらみ合いを続けていたのである。

事件は些細なことから生じた。国虎の兵が長宗我部領に押し入り、柿の木を揺さぶって実を盗んだのだ。これを吉田方の番兵が見とがめ、捕

縛して大備後重俊のもとへ連れていったのである。

重俊は、あまりにつまらない話だったので「誠に禍は下から起こるものだのう。国虎のもとに連れていってやれ。それがお互いのためだ」と述べ、使者に命じて捕虜を安芸城に護送した。

しかし、国虎の反応は重俊の配慮を裏切るものだった。

「吉田は元親の家来の分際で、直にわしにかけ合うとは無礼にもほどがある」。国虎は怒って、使者の面前で捕虜を放免したのだ。

今度は、国虎の非礼に吉田方が憤激する番だった。特に重俊の嫡男・伊賀介の怒りは大きかった。伊賀介は江村小備後親家の兄にあたり、弟と同様に猛将として知られる人物である。

伊賀介は報復として、夜須荘からさらに西方の馬ノ上城(うまのうえ)(安芸郡芸西(げいせい)村)の襲撃を企んだ。馬ノ上城は安芸西方山間部の要といえる重要拠点だった。

伊賀介は少勢を率いて安芸領に侵入。農民の風体をして、まんまと馬ノ上城内に侵入して城兵に襲いかかり、あっという間に城を占拠した。さすがは知恵者で知られた吉田孝頼(重俊の兄)の甥、鮮やかな手並みである。孝頼はこの年に病死しているが、その一族は長宗我部家を支える不動の柱となっていた。

「吉田にたばかられた！」。国虎は歯噛みした。

長宗我部方に西方山間部を押さえられたことは、彼にとって大きな不覚であった。これで安芸西方は、夜須荘の姫倉城、和食(わじき)の金岡(かなおか)城(安芸郡芸西村)を結ぶ海岸線のラインが孤立する形になってしまったのである。

──元親が吉田大備後父子よりこの報告を聞いて、なにをいったかは伝わっていない。

初期の長宗我部家の組織は国人一揆(国人領主の連合体)の色合いが濃く、家臣といっても各領主にはある程度の独立性が許されていた。元親の代でも弟の吉良親貞、香宗我部親泰、家臣の久武親信らにもかなり自由な軍事的裁量権を認めている。吉田父子の暴走は、元親にとっては恐らく誤算だったろうが、結局は目をつぶったと見られる。

だが、国虎にとって吉田の罪は、主君である元親の罪であった。国虎は元親との全面対決を決意し、馬ノ上城を取り戻そうとしたが、吉田勢の抵抗が強く、奪回できなかった。

国虎、"蟷螂の策"で岡豊城を奇襲！

「馬ノ上城を取られたのは生涯の恥辱だ。すぐに取り返したい」

安芸城での軍議の席上、国虎の興奮は収まらなかった。そこに切れ者として知られる家老の有沢石見が進み出て、こう献策した。

「馬ノ上城など放っておきなさい。それより岡豊城を攻めるべきです。元親は今、本山城攻略に苦しみ、城を守るのはわずかです」

荘子の書にある「蟷螂蟬をうかがえば、野鳥蟷螂をうかがう」という言葉が石見の作戦だった。元親（蟷螂）が本山（蟬）を攻めれば、国虎（野鳥）は元親を攻めればいいのである。

「岡豊城を落とせば、夜須、馬ノ上は攻めずして落ちます」

国虎はこの作戦に乗った。

国虎と石見はこのとき、縁者である一条兼定に援軍を申し出ている。兼定はこれを了承し、3000もの援軍を派遣した。こうして懸念していたように、元親は本山、安芸、一条を同時に敵に回してしまったのだ。

◆岡豊城二ノ段より東方の城下を望む

画面右に流れる国分川が岡豊城の天然の要害となる。安芸国虎はこの川を越えて岡豊城に迫った。現在はのどかな田園風景が広がり、「土佐のまほろば」と呼ばれる美しい眺めである。中央やや左の小さな林部分が土佐国府跡（高知県南国市）

安芸軍は一条家の援軍を加え、総勢5000余騎に達したとされる。

　国虎は元親が主力部隊を本山攻めに向かわせたことを聞き知ると、まず吉田父子が籠もる上夜須城に別働隊として抑えの兵を差し向け、その後主力部隊を率いて怒濤のように岡豊城下に押し寄せた。いくら岡豊城が手薄とはいえ、長宗我部領内に深く侵入するわけだから、上夜須城の吉田勢を動けぬようにしておくのは当然の策であった。

　大軍の来襲を知り、不意を衝かれた岡豊城内は大騒ぎとなった。味方は少勢で、とても持ちこたえられそうにない。岡豊城はあの兼序自刃以来となる、落城の危機を迎えたのである。

　だが、元親は「我が城は要害だ。驚くは未練の至りなり」と皆を励ました。

　祖父のころとは違う。元親には防衛に自信があったのだ。その裏づけとなったのは、一領具足の存在である。

　果たして、急を知った近隣の一領具足たちは農作業を放り出し、続々と加勢に向かった。ある者は山裾を下り、ある者は崖をつたい、一路岡豊城を目指したのである。

　国虎は次々に湧き出る長宗我部軍の兵に面食らったが、戦力的に安芸軍が圧倒的に有利であることに変わりはなかった。

　「城兵はわずかだ。一気に攻め込め！」。国虎は大手門を攻撃目標にして総攻撃をかけた。長宗我部勢は福留親政、熊谷源助ら、一騎当千の猛将が懸命に防戦にあたった。

吉田大備後父子、福留親政らの活躍で国虎を追い払う

　国虎の企みを知った上夜須城の吉田大備後重俊は、安芸軍別働隊の囲みを破るべく、必死で策を巡らしていた。重俊は今回の国虎の挙兵に対し、大きな責任を感じていたのである。

　重俊はあえて城から打って出ず、安芸軍の油断を誘った。これで安芸軍は重俊に戦意がないと勘違いし、日が暮れると休憩するようになっていた。

　この隙に、重俊は密かに伊賀介に兵を与えて城を抜けさせ、安芸軍を横から奇襲させた。敵が混乱に陥ったのを見た重俊は、すかさず城内から打って出て全軍で攻撃。見事に安芸別働隊を敗走させた。

「逃げる者は追うな。それより殿が危ない。岡豊城(おこう)へ急ぐのだ」

重俊と伊賀介は直ちに岡豊城へ急いだ。

一方、元親をはじめ、福留親政、熊谷源助らは大善戦していたが、多勢に無勢。岡豊城の大手門は今にも破られようとしていた。

そのときである。国虎の軍勢の後方から大きく鬨(とき)の声が聞えた。吉田父子の援軍が間に合ったのだ。

「後巻きの兵がいるとは！」。腹背に攻撃を受ける格好となった安芸軍は狼狽した。勇気づけられた城兵は猛反撃に転じ、安芸軍はたちまち総崩れとなった。

国虎はたまらず敗走。兵たちも太刀や旗指物を捨てて我先に逃げた。

福留親政と熊谷源助はこれを追撃する。このとき、親政は源助に「荒切り(大まかに、荒っぽく切る)して通るべし。小切りは若い者にさせよ」といい、源助は「心得たり」と答えた。そして親政は20人、源助は18人敵を切ったとされている。このときの"福留の荒切り"は、有名な武勇談として土佐の人々に語り継がれている。

吉田父子や福留、熊谷、そして一領具足の活躍により、元親は国虎の奇襲を退け、九死に一生を得た。

その後、元親は一気に国虎を攻め滅ぼすことも考えたが——意外な人物から「待った」がかかる。それは、今回の国虎挙兵に協力していた一条兼定だった。兼定は、国虎が滅びれば土佐で自分の地位が急低下しかねないことを危ぶんだのである。

兼定は援軍を送ったことをすっとぼけてこう仲介した。

「この諍いは両家滅亡の危機であり、国の動乱の端にもなりかねない。ふたりとも剣を捨て給え」

主筋にあたる土佐国司・兼定からの直々の和睦の斡旋である。もちろん国虎は了承し、元親もなにもいえずに和議に同意した。

ただし、元親にとって国虎との一時休戦は、実はそう悪い話ではなかった。これで本山城攻めに本腰を入れられるようになったのである。国虎退治はもともと、その後に予定していた案件だったのだ。

元親、難攻不落の本山城に挑む

現在の長岡郡本山町は山間部にひしめく小さな町で、地図で見るとほ

◆本山城跡、本山城下

歴代本山氏の本拠。土佐第一の要害と呼ぶにふさわしい難所である。山からは山間部にたたずむ本山の町が見える（高知県長岡郡本山町）

ぼ四国の中央に位置している。

　高知市街からは約43kmの距離だが、あいだに国見山、笹ヶ峰、工石山と高い山々が立ち塞がっている。現在では高知自動車道が整備されているためその往来は楽になったが、いくつもの峠を越えねばならなかった遠征軍の苦労は、並大抵のものでなかったと考えられる。

　本山茂辰・親茂父子が籠もっていた本山城は、本山町南の山に建てられ、「国中第一の要害」（『土佐物語』）として知られる難攻不落の要塞だった。「山重なり峰高く」「見下ろせば青岩峨々として（ごつごつそびえて）、澗水（谷川の水）音遠く、旅客、行人胸を冷やす」（同）と形容されるように、山道は険しく、山からは本山の町が一望できる。

　――元親は幾度もこの城を落とそうとしたが、そのつど失敗していた。そこで彼が考案したのが、新城の築城である。

　本山城の近くに前線基地を作って、効率的に敵を攻撃しようという作戦だ。これは「付城」と呼ばれる戦術で、城攻めの常套手段である。代表的なものは家康が遠江高天神城（静岡県掛川市）攻めで築いた横須賀城（掛川市）、小田原攻めでの秀吉の石垣山城（神奈川県小田原市）などであろう。

　この作戦で重要な役割を果たしたのが森孝頼という武将で、彼もまた本山に恨みを抱く者だった。元親は城作りを孝頼に任せた。

　孝頼は本山城の西、森郷の森城（土佐郡土佐町）の城主だった頼実の子である。だが森城はかつて本山氏の攻撃を受けて落城。頼実は討ち死に

し、孝頼は長宗我部家を頼って落ち延びた。そして、このときは潮江城(高知市)の城代を務めていた。その孝頼が旧領の森郷に戻され、父の仇を討つ機会を与えられたのである。

瓜生野に撤退した茂辰、失意のうちに病死

　森城に戻った孝頼は、さっそく旧臣たちを募ることに成功し、着々と森郷に勢力を広げた。そして、森城と本山城のほぼ中間に新城・田井古城(土佐郡土佐町)を構築したのである。
　森家の再興と新城・田井古城が本山方に与えた衝撃は大きかった。
　本山茂辰は孝頼と一戦交えようとしたが、踏み切れなかった。情勢不利と見て寝返る者が出るのを恐れたのである。だが、このままでは元親と孝頼に挟撃されるのは明らかだった。
　「やむを得ん。瓜生野(長岡郡本山町)に撤退するしかない」
　吉野川支流の汗見川が流れる瓜生野とは、本山城よりさらに奥地、標高1470mの白髪山、1262mの大己屋山、1404mの佐々連尾山に囲まれた広大な山岳地帯だった。もはや秘境といっていい場所である。
　永禄7年(1564)4月、ついに本山茂辰、茂辰夫人、親茂は本山城を捨て、瓜生野へと撤退した。かつて栄華を誇った本山家が逃げられる場所は、ここよりほかにどこにもなくなっていたのである。
　茂辰父子は、瓜生野に新たに城を築いて立て籠もった。さすがの元親も、この天険を利用した要害を攻めあぐむことになる。本山方は瓜生野城で自給自足の生活をしていたというから凄まじい。まるでゲリラ組織の砦のようなものである。
　だが、ほどなく本山家に大きな禍が起こった。なんと茂辰が病に伏し、そのまま死去してしまったのである。大将の死は兵たちに大きなショックを与えたが、跡を継いだ親茂は茂辰に劣らぬ器量の持ち主だった。彼は兵たちを叱咤してこの籠城戦を継続したのだ。
　元親にとって、親茂は姉の子、実の甥である。こうなると、兼序・国親2代の念願だった「本山を討つよりほかに供養なし」という遺訓も、かなり色褪せたものになってしまったようだった。
　親茂に対する恨みはなにもない。そのせいか、瓜生野戦線はこのころより膠着し、両家の対峙は長期化する。

一条・西園寺家の争いに江村親家を派遣

　永禄8年(1565)ごろ、元親は相変わらず本山への対応に心を砕いていた。そんなとき、またも幡多の一条兼定が使いを寄越してくる。今度は援軍の要請であった。

　兼定はこのころ、伊予の豪族・西園寺公広と激しい抗争を続けていた。西園寺氏は本姓藤原北家、西園寺支流の名門で、黒瀬城(愛媛県西予市)を本拠に宇和郡一帯に勢力を持っていた。

　兼定は西園寺領への進出を画策していたが、逆に公広の反撃に遭い、幡多を脅かされる羽目に陥っていたのである。そこで兼定は、妻の父親である豊後の戦国大名・大友宗麟と元親に救援を依頼してきたのだ。

　元親にとってはかなり迷惑な話だった。いくら父・国親の代に世話になった主筋とはいえ、全くあずかり知らぬ南予の合戦に巻き込まれることは本意ではなかったのだ。

　とはいえ、拒否すれば世の人に"不義の者"の誹りを受けるうえ、いまだ土佐国内が固まっていない時期に一条家ともめるのは得策でなかった。

　結局、元親は大備後重俊の子・江村小備後親家に500余騎を授けて、幡多へ加勢に向かわせている。宗麟も婿殿の一大事とあって援兵を送った。

　戦いは長宗我部と大友の加勢を得た兼定の圧勝に終わり、西園寺軍は南予へ退いた。この合戦で、小備後親家は大活躍。兼定より直々に「このたびの勝利は汝が一力の功によるもの」と称えられ、褒美として鎧1領と太刀が下賜されたという。岡豊の元親にも一条家家老の土居宗三が足を運び、礼として豪華な進物を贈っている。

　一条家の人々は元親を忠実な臣として褒めちぎった。ただし、これは典型的な"面従腹背"だったのである。

　伊予の史料(『宇和旧記』)によれば、実は元親は裏で西園寺氏と通じており、兼定への加勢が義理的なものであることを匂わせる書状を出しているのだ。要するに元親は、下手に敵を増やしたくなかったのである。

　元親は、天下に目を配る将である。西園寺氏以外にも、この時期に瀬戸内の村上水軍、備前の宇喜多氏らに宛てた書状が近年になって確認されているほどだ。いずれも巧みに他家と誼を結ぼうというものである。

元親は外交の達人であり、その外交姿勢は長宗我部家の成長戦略と密接に絡んだものだった。
　──元親夫人・石谷氏が待望の男子を出産したのも、この永禄8年（1565）だった。のちの長宗我部信親である。長宗我部家の血筋を変える"源氏の勇者"の誕生に、元親は相好を崩して喜んだ。

本山氏降伏、甥たちの命を救った元親

　瓜生野城での本山氏対長宗我部氏の対峙は、実に5年に及んだ。この膠着状況に変化が生じたのは、永禄11年（1568）の冬である。京では信長が将軍・足利義昭を奉じて上洛し、畿内を席巻していた年だ。
　いよいよ天下は、ひとりの男を中心に回ろうとしていた。元親は一刻も早く、敵対する本山親茂、安芸国虎と決着をつけねばならなかった。
「今度こそ親茂を討ち取る」
　元親は総力をあげて瓜生野城攻めを開始した。先発隊は100艘もの筏を作って汗見川を上り、主力部隊は川沿いを進んで瓜生野に殺到した。
　これに対して親茂は、かつてあの国親も一目置いた武将、吉井修理を守将として谷口に砦を設けて迎撃したが、長宗我部軍の勢いは凄まじく、修理は奮戦むなしく討たれてしまう。
　さらに城の大手にあたる西谷口に土佐勢が殺到し、本山勢は散々に打ち破られた。
　ここに至って親茂は、ついに降伏を決断した。永正5年（1508）の岡豊城落城から丸60年。ついに元親は祖父・兼序、父・国親の悲願を果たしたのである。
　元親は親茂を助命した。戦が終われば親茂は実の甥、長宗我部の子なのである。若き日の元親は、情に厚い男でもあったのだ。
　親茂に加え、姉である茂辰夫人、次男・内記、三男・又四郎、女子ふたりの6人は、すべて岡豊に引き取られた。
　土佐の群雄としての本山氏は滅亡したことになるが、親茂ら男子はすべて長宗我部家の重臣となった。後年、親茂は九州戸次川の戦いで元親・信親父子を守るために奮戦、名誉の戦死を遂げることになる。

元親、国虎との決戦に挑む

　打倒本山氏を果たした元親は、土佐中央4郡（長岡、香美、土佐、吾川）に号令する大勢力となった。

　翌永禄12年（1569）、元親は返す刀で、安芸国虎征伐を決意する。安芸郡を平定すれば、仁淀川以西の一条領を除いて、土佐の大半は元親の手に帰することになるのだ。

　ただし、国虎とは兼定の仲介で不戦協定を結んでおり、元親としては拙速な侵略行為は憚られた。

　元親という人は、非常に世の聞こえを気にする人で、それは一条兼定への奉仕的な態度にもよく表れている。戦国でもどこか鎌倉的道徳観を残していた土佐人の気質によるものなのかもしれない。天上天下唯我独尊でバサラな信長とは対照的である。

　さて、そこで元親は不戦協定を反故にすべく一計を案じた。使者を送り、短気な国虎を逆撫でするようなメッセージを伝えたのである。

　「我々は先年不慮のことから不和を生じてしまいました。でもこれも戦国の習いですので、互いが終生の怨敵というわけではありません。私も長く多忙でしたので貴方と会えないでいることを気にしています。そこで近々岡豊にいらっしゃいませんか。誓約を固く結んで、骨肉同胞の睦びをしましょう」

　案の定、安芸城の国虎は激怒した。

　「領土の境で誓約を結ぼうというのならともかく、岡豊にこいとは何事だ！　降参しろといっているようなものだろう！」

　傍らの国虎の家臣・黒岩越前はそんな主君を制して進言した。

　「畏れながら、まげて申し出に応じるべきです。元親は無礼ですが、私が見るにこれは当家不吉のしるしです。一時的な恭順は決して恥ではありません。もし元親が驕るなら隙が生じますので、そのときに一戦すればいいではないですか」

　だが、国虎は取り合わなかった。

　「もともと長宗我部は3000貫、安芸は5000貫の領主。目下と見ていた者の旗の下に属する屈辱に耐えられようか！」

　なおも黒岩越前は必死で説得したが、国虎は聞く耳を持たない。

　「このうえは主従一所に屍をさらすよりほかにない」

越前はそう決意して、元親の使者を追い返した。長宗我部氏と安芸氏の和議はここに決裂し、国虎は直ちに合戦の準備を始めた。こうして元親は安芸郡侵攻の名分を得たのである。

元親、総力を結集して安芸攻めへ

　元親は国虎との戦いに必勝を期し、7000余りの大軍を招集している。その顔触れは、弟の吉良親貞、香宗我部親泰、一門衆の長宗我部親武（のちの戸波親武。国親の弟・国康の長男）、比江山親興（同次男）、重臣の吉田大備後重俊、吉田伊賀介、細川宗桃、秦泉寺豊後ら、そして一領具足たちである。

　まさに長宗我部軍の総力を結集したメンバーで、元親のこの一戦に賭ける意気込みが伝わってくる。敵味方合わせて1万を超える決戦は"土佐の関ヶ原"と呼ぶにふさわしいスケールといえた。

　目指すは安芸城である。

　国虎が待ち構える安芸城は、安芸平野の中央の小山に立つ平山城で、一の段を挟んで南北に二の段、南に三の段という構造になっている。本丸から安芸平野と土佐湾を見下ろし、北に城ヶ淵、東に安芸川、西に矢の川、南に堀を造った構えである。現在でも城址には居館跡、城門跡、石垣、堀などを残し、往時を偲ばせるたたずまいとなっている。

　さて、国虎は諸将に号令をかけ、総勢5300余人もの兵を集めた。兵力的には元親が勝るが、国虎には勝算があった。6年前の岡豊攻めのときと同様に、妻の兄である一条兼定からの援軍をあてにしていたのであ

◆安芸城跡

安芸氏代々の居城。戦後も重要拠点として長宗我部氏や山内氏に利用された。現在も土塁と石垣を残す。周辺には山内時代の武家屋敷の面影を残す（高知県安芸市）

第三章　本山・安芸氏を降し、土佐統一に王手

る。しかし、国虎の家臣たちは6年前とは事情が変わっていることをよく理解し、「一条殿恃むに足りず」と諫言していた。

7月10日、先陣として岡豊を出立した吉良親貞・香宗我部親泰のコンビは海岸線を進み、夜須荘の姫倉城を急襲。瞬く間に城を占領した。6年前に吉田大備後父子が馬ノ上城を落とし、安芸西方の山間部を押さえていたことが功を奏したわけである。孤立していた姫倉城を叩くのは、たやすいことだったのだ。

続いて一門衆の長宗我部親武、比江山親興が2000を率いて和食の金岡城に殺到した。現在の国道55号線を室戸方面に進むのが、長宗我部軍の基本進撃ルートである。この金岡城を守備していたのが黒岩越前だった。

親武らは姫倉城同様、簡単に落とせると見くびっていたが、越前以下将兵の抵抗は凄まじく、戦いは3日3晩に及んだ。結局、衆寡敵せず越前は城を放棄して撤退したが、安芸勢の善戦ぶりは、のちの世の語り種となっている。

八流の戦い、奇策で国虎を追い詰める

安芸城の国虎は追い詰められていた。安芸城は堅城ではあったが、しょせんは数十、数百の敵を想定した豪族の砦である。7000もの長宗我部

◆矢流(八流)古戦場跡

絶壁の海岸地帯で繰り広げられた八流の戦い。太平洋を眼下に望む。現在は海岸沿いに小さな石碑が立つのみ(高知県安芸市)

Truth In History 長宗我部元親

軍を迎え撃つには、はなはだ心許なかったのである。国虎は決意した。
「城から打って出て八流(安芸市)で迎え撃つ」
和食と安芸城を海岸線で結ぶ八流は絶壁の海岸地帯で、北の山裾が南に垂れた天険だった。国虎はこの天然の要害に砦を築いて長宗我部軍を叩こうとしたのである。

一方、和食に全軍を集結していた元親は、国虎の戦術を見抜いた。このころには安芸勢から離反者も続出し、国虎の動向は元親に筒抜けだったのである。

元親は軍を2手に分けた。本隊は浜手を進撃して正面から八流の砦を襲い、別働隊は寝返った豪族の手引きを受けて密かに山道をいき、手薄の安芸城を襲おうとしたのである。難所の八流に全戦力を集中する愚策を避けたのだ。

八流の戦いは大激戦となった。さすがに八流は天険、長宗我部軍も浴びるように矢を射られて大苦戦した。しかし、戦いの最中に安芸軍を震撼させる事態が発生した。八流の沖合から思わぬ鬨の声が聞こえてきたのである。

第三章 本山・安芸氏を降し、土佐統一に王手

◆安芸城の戦い

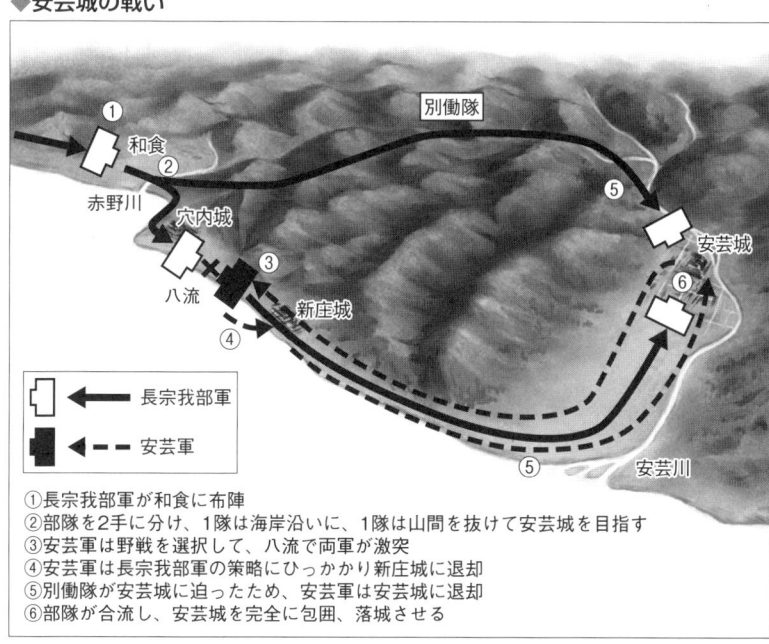

① 長宗我部軍が和食に布陣
② 部隊を2手に分け、1隊は海岸沿いに、1隊は山間を抜けて安芸城を目指す
③ 安芸軍は野戦を選択して、八流で両軍が激突
④ 安芸軍は長宗我部軍の策略にひっかかり新庄城に退却
⑤ 別働隊が安芸城に迫ったため、安芸軍は安芸城に退却
⑥ 部隊が合流し、安芸城を完全に包囲、落城させる

「元親め、軍船を用意していたのか!」。国虎は狼狽し、安芸軍は総崩れとなって、穴内、新庄の2城(ともに安芸市)への敗走を余儀なくされたのである。

実はこれは、知恵者でならす吉田大備後重俊の策略だった。あらかじめ付近の漁民に船を集めさせて、彼らに沖合から鬨の声を上げるようにいい含めていたのである。こうして八流の戦いは長宗我部軍の大勝利に終わった。

安芸城に逃げ戻った国虎は第2の衝撃を受ける。山づたいの間道を進んでいた長宗我部別働隊が、東の安芸川を越えて背後から襲来したのだ。まさに神出鬼没の作戦といえた。

本城の危機を知った穴内、新庄の安芸軍は慌てて城へ戻った。こうして重要な出城として残されていた穴内、新庄も落ち、安芸城は完全に孤立してしまったのである。

国虎自刃、土佐統一を目前とする元親

国虎は絶望的な籠城戦を続けた。何度使いを出しても一条の援軍は現れない。6年前とは違い、土佐のことごとくが元親の手に落ちた現状では、一条兼定は妹婿を見捨てるほかなかったのである。

岡豊勢の攻撃に城兵は耐え続け、黒岩越前、有沢石見も死力を尽くして奮戦した。この籠城戦は、実に24日間に及ぶものとなった。

だが、岡豊勢の包囲の輪はじりじりと縮まり、城内の兵糧もなくなって、もはや勝敗は誰の目にも明らかとなっていた。

安芸軍からは投降者や寝返り者が続出した。このなかに横山民部という者がいるが、彼は城内の井戸に毒を入れるという卑劣な行為を働いている。民部はその後、敵味方問わず憎まれ、高知の歴史に汚名を残すこととなった。

「致し方ない」。こうした城内の混乱を見た国虎はついに観念した。

国虎は一子・千寿丸を阿波へ落ち延びさせ、黒岩越前に夫人を一条家に送り届けるよう頼んだのち、元親へ使いを出した。

「我が運命は尽きた。城を出て浄貞寺(安芸家の菩提寺)で生害を遂げる。軍兵の命は助けてくれ。願いがかなわずば、将兵とともに軍門に屍をさらす」。完全降伏である。

元親はこれを聞き届け、起請文を書いたうえで、包囲の一部を解いて浄貞寺への道を空けてやった。国虎は大いに喜んだという。
　8月11日、有沢石見の介錯により国虎は自刃した。享年29歳。土佐東部に君臨した安芸氏は、ついに滅亡したのである。かつて"蟷螂の策"で元親を苦しめた有沢石見も国虎を追い、その場で自害した。
　一方、黒岩越前は元親の配慮もあって、無事に国虎夫人を幡多中村に送り届けた。その後、急いで安芸へ戻っていた越前は、かがみの野（香美郡野市町）という地で、岡豊へ帰陣しようとしていた元親と吉田大備後重俊に会っている。越前は元親に礼をいった。
　「安芸に帰っても戻るところはあるまい。私に仕えてくれないか」。元親の誘いに越前は「主人の初七日が終わりましたら、また」と答えてその場を去った。名将越前が岡豊にきてくれるものと期待する元親だったが、横で大備後重俊が密かに泣いているのを見て驚く。
　元親が訝しんで聞くと重俊はこう答えた。
　「私は越前という男をよく知っています。殿、見ていなされ。たとえ飢え死にしても彼は岡豊にこないでしょう」
　越前が国虎の墓前で自刃したのは8月17日のことだった。安芸氏の滅亡劇では裏切り者、寝返り者が続出したが、有沢石見や黒岩越前のような"主従一致"の姿もあったのである。

　　　　　＊　　　　　　＊　　　　　　＊

　強敵だった本山氏と安芸氏を立て続けに撃破し、元親はついに土佐の統一に王手をかけた。しかし、残る敵は父・国親を救い、長宗我部家を再興させた恩ある一条氏なのである。
　兼定を降して土佐に覇を唱えるべきか、唱えざるべきか。永禄を過ぎた元亀年間（1570〜1573）を前に、元親はハムレット的苦悩を抱えることになる。

第四章
土佐平定と四国征服作戦の始動

●1569〜1575●

吉良親貞、一条勢力への侵攻を提案

「そもそも土佐一条家は近代武家に異ならず、華軒(華やかに飾った車)、栄耀をゆがめ、武士とみられ、(略)家の名を落とさせ、言語を絶する次第なり」(『小早川家文書』)

永禄11年(1568)、宇和島で一条兼定と伊予の西園寺氏、河野氏が戦った際、伊予勢に加勢した毛利の家臣が残したセリフである。戦いは伊予勢の圧勝に終わり、兼定の伊予侵攻の野望は破たんすることになった。毛利勢は、一条家が土佐国司としての本分を忘れ、戦国大名化していることを辛辣に叩いているわけだ。

兼定は決して凡庸な公家大名ではなかった。だが、その将器は躍進を続ける元親に比べると、かなり見劣りするのは否めない。

伊予勢に敗れた翌年には、妹婿だった安芸国虎を見殺しにする羽目に陥った兼定。高岡・幡多両郡の王は全く精彩を欠いていた。

そんな兼定の隙を見逃さなかったのが、元親の弟・吉良親貞である。親貞は吾川郡吉良峰城(吾川郡)の城主で、土佐の西部戦線を担当する長宗我部軍の副将格である。

親貞は安芸征伐を終えたばかりの元親にこう進言した。

「今こそ蓮池城(土佐市)を奪ういい機会です」

仁淀川以西の蓮池城は、以前は大平氏が君臨していた城で、高岡郡の要ともいえる拠点だった。この時点での蓮池城の城代は不詳だが、かつての土佐七雄の一角で、一条氏に降っていた津野定勝の一門と見られる。

元親は親貞の提案に反対した。本山攻めの際に、兼定と「仁淀川以西は手出しを禁ず」という誓約を結んだ経緯もあったうえ、なんといっても一条家は亡き国親が多大な恩を受けた主筋なのである。
「天に背く者は必ず禍を受ける。決して不義を行うな」

覚悟の親貞、仁淀川を渡る

　戦略的に見れば親貞の提言は正しい。一条家が衰運にある今こそ、高岡郡に楔を打つ絶好の機会なのである。一条家は腐っても一条家であるうえ、兼定には大友宗麟という強力な後ろ盾が控えている以上、ここは勢力を着実に削いでおくべきであった。
　もちろん、元親もそれはわかっているし、高岡は彼にとって喉から手が出るほどほしい領土だ。しかし、一条家に弓を引けば最後、元親は世の人に「不義者」の烙印を押されてしまう。元親はこれを恐れたのである。一条家とはできるだけ穏便に事を運びたい——のちの兼定への対処を見ても、元親はこの姿勢を重視したとしか考えられない。
　親貞は悩む兄にこう勧めた。
「ならば天罰はこの親貞が背負いましょう」
　親貞はさっそく吉田大備後重俊、中島大和と密謀し、蓮池城乗っ取りに動いた。武力より計略と考えた親貞らは、まず蓮池城の在番衆に働きかけ、内応させることに成功した。
　続いて、蓮池城よりさらに幡多中村方面にある一条方の久礼城（高岡郡中土佐町）に目をつけ、城主の佐川信濃守を味方につけた。久礼城は中村と蓮池城を結ぶ海岸線の城で、ここを押さえることで中村からの援軍を阻もうとしたと見られる。長宗我部軍の勢いを前に、すでに高岡の土豪の心は兼定から離れていたのだ。
　永禄12年（1569）11月、親貞はじめ長宗我部軍の兵はついに仁淀川を越えた。まさに「賽は投げられた」のである。恐らく、元親の了解は取っていたと見られよう。
　この計略はまんまと図に当たり、親貞は呆気なく蓮池城奪取に成功したのである。親貞は勢いに乗って蓮池城西の戸波城（土佐市）も乗っ取り、一条方の兵を中村方面に追い散らした。
　兼定は激怒し、岡豊に詰問の使者を送った。しかし元親の返答はとぼ

けたものだった。

「左京進(親貞)は粗忽第一の者で、あいつが勝手にやったことなのです。ただ今より兄弟の縁を切ることにします」

偽りの起請文を出して誤魔化したのである。元親は親貞が自分の代わりに手を汚してくれたことに深く感謝していたのではないか。かくて長宗我部家は高岡に蓮池城という橋頭堡を得たのである。

蓮池奪取の影響は大きく、津野定勝ら高岡の一条方勢力はじわじわと追い込まれることになった。元亀2年(1571)には、主君に見切りをつけた津野家臣がクーデターを起こして定勝を追放。定勝の子・勝興を擁立して元親に降伏している。津野氏の脱落は、兼定にとって大きな痛手となった。

元親と親貞はさらに西へ西へと侵攻し、残存する一条勢力を次々に降し、この年いっぱいをかけて窪川城(高岡郡四万十町)まで侵攻。ついに高岡郡を平定したのである。

親貞が背中を押したればこその成功といっていい。四国征服作戦は決して元親ひとりの事業でなく、西部の親貞、東部の吉田大備後ら、家臣の"マンパワー"のたまものでもあったのだ。

山の向こうにある国、阿波

元亀2年(1571)の時点で長宗我部家の王国は、東は高岡郡、西は安芸城南東の奈半利までに広がった。これで土佐の未征服地は、西部が一条氏有する幡多郡、東部はわずかに野根、甲浦(ともに安芸郡東洋町)方面を残すのみとなったのである。

西部方面の司令官は親貞だったが、元親は東部方面の統治にも力を入れている。

元親は安芸の新城主に弟の香宗我部親泰を抜擢し、穴内・新庄城主に吉田大備後重俊、奈半利城主に三家老のひとり・桑名丹後守を配した。頼りになるメンバーで東部戦線をがっちり固めていたのである。

安芸城周辺から東方を望めば、そこには野根山(標高983m)、装束山(同1083m)を有する野根山連山が、文字通り行く手を阻むように広がっている。

山向こうの野根、甲浦を過ぎれば、そこはもう徳島県、阿波の国とな

◆野根山

室戸岬北方にそびえる野根山。連山となっており、現在も高知県と徳島県のあいだを遮断するかのような山である

る。つまり野根山の彼方は違う国なのだ。

　ただし阿波への道は険しく、奈半利から野根、甲浦に至る道は現在でもふたつしかない。海岸線をいき、太平洋に突き出た室戸岬をぐるっと大回りする「土佐浜街道」、そして野根山連山を尾根づたいにいく高低差1kmの「野根山街道」だ。

　野根山街道は実は奈良時代より整備された官道で、承久の乱で土佐に流された土御門上皇がこの道を通ったほか、江戸時代には参勤交代、幕末には土佐藩の志士脱藩の道にもなった。

　現在、奈半利〜野根間は、室戸岬経由の国道55号線で61km。野根山街道と同じく四郎ヶ野峠を越える493号線で42km。連山縦走の493号線のほうが20km短縮できる。

　しかし、四郎ヶ野峠はとんでもない難所で、493号は土砂崩れで通行止めも多い、結構な"酷道"なのである。車であれば遠回りでも55号線を使ったほうが安全で、早く着く場合も多いほどだ。

　元親と一領具足たちもこの難所の連続である野根山街道を通り、隣国の阿波へ侵攻することになる。進軍のきっかけとなったのは、安芸城攻めから2年後に阿波で発生した事件がもとだった。

末弟・親益、阿波勢に惨殺される

　野根山連山の彼方に広がる未知の国・阿波。
　室町時代の阿波は、土佐、讃岐と同様に細川氏が代々守護を務めていた国だった。戦国時代に入って細川家が内紛で衰えたのち、阿波では重

臣だった三好氏の勢力が台頭。梟雄・長慶が登場するに至って三好氏は細川氏との抗争に勝ち抜き、幕府の実権を握る。

長慶は山城と摂津を中心に、河内、和泉、大和、丹波、淡路、四国では阿波、讃岐と9か国を支配する大大名となるが、ここで阿波の支配を任されたのが、弟の三好実休（義賢）である。讃岐には同じく長慶の弟・十河一存が配され、四国の"三好帝国"が築かれたのだ。

実休は勝瑞城（徳島県藍住町）を本拠に、阿波守護・細川家を真之に相続させ、傀儡として利用した。その後、十河一存が永禄4年（1561）に、実休が永禄5年（1562）に相次いで世を去ったため、実休の長男・三好長治が阿波を、次男・十河存保が讃岐を、それぞれ掌握するようになったのである。永禄末期の元親にとって、三好長治・十河存保兄弟は、"まだ見ぬライバル"として君臨していたわけだ。

もちろん、この時点で元親と長治のあいだには野根山連山がそびえ、領土上の接点はなかった。しかし、長治にとって奈半利まで侵攻してきた元親は、すでに警戒すべき存在になっていた。また元親も、阿波三好が将来干戈を交える敵となることを認識していたからこそ、東部戦線の構築に力を入れていたのである。

そんな元親と三好勢力が接点を持ったのは、阿波南部の海部郡那佐（奈佐）湾（徳島県海陽町）で発生した、意外な事件からだった。

――元親には吉良親貞、香宗我部親泰に加え、もうひとり弟がいた。国親の四男・島弥九郎親益である。

親益は兄3人と比べて体が弱く、重い皮膚病を患っていた。

元亀2年（1571）春、親益は、当時から名泉として知られていた有馬温

◆那佐湾

奈佐湾とも。太平洋から細長く入り込んだ構造。海部城とは目と鼻の先（徳島県海陽町）

泉で湯治をするため、浦戸港から船に乗って東へ向かった。ところが折悪しく時化に見舞われ、那佐の港に立ち寄って停泊することになったのである。

那佐湾は土佐浜街道に面した小さな入江だ。山間に囲まれた水面は波も穏やかで、太平洋であることが嘘のような、のどかな景観である。

この入江のそばに海部城という城があった。城主は海部宗寿といい、海部周辺を支配する豪族だった。宗寿は三好実休の妹婿で、安芸国虎とも姻戚関係があったとされる。

◎元親と土佐の寺社勢力

元亀2年(1571)、元親が永禄10年(1567)ごろより取り組んでいた、土佐神社(高知市)の復興が成った。土佐神社は本山氏との争いで焼け落ちていたため、弟の親貞、親泰とともに再建したもの。陰陽家として知られる土御門有春に故実(儀式、法制、服飾などの規定・習慣)の指導を受けた。元親は一領具足にもこうした夫役にあたらせており、軍事面以外にも組織立った運用をしていたことがわかる。

なお、元親は出陣に際しては若宮八幡(高知市)で戦勝を祈願し、土佐神社で凱旋報告を行ったという。

元親は寺社間のトラブルにも積極的に介入している。元亀3年(1572)、吸江庵と竹林寺の境界を巡る紛争に際しては「覚世(国親)の沙汰先規の例たるべし」(3月7日付裁許状)と"判例"を根拠に裁決を下している。

長宗我部家はもともと吸江庵奉行の家柄だが、決して疎かにできない寺社勢力に対する統治を、巧みに行っていたことが注目される。

◆若宮神社

創建は鎌倉時代。桂浜と高知市街の中間にある。元親が戦勝祈願の場と定め、たびたびお参りした(高知市)

Truth In History 長宗我部元親

物語 第四章 土佐平定と四国征服作戦の始動

安芸の遺臣らは国虎滅亡後、宗寿を頼って海部城まで逃れていた。そして彼らは、目と鼻の先の港に憎き元親の弟がきていることを聞き及び、宗寿に襲撃を勧めたのである。
　宗寿は100騎ばかりを率いて那佐湾に押しかけた。
　「元親の弟、島弥九郎だな。我は海部越前守である。元親に意趣がある。生かしておくわけにいかない」
　このとき親益は寝込んでいたが、そこは元親の弟である。跳ね起きて甲板に上がり、「遺恨の子細は知らぬが、兄弟のことならしかたないだろう、そこを引くな」と覚悟を決めた。
　親益は供の者30余人とともに陸に上がって応戦した。長宗我部勢はよく戦ったが、多勢に無勢だった。最後は親益以下、全員が討ち取られてしまったのである。
　――元親は事の次第を聞いて慟哭した。病弱だった末の弟を、元親はことのほか気にかけていたのである。
　気の荒い家臣たちは直ちに仇討ちを進言したが、元親は怒りと衝動をぐっとこらえた。土佐平定が目前の段階で、今、阿波勢と事を構えるわけにはいかなかった。元親は決して感情で兵を動かす将ではなかったのである。
　「……無念である。だが、必ず我一世のうちに海部めが首を取り、溺の器（小便の器）にしてやる」。元親は阿波勢への復讐を誓った。

絶世の美女と一条家の凋落

　安芸国虎、津野定勝という頼りになる味方を失い、土佐一条家の凋落は誰の目にも明らかなものとなっていた。
　『元親記』によれば、元親・親貞兄弟が土佐西部戦線で一条勢力を押しまくっていたころ、巷ではこんな落書が書かれたという。

　　秋はてば　一条冬にかかるべし
　　また来ん春は　何と信州

　「秋」は安芸（国虎）、「はてば」は果てば、「信州」は元親に寝返った久礼城主・佐川信濃守を指している。兼定の人望は日に日に低下してい

たのであろう。

兼定も自暴自棄に陥ったのか、いろいろな放蕩話が伝えられている。なかでも有名なのが、平田村（宿毛市）でのご乱行だ。

連日のように酒宴を楽しんでいた兼定は、中村西方の平田村に雪という絶世の美女がいることを知る。そこで、鷹狩りにかこつけて平田村に出かけ、農民源右衛門の娘・雪と出会う。雪は噂以上の佳人だった。たちまち兼定は雪に夢中になり、囲い者にしたのである。

兼定は彼女のために立派な屋敷を普請して、毎日のように中村から平田へ通うようになった。屋敷は「平田御殿」と呼ばれ、源右衛門は平田村を与えられ、大長者になった。

関白家と農民の娘との恋愛は、当時としては大スキャンダルである。

兼定は政務を疎かにし、家臣たちは眉をひそめた。皆は平田行きを押しとどめようとしたが、兼定は聞かない。そればかりか、しつこく逆らう者には閉門を命じるほどであった。

老臣の土居宗三はたまりかねて諫言した。

「思いとどまってくだされ。今や君は"平田の入り婿"と民に笑われている始末ですぞ。どうか平田にいくか、宗三のしわ首を召されるか、どちらかにしてくだされ」

兼定は大いに怒って宗三を手討ちにする。宗三の死は一条家全体に大きな衝撃を与えた。外に元親の圧力、内に家臣団の分裂と、まさに一条家は末期、内憂外患に陥ってしまったのである。

ただし、元親はこの期に及んでも兼定に"とどめ"を刺すことを躊躇し、中村御所に攻め入ることはできないでいた。

兼定、京一条家の意向で追放される

一条家の崩壊は、これまでの通説では、天正元年（1573）の家臣（安並、羽生、為松の3重臣）のクーデター説が有力だった。一条家の家臣が兼定を豊後に追放し、嫡子の内政を元親に送って事実上の降伏。そして元親が内政の後見人になり、幡多郡1万6000貫を無血で支配した……というものである。そしてこのクーデターには、元親も深く関与していたと見る声が多い。

だが近年の研究では、この兼定失脚が「一条本家の意向によるもの」

と見る向きが大勢になっている。紹介してみよう。

　京に一条内基という人物がいた。彼は、あの国親を保護した土佐一条房家の孫（房通の子）にあたる人物で、京一条家（藤原北家摂関家）の当主である。分家の兼定にとっては、頭が上がらない存在といえよう。

　天正元年（1573）の時点で正二位権大納言。のちに関白となった超大物で、本能寺の変（天正10年〈1582〉）発生時の関白として知られる。これまでもたびたび土佐に下向して、土佐一条家の内政に介入していた。

　天正元年（1573）6月7日、従三位左少将だった兼定は突如として叙位を受け、左中将・権中納言に任じられている。兼定の昇進は天文20年（1551）以来、22年ぶりのことだった。唐突な栄達である。

　叙任間もない7月4日、幡多中村に内基が入国している。兼定の栄達に内基が暗躍していたことはいうまでもない。しかしその後、9月16日に兼定は31歳で突如として出家しているのである。

　翌天正2年（1574）2月、兼定は中村御所を去り、妻とともにその実家である大友宗麟のもとへ向かった。その後、子の内政は長岡郡の大津城（高知市）に移り、同城は"大津御所"と呼ばれるようになった。

　なお、内政の正室には元親の娘が指名された。元親は内政の後見人となり、空白地となった中村の管理者として、土佐中村城に新たに親貞を送ったのである。

　なお内政の「内」は内基からの偏諱であろう。

　一条兼定の失脚と同時期に京の宗家・内基が土佐にいたのは、非常に注目すべきポイントである。

　一条内基はすべてを見届けたように、天正3年（1575）5月25日に京都へ戻っている。「これらの全ては内基の指図に基づいたものであろう」（『土佐一条氏の動向』朝倉慶景氏）

　つまり、戦国大名化した土佐一条氏の現状を憂いた内基は、昇進を条件に兼定を出家隠居させて追放。内政をもとの土佐国司、公家に戻したうえで、幡多郡の管理は元親に任せたということになる。

　元親は決して"不義者"ではなかったわけだが、一条家の騒動は思わぬ奇貨となった。得意の外交戦術で内基と好条件を締結した公算も大きいと見られる。

　いずれにせよ、こうして幡多中村も土佐一条家も、長宗我部家の管理下に置かれることになったのである。しかし、兼定もこのままでは終わ

らせなかった。豊後で不遇をかこちながら、彼は虎視眈々と逆襲の機会を狙っていたのである。

兼定挙兵！　渡川の戦い

　高知県西部を流れる四万十川は、伊予と土佐の境に近い高岡郡津野町の不入山から発し、中村平野へ注ぐ四国一の長流である。下流部は渡川ともいわれる。

　山間を縫うように流れる姿は"日本最後の清流"と呼ばれるにふさわしい美しさである。一条兼定の失脚後、平田村の雪は「君には二度と会えまい」と悲嘆し、この川に身を投げたといわれる。

　この渡川で元親と兼定の最後の決戦が行われたのは、天正3年(1575)、一条内基の帰国後のことと見られている。

　豊後臼杵(大分県)で大友宗麟の保護を受けていた兼定は、宗麟の影響を受けキリシタンとなっていた。洗礼名はドン・パウロ。出家直後の受洗は内基への意趣返しだったのかもしれない。

　「ここで朽ち果てるのも口惜しい。中村を取り返したい」

　だが、頼みの宗麟は、このころ肥前の龍造寺隆信や薩摩の島津義久の圧迫を受け、往時の勢いをなくしていた。宗麟が島津に決定的敗北を喫する耳川の戦いは、この3年後のことである。

　だが、兼定の復讐の火は消えない。彼は伊予に渡り、南予の豪族・法花津播磨守、御庄越前守らの協力を取りつけて挙兵。1000余の兵を率い

◆渡川古戦場

決戦の場となった渡川(四万十川)。兼定の敗北により、栄華を誇った土佐一条氏は滅亡の道を歩む(高知県四万十市)

て宿毛方面から土佐に入り、旧臣を募った。一条軍は一気に膨れ上がり、総勢3500を超えたとされる。やはり兼定は凡庸な公家大名ではなかったのだ。

宗麟と親交があったイエズス会の宣教師・カプラルが残した書簡によれば、キリシタン軍となった一条軍は、十字架の旗をなびかせて進軍し、兼定は日本全土をことごとくキリシタンの国にする決意をもって出陣したという。兼定は宗麟の理想の国造りに大きく触発されたようだ。

聖地エルサレムを奪回しようとした十字軍さながら、一条軍の勢いは凄まじかった。一時は吉良親貞を追い、中村を回復したとされる。

だが、この報を聞いた元親の行動も素早かった。いくらかつての主筋とはいえ、元親は幡多の管理を一条宗家より正式に任されている者である。今回は兼定と堂々戦うことができた。

元親は直ちに久武昌源・親信父子、福留親政らを率いて親貞と合流し、7300の兵を従えて中村に急行。同地を奪い返した。

兼定は撤退し、渡川西岸の栗本城（四万十市）に陣を敷き、同東岸の中村に集結した長宗我部軍と対峙した。一条軍は長宗我部軍の渡河に備え、川瀬に乱杭を打って迎撃しようとしていた。

元親、迂回戦術で兼定を翻弄

下手に渡河しては一条方の杭に引っかかってしまう。元親は親貞、久武父子らと軍議を行い、「迂回作戦」を取ることにした。

これは、長宗我部軍を2隊に分け、①元親率いる本隊で渡河、強行突破すると見せかけ、②親貞、久武父子らを遙か上流から迂回させて栗本城を別方面から攻撃する……という作戦だった。

一条軍はこの策略に見事に引っかかった。正面に引きつけられていた一条軍は、意外な方向から押し寄せる親貞らにいいように突き伏せられてしまったのである。「それ渡れ」。元親の下知を受け、長宗我部軍本隊は一斉に突撃、たちまち渡川は赤い血で染まった。

一条軍は総崩れとなり、慌てて城へ逃げ戻った。元親の作戦がズバリはまったのである。この日、長宗我部軍が取った首の数は230あまりに上ったという。

午後になって首実検が行われていた際におもしろい逸話がある。

◆渡川(四万十川)の戦い

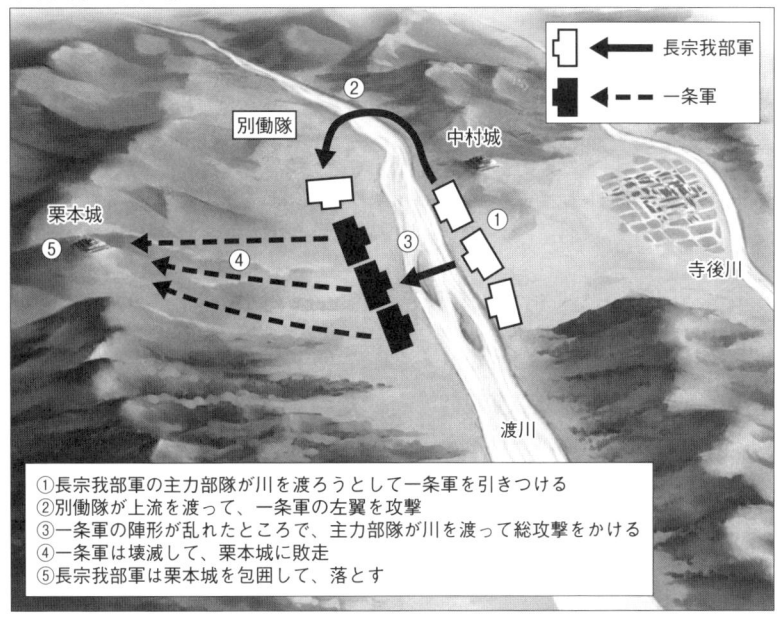

```
□ ← 長宗我部軍
■ ←--- 一条軍
```

① 長宗我部軍の主力部隊が川を渡ろうとして一条軍を引きつける
② 別働隊が上流を渡って、一条軍の左翼を攻撃
③ 一条軍の陣形が乱れたところで、主力部隊が川を渡って総攻撃をかける
④ 一条軍は壊滅して、栗本城に敗走
⑤ 長宗我部軍は栗本城を包囲して、落とす

　久武親信の前を、父・昌源の家来がふたつの首を持って通り過ぎようとしていた。親信が聞いたところ、これは昌源が取った首だという。
　親信はあきれて昌源にこういったという。
「父上、いい歳をして首を取って手柄顔ですか。3000、5000の兵に下知する立場の人が、修羅場で我が身を粗末にするとは、恥ずかしいことです。その首はお捨てなさい」
　これには昌源も息子に面目なく、すぐに首を捨てたという。久武親信は長宗我部家中でも一、二を争う名将とされるが、彼の沈着冷静な人柄が伝わる、いいエピソードといえる。
　さて、城を包囲した元親は翌日も容赦なく攻撃を加えた。3日後、兼定は降伏を伝えてきた。
　元親もやはり、兼定を国虎のように殺す気はなかったようだ。結局、囲みを解いて兼定はじめ城兵を逃がしてやったのである。かつての主筋を手にかけることは忍びなかったのであろう。

37歳にして土佐統一を果たす

　「渡川の戦い」で勝利を収めた元親は、幡多一円を完全に支配下に置いた。元親はついに一条兼定との戦いに決着をつけたのである。

　ただし元親は一条領をすべて没収するなど、幡多での極端な直轄支配は控えた。一条宗家と大津御所の内政に配慮したものだろう。恩ある一条家に対する「穏便に事を運ぶ」という基本姿勢は、ずっと変わっていなかったのである。

　一方、一条兼定の末路は哀れだった。

　兼定は渡川合戦後、伊予の法花津播磨守のもとに身を寄せたが、その後は宇和島沖の戸島という地に隠棲したと伝えられている。宗麟のもとには帰れなかったのか、帰らなかったのかはわからない。

　その後、兼定は元親の刺客、入江左近という者に暗殺されたともいわれる。また、宣教師フロイスの『日本史』によれば、兼定は戸島で信仰の日々を過ごし、天正13年(1585)の秀吉による四国攻めのころに、同地で熱病により死んだともいう。いずれにしても、幡多中村を失った時点で、一条兼定という人が歴史の表舞台から降りたことは事実のようだ。

　この天正3年(1575)7月には、東部戦線で最後まで抵抗していた野根城、甲浦城が奈半利城主・桑名丹後守の手により落とされた。

◆中村城

一条氏家臣の為松氏が築城したものとも。現在は「為松公園」になっており、四万十市立郷土資料館が併設されている。遺構として石垣を残す。城代となった吉良親貞は同地で没したと見られる(高知県四万十市)

ここに、西は幡多郡から東は安芸郡まで、土佐のことごとくは元親の手に落ちた。

長宗我部の当主となってから15年。元親は一条、本山、安芸ら並みいるライバルを撃退し、37歳にして土佐統一という偉業を成し遂げたのである。

土佐という国で初めて一国を率いる大名となった元親。次なる目標は四国征服と考え始めることになる。土佐統一は通過点に過ぎなかったのだ。

最初のターゲットは野根山の向こう、阿波の国だった。

弟・島親益の仇討ちという大義名分を持つ元親だったが――阿波進撃を前に、策謀家の彼はさらに意外な人物と接触しようとする。それは岐阜城の織田信長であった。元親の狙いはなにか。

◎禁酒令を諫めた福留隼人

土佐人は大酒飲みである。これに頭を悩ませた元親は「酒は禍のもとである。今後我が領内で酒を飲む者がいれば処罰する」と"禁酒令"を発布した。楽しみをなくした土佐っぽたちは意気消沈。冠婚の祝いにも酒が飲めず、領内は灯が消えたように暗くなった。

そんなある日、福留隼人（親政の子）は、道の向こうから酒樽を抱えて歩いてくる商人たちを見つけた。隼人が尋ねたところ、岡豊城の御用だという。元親は自分のためにこっそり酒を運び込んでいたのだ。

家中でも豪傑と知られた隼人は激怒し、その酒樽を奪って打ち砕いた。驚く商人たちを前に隼人は怒鳴った。

「皆の手本となるべき人が、自ら法に背くとはどういうことだ！　民を苦しめてひとりで楽しむとは言語道断。お主たち、城に注進するならすればいい。咎めを受けるなら望むところである」

隼人が去ったあと、商人たちは城に報告。家臣たちは「隼人が狂乱した」と騒ぎ立てたが、元親は首を振った。

「隼人は狂ったのではない。一命をなげうつ覚悟でわしを諫めてくれたのだ。こんな家臣を持つとは、わしは果報者である」

元親は深く反省し、自ら筆を執って禁酒令を改めた。「酒を禁ずることは法令の誤りなり。ただし乱酒すべからず」。皆は隼人の忠義と元親の度量に深く感じ入ったという。

Truth In History 長宗我部元親

物語　第四章　土佐平定と四国征服作戦の始動

Column

細川氏が支配した中世の阿波

　源平合戦後、鎌倉幕府は佐々木氏と小笠原氏を阿波守護に任じていた。室町時代になって足利一門の細川詮春（あきはる）が守護となり、板野郡に勝瑞城を築いて阿波細川家の祖となる。

　阿波細川家は幕政にも関与し、管領（かんれい）の京兆家（けいちょうけ）は「上屋形」、阿波細川家は「下屋形」と呼ばれ、嫡流の京兆家に次ぐ名門とされた。

　細川氏は長く阿波守護として君臨していたが、応仁の乱を境に求心力が低下する。

　管領の細川政元は子がいなかったため、阿波細川家出身の澄元（すみもと）（義春の子）、藤原氏九条家出身の澄之（すみゆき）、京兆庶流の高国（たかくに）の3人を養子に迎えていた。永正4年（1507）に政元が暗殺されたため、後継者を巡って澄元らは激しく争い、阿波の国人も参戦する（両細川の乱）。

勝瑞駅

三好長慶の活躍

　このなかで台頭したのが、澄元の家臣で阿波守護代を務めていた三好之長（みよしゆきなが）である。三好氏は、小笠原氏の庶流とされる一族である。阿波三好を本拠としたことから三好氏を称した。

　之長と澄元は高国に敗れ、之長は自決、澄元も勝瑞城で死去した。三好氏は、之長の孫・元長（もとなが）の代で再起。元長は澄元の子・晴元を擁して高国を下した。しかし、その後元長と晴元は対立し、元長は攻められて堺で自害。このとき、元長は堺から子の長慶（ながよし）を阿波に戻した。

　成人した長慶は晴元に仕えることになったが、のちに晴元に反旗を翻した。天文18年（1549）には晴元と将軍・足利義輝を京から追放し、同族の三好政長を摂津江口で打ち破った。

　長慶は高国の養子・細川氏綱（うじつな）を管領として擁立し、幕政の実権を掌握。山城と摂津を中心に、畿内から四国、瀬戸内海東部に及ぶ9か国に勢力を拡大。阿波の支配は弟の実休（じっきゅう）（義賢（よしかた））に任せた。

　実休は、天文22年（1553）に阿波の守護・細川持隆（もちたか）を謀殺し、抵抗する

国人を討伐。幼少の真之を傀儡の国主として阿波を掌握した。

　その後、長慶、実休ら三好王国を支えてきた中心人物が相次いで死去したことで、徐々に阿波国内は混乱する。これにつけ込んだのが元親であった。

鞆浦

◆阿波（徳島県）の基本データ

面積	約4146平方km
人口	34万2386人（1721年）→80万0825人（2009年）
文化財・名勝	眉山、丈六寺、雲辺寺、勝瑞城址
歴史上の人物	三好長慶、鳥居龍蔵、中川虎之助、長井長義
祭事・名産	阿波踊り、人形浄瑠璃、藍染

　土佐同様の山国で、総面積の約75％が山地。平野部は北部の吉野川平野と徳島平野が主。讃岐とのあいだには讃岐山脈が連なる。南方は四国山地で占められ、山地から発する吉野川や勝浦川などが、山間部に渓谷を形成している。海岸線は約130km。伝統産業は勝瑞城下で行われていた藍染。現在は鳴門と明石の両海峡に大橋が架けられ、本州へ1時間の距離。「四国の玄関」と呼ばれている。半面、歴史上で知名度の高い人材が乏しく、県内国宝もゼロという側面もある。

※1721年の人口は「国勢調査以前 日本人口統計集成」（内務省・内閣統計局）、2009年の人口は「都道府県別の人口及び世帯数」（総務省統計局）より。

◆郡名の沿革表

延喜式 （平安）	郡区編成 （明治）	現在（2009年）	
		郡	市
阿波	阿波	—	阿波市
板野	板野	板野郡	鳴門市
名東	名東	名東郡	徳島市
名西	名西	名西郡	—
勝浦	勝浦	勝浦郡	小松島市
那賀	那賀	那賀郡	阿南市
—	海部	海部郡	—
麻植	麻植	—	吉野川市
美馬	美馬	美馬郡	美馬市
三好	三好	三好郡	三好市

　古くは北部が粟国、南部が長国と分かれていたとされる。7世紀末以降、阿波一国に統一。鳴門海峡と淡路島を挟み、上方との往来が盛んだった。秀吉の四国討伐後、国主となった蜂須賀家政が渭津の地を徳島と改めたことが藩名、県名の由来。

第五章
阿波・伊予・讃岐、火蓋切る3正面作戦

● 1575〜1578

俺は「南海、西海の王」となる！

　一国の主(あるじ)として、名実ともに戦国大名への変身を果たした長宗我部元親。
　いよいよ元親は"四国制覇"という夢に向かって突き進むことになるのだが、彼はいつごろからこのような野望を持ち始めたのであろうか。
　『土佐物語』では、土佐平定直後に元親自身がその真情を吐露する場面がある。
　「亡き父入道殿(国親)は常に仰られていた。"我、秦の始皇帝の末流たりといえども、わずか三千貫の領主にて、このような田舎の片辺(かたほとり)で暮らすことこそ口惜しい。孔子曰く、身を立て道を行い、名を後世に揚げることが孝行の第一なり。謀計を以て威名を振るい、国を支配することこそ勇士の本懐だ。先祖のため、自分のため、子孫のために戦さを起こし、秦家を興隆させたい"。だが父は不幸にして早世された。だから元親はその志を継いで旗を揚げ、土佐を平定してみせたのだ。だが、ただ一国の主(あるじ)で終わるのは亡き父の本意ではない。せめて南海、西海の主と仰がれたい」
　元親は国親の遺志を継ぎ、天下に名乗りを上げて、"南海、西海の王"になることを夢見ていたのだ。
　そしてもう1点、元親には現実的な願いがあった。後年、彼はまたこうも漏らしている。
　「家臣たちに思いのままに賞禄を与えたい。家臣の家族たちに平和な暮らしをさせてやりたい。そう思ったから、四方に発向して軍慮を巡らしたのだ」

Truth In History 長宗我部元親

第五章 阿波・伊予・讃岐、火蓋切る3正面作戦

　土佐は山国で耕地面積も非常に狭い（第一章P.15参照）。戦国時代、武士への恩賞は土地であり米であったのだが、この点、元親は家来や一領具足に満足な禄を与えてやることができなかった。だから元親は土佐を出て、他国に攻め入る必要が生じたのである。
　戦国時代、「国を守ること」と「国を攻めること」は同義である。貧しい国が貧しいままでいれば、たちまち侵略されてしまう。
　"南海、西海の王"という夢、そして土佐を守らねばならぬ現実。このふたつが、元親という男を四国征服に駆り立てたのである。
　国を守るとは国を攻めること。ただし、上杉謙信の越後のような豊かな国であれば話は別だ。だからこそ、謙信は正義のために戦うことができ、貧しい山国だった甲斐の武田信玄は、侵略を繰り返さねばならなかったのだ。どちらも正しく、どちらも英雄だ。戦国時代とはそういう時代なのである。

織田信長への接近

　土佐平定戦から、四国平定戦へ。新たなる戦いを前に、元親にはどうしてもやらねばならないことがあった。それは織田信長への接近である。元親は信長と外交を結び、四国制覇の許可を得る必要があると考えた。
　岐阜を中心に畿内を席巻していた信長と土佐の元親は、縁もゆかりもない間柄で、直接的な利害関係もなかった。当時の信長にとって四国の動向など、異国の話に等しいものである。
　元親は、なぜ信長という男を重視したのか。
　――このころ、信長は飛ぶ鳥を落とす勢いにあった。元亀4年（1573）に強敵・武田信玄が病死し、波に乗る信長は、浅井、朝倉を滅ぼして将軍・足利義昭を追放。元親が土佐を統一した天正3年（1575）5月には、「長篠の戦い」で武田勝頼を粉砕している。信長にとって当面の敵は、摂津の石山本願寺、越前の一向一揆、丹波の国人勢力などであった。
　元親はこうした信長の動きを完璧に把握し、接近を考えた。今は利害関係がなくても、元親が四国平定を進める過程で「信長は必ず自分の前に立ち塞がる存在になる」と予期していたのである。
　信長への外交にあたって、元親は己のネットワークである御用商人と、明智光秀の筆頭家老となっていた斎藤利三（石谷夫人の義兄）を活用

◆織田信長像（岐阜公園）

岐阜公園に作られた若き日の信長像。信長は美濃を平定したことで天下制覇の足がかりをつかんだ（岐阜市）

している。

『長元物語』によれば、元親は土佐を平定した直後、堺と交易していた「宍喰屋（ししくいや）」という阿波の商人を呼び出し、信長へ書状を送っている。書状の内容は不詳だが、正式な使者を送る前の下準備と見られよう。まず、相当のカネが動いたと見られる。

宍喰屋はロビー活動に長けた"使える男"だったようで、首尾よく信長から内諾の返書を授かって帰ってきた。上方の様子をつぶさに見てきた宍喰屋は、上機嫌の元親にこう報告している。

「信長必ず天下の主（あるじ）に成り給うべし」

予想通りの報告だったろう。元親が阿波や讃岐に攻め入った場合、将来的に三好・十河（そごう）氏が"天下の主"と連携する危険性がある以上、ここは是が非でも先手を打っておくべきなのである。

元親は直ちに使者の準備に取りかかり、取り次ぎ役として斎藤利三の主君・明智光秀を頼る。このころの光秀は近江坂本城主として織田軍団の中枢を担っていた。信長の信任厚く、この年には丹波攻めの総大将を命じられている。

光秀は以後、織田家の"長宗我部担当外務官"として、筆頭家老(利三)の縁者である元親と密接な関係を持つ。幕府要人の娘だった石谷夫人—利三—光秀というコネクションが効いてきたわけだ。

使者に選ばれた色白の優男

使者の役目は、①四国平定の了解と、②嫡子・弥三郎の烏帽子親、偏諱の依頼である。

烏帽子親は、元服する男子に成人の証明として烏帽子を被らせ、擬制的な親子関係を結ぶもの。偏諱は名の一字をもらうことで、多くの戦国大名の親は競って将軍や貴人に偏諱をもらった。簡単にいえば「箔づけ」だが、当時は大変重要なことだった。

このふたつの申し出は、長宗我部元親という男の人生を象徴する大テーマといっていい。彼の生涯は、四国征服と世継ぎ育成、この2点に捧げられたようなものであるためだ。

この年、弥三郎は11歳。元親の期待通り、利発でたくましい少年へと成長していた。源氏の子へさらに織田信長の偏諱を受けさせる——長宗我部に新たな血筋を創出しようとした元親の執念がうかがえる。

この大テーマの代理人を務めるわけだから、信長への使者は"超"がつく大役となる。家臣たちは皆、家老クラスを遣わすことを勧めたが、元親にはすでに心当たりがあった。

「中島可之助を遣わすべし」

可之助は背が高く色が白い優男であったが、学問にも武芸にも秀でた非凡な若武者だった。家中では、特に和歌に教養が深いことで知られる人材である。

可之助は自分の名前について「可という字は上にのみ置く文字です。いつかは人の上に立つ者としてこの名がついたのです」と、にこやかに話す好青年だったという。だが、いかんせん経験不足が難であった。

家老の久武親信は渋い顔をして「可之助は土佐から一歩も他国に出たことはなく、よろず覚束なく存じます。老巧の者がいいのでは」と、他の重臣の名を幾人かあげた。

だが元親が「いやいや、あいつは見所がある。老巧にも劣らないぞ」と強引に推したため、結局、使者は可之助に決定した。大抜擢といえ

る。かくて好青年・中島可之助は、信長の居城である岐阜城へ旅立った。

可之助、魔王・信長と対面！

　岐阜城は標高338mの金華山(稲葉山)山頂に建つ城である。かつては斎藤氏の居城だったが、信長が永禄10年(1567)に美濃を攻略して以来、主要拠点としていた。

　有名な「天下布武」(天下を武家政権で統一するという意味)の朱印を使うようになったのも、岐阜城奪取後である。当時の岐阜城下の様子をフロイスは「人口は8千〜1万人、バビロンの混雑のようだ」(『日本史』)と表現している。

　山麓から山頂までは約1.6kmの道のりである。可之助はこの道を登り、明智光秀の仲介を得て信長に拝謁した。天正3年(1575)10月26日のことである。

　書簡を受け取った信長は、可之助に元親や四国の様子をつぶさに尋ねた。

　好奇心の固まりである信長にとって、まだ見ぬ四国はかなり興味深い土地だったようだ。天下布武を標榜する信長は、恐らくいずれは四国に兵を出す気があったろうが、このころはまだまだ漠然とした遠い国の話

◆岐阜城

稲葉山城、金華山城とも。築城は鎌倉時代の二階堂氏ともいわれる。戦国時代に斎藤道三の手により難攻不落の名城として再興した。関ヶ原後に廃城。現在は3重4層の復元天守が築かれている(岐阜市)

に過ぎない。

可之助からひと通り話を聞いた信長は、ニコリと笑ってこういった。
「元親は鳥なき島の蝙蝠なり」
さて、どういう意味だろうか。

ズバリ「元親はお山の大将だ」と評しているのである。「鳥なき島の蝙蝠」とは古くから使われた成語で、歌人・和泉式部の歌にも見られる表現である。「鳥もいない島で自由に飛ぶコウモリ」は、優れた者がいないから得体の知れない者が幅を利かせている、という意味だ。

客観的にいって、ある意味、信長の見立ては正しい。武田、浅井、朝倉、本願寺など並みいる強豪を相手に数万単位の兵力で戦っている信長にとって、田舎豪族の勢力争いなど児戯に等しいものと映ったのであろう。当時の信長の四国観がわかる。

信長の言葉にはもうひとつ意味があったと思われる。遠回しな表現をすることで、海の向こうからきた田舎豪族の使者の器量と教養を、試してみたかったのではないだろうか。

可之助はしばらく思案して、こう答えた。
——「蓬莱宮のかんてんに候」
この言葉にはふたつの解釈がある。

蓬莱宮とは不老不死の仙人が住む島、かんてんは「漢天」(夜空に見える天の川)であるため、「元親は仙人の住む島の天の川のような人です」という解釈がひとつ。

もうひとつは、蓬莱宮のかんてんが元親ではなく、信長を指すものとする見方。かんてんは「寛典」(寛大な処置)という意味で、「信長様は仙人が住む島の広い心を持つお方」となる。

どちらが正しいかは不明だが、可之助の回答は魔王・信長を感心させるものだった。

「当意即妙の返答かな」

蓬莱宮のかんてんという成語がない以上、さすがの信長も意味を図りかね、可之助の機知にシャッポを脱いだのかもしれない。

こうして信長は元親の依頼を快諾した。弥三郎には自分の「信」の字を与えて「信親」と名乗らせ、名刀「左文字の太刀」と栗毛の馬を下賜することとした。

また、元親には「四国の儀は元親手柄次第に切り取り候へ」という朱

印状を与えたという。可之助は見事大役を果たしたのだ。
　帰国した可之助は元親に以下の書状を渡す。

> 　惟任日向守（光秀）に対する書状も披見せしめ候。よって阿州面在陣もっともに候。いよいよ忠節をぬきんでられるべき事簡要に候。次に字の儀、信を遣わし候。即ち信親然るべく候。なお惟任より申すべく候なり。謹言
> 　　十月廿六日　　　　信長
> 　　　　　　長宗我部弥三郎殿

　報告を聞いた元親は喜んだ。
「どうだ、可之助はわしの眼鏡通りの男だったろう」
　久武親信ら家臣は唸るしかなかった。可之助は元親より褒美として高い知行を受けたという。

阿波へ侵攻、海部城を奪う

　信長のお墨付きを得た元親は、いよいよ土佐を離れて他国への侵略を

◎**秀吉の大器を見抜いていた久武親信**
　可之助の件では元親の慧眼の前に損な役回りをさせられた久武親信。だが、この人は本来思慮深く、並々ならぬ人物眼を持っていた。
　親信はある年に有馬へ湯治にいったことがある。そこで織田家臣時代の羽柴筑前守秀吉に偶然巡り会ったのだ。秀吉も有馬に静養にきており、ふたりは同宿となったのである。親しく話すうち、親信は秀吉の並々ならぬ器量に驚く。
　帰国した親信は直ちに元親に報告した。
「羽柴筑前という人は只者ではありません。将来は天下の主（あるじ）にもなりそうな人です。織田家への取り次ぎは光秀様にのみお願いしてきましたが、今後は筑前殿にも誼（よしみ）を通じてはいかがでしょうか」
　これを聞いた元親は、秀吉にも接近しようとした。しかし、結局は光秀中心の外交姿勢を変えようとまではしなかったのである。完璧な外交戦略を続けてきた元親だが、これが大きな禍根を残すこととなった。

第五章　阿波・伊予・讃岐、火蓋切る3正面作戦

開始した。最初のターゲットは阿波海部城である。

城主の海部宗寿は弟・島親益の仇であり、元親にとっては大義名分を持つ戦いであった。この日のために元親は、親益を討たれて以来4年の月日を耐えてきたのである。

元親は香宗我部親泰らとともに出陣し、大軍を率いて土佐と阿波の境である甲浦に着陣。その後、宍喰（徳島県海陽町）へと侵入した。

「長宗我部軍来襲」の報を聞いた宗寿は、弓鉄砲を揃えて宍喰と海部の境にある鈴が峰という小山で待ち伏せしようとした。だが、復讐に燃える岡豊勢の勢いは凄まじかった。

「四方より包んでひとりも漏らさず討ち取れ！」

元親は自ら先陣に立って海部勢に襲いかかった。長宗我部軍の精強の兵がこれに続き、山上の海部勢はたちまち総崩れとなる。

宗寿は降伏を考えたが「元親は決してわしを許さないであろう」と思い、断念。そのまま城を捨てて敗走し、行方知れずとなった。

海部城は瞬く間に落城した。元親初の侵略戦争は、会心の勝利に終わったのである。

「海部を生け捕り、弥九郎（親益）の影前（故人の肖像の前）で首を打とうと思っていたものを。無念である」。元親はひどく悔しがったという。

海部での電光石火の圧勝劇は、周辺の豪族たちを震え上がらせるに十分なものであった。

その後、海部郡の柚木・日和佐・牟岐・桑野・椿泊城、那賀郡の仁宇

◆海部城跡

海部氏の居城。鞆浦と海部川に囲まれた要害の地に建つ（徳島県海部郡）。現在はわずかに石垣などが残るのみ

城の城主たちは戦わずして次々に長宗我部軍に降伏。元親は短期間で南阿波に一大勢力を築くことに成功した。

元親は戦後措置として安芸城主だった香宗我部親泰を新たに海部城主に任じ、阿波戦線の軍代とした。元親の親泰に対する信頼がうかがえる。また、最前線の地である桑野城(徳島県海部郡)の城主・東条関兵衛(とうじょうかんべえ)には久武親信の娘を娶(めと)らせて親信の姻戚とした。元親は阿波平定に向け、万全の備えを敷いたのである。

宗寿は三好氏の縁者であり、一連の海部合戦は、阿波・讃岐の盟主だった三好長治・十河存保(そごうまさやす)兄弟への宣戦布告に等しいものでもある。以後、元親の四国侵略は、阿波三好氏との戦いを中心に繰り広げられることになる。

阿波と伊予への同時進撃作戦を企てる

「時はしばらくも失うべからず」

南阿波に拠点を築いた元親だったが、彼は四国の征服を1国ずつ順番に進めていく気は毛頭なかった。

いかにして速く、効率的に四国を制覇するか。これが元親の四国平定プランの理念といっていい。彼はまるで、現代ベンチャー企業のトップのような思考を持っていたのだ。

当初彼が立案したのは、阿波と伊予への同時進撃作戦である。その遂行にあたって大切なのは、なにより人的資源＝兵の有効活用だった。

その計画を見てみよう。

まず、①阿波に対しては、香宗我部親泰(海部(かいふ)城主)を司令官に、東部の安芸、香美2郡の兵をあたらせる。②伊予に対しては吉良親貞(幡多中村城主)、久武親信(高岡佐川城主)を大将に、西部の幡多、高岡2郡の兵を動員。そして、③中部の長岡、土佐、吾川3郡の兵は元親の麾下に属し、戦局に応じて臨機応変に出兵する。

――あまりに性急な計画にも見える。兵力の分散に疑問も感じなくはない。だがこれは、極めて合理的な"経営判断"だったのだ。

土佐という国は東西に長く伸びた扇形で、北は急峻な四国山脈、南は太平洋という非常にユニークな地形である。極端な話、土佐を大きな城にたとえれば、主要な出入口は阿波方面の野根山・土佐浜街道、伊予方

面の宇和島・土佐街道などに限られる。まさに「攻撃こそ最大の防御」が活かせる土地であったのだ。

高知は現在でも「陸の孤島」の異名があるほど、他の3県と隔絶された県だ。陸の孤島には陸の孤島なりの効率的な用兵がある……元親の発想はここにあった。経営者として、阿波のみに全兵力を投入するというやり方では採算が合わなかったのだ。

もちろん現実的には他国で協力者や内通者を募り、兵や兵糧、武器・弾薬の現地調達も行ったのだが、元親の基本方針は間違ってはいないと考えられる。

もう1点、元親には事を急がねばならない理由があった。いうまでもなく織田信長の存在である。

天正4年(1576)は秀吉が中国攻めの準備を始めた時期でもあり、悠長なことをしていては南海、西海の王になる前に、信長の西進に飲み込まれてしまいかねなかったのだ。この問題は、ほどなく元親の四国征服計画にさらに強力な"一手"を着想させることになる。

伊予侵攻、しかし直後に弟・親貞が急死する

伊予という国は、戦国時代に一国を代表する大名がついに現れなかった国でもある。

伊予守護は湯築城(愛媛県松山市)を本拠とする河野氏が代々務めていたが、有力国人の台頭や内紛で衰退。戦国後期の当主・通直の代には、勢力は松山周辺に限られるものになっていた。

他の地方は豪族たちが割拠していた。南予では黒瀬城(西予市)の西園寺氏、甲ヶ森城(西予市)の北之川氏、大森城(宇和島市)の土居氏、東予では金子山城(新居浜市)の金子氏、中予では大洲城(大洲市)の宇都宮氏などが林立。伊予はまるで群雄による集合住宅の様相を呈していたのである。

天正4年(1576)春、元親は初めて伊予に進撃したが、あらかじめ久武親信らに伊予攻めの方針をいい渡していた。

それは「河野領には絶対に手を出すな」ということだった。

当主の河野通直の妻が毛利氏の縁戚だったことを考慮したものだ。当時、毛利元就はすでに死去していたが、当主である孫の輝元、次男・吉

◎元親夫婦、法号を得る

　土佐平定のころ、元親は思うところがあって法号を定めている。元親は「来世に生まれるよいところ(善処)を祈るのでなく、ただ滅罪のためになにかを頼みたい」と話したとされる。この時代、毛利元就など殺生に罪の意識を持った戦国大名は多く、元親もそうした心境になったと見られる。このころに吉田大備後重俊も死去したと見られ、合戦で多くの犠牲を払った元親は、無常観にとらわれたのかもしれない。

　元親は名僧として知られていた天龍寺(京都市)の策彦(さくげん)より法号を得たいと考え、土佐に招いていた蜷川道標という人物に相談する。蜷川家は幕府政所代を務めていた名門で、道標は幕臣であるかたわら有名な歌人、教養人としても知られていた。幕府滅亡後に元親より客人として最高の待遇で扱われており、岡豊(おこう)城下の蓮如寺に屋敷を与えられ、連歌の教授を行っていたとされる。

　道標は「天龍寺はよく知る寺ですので、お望みをかなえましょう」と仲介を買って出た。その後、彼は上洛して策彦に依頼。元親は「雪蹊恕三(せっけいじょさん)」という法号を授けられた。道標が帰国すると妻の石谷夫人も法号を望んだため、再び上洛。夫人は「水心理因(すいしんりいん)」の法号を得た。

　注目すべきは、道標が元親の縁者であったことだろう。実は斎藤利三の妹が道標の妻であり、長宗我部、斎藤、石谷、蜷川は不思議な縁で結ばれていたのだ。道標は土佐に京文化を持ち込んだ功労者で、のちの「長宗我部元親百箇条」制定のブレーンであったと見る声もある。

　元親の死後、慶雲寺という寺が菩提寺となり、この法号から「雪蹊寺」と称されるようになった。四国八十八箇所霊場の第三十三番札所としてもよく知られている。

◆雪蹊寺

開基は弘法大師。明治になって隣に元親を主祭とする秦神社が建立された(高知市)

川元春、三男・小早川隆景の"毛利三本の矢"は健在。元親は毛利と事を構える恐ろしさを熟知していたのである。
「国中の城を落としていけば最後には河野も降伏する」
こうして土佐勢はまず南予方面から侵攻したが、この年の合戦は小競り合いにとどまっている。長宗我部軍に思わぬ禍が降りかかったのだ。伊予戦線の軍代を務めていた吉良親貞が突然の死を遂げたのである。7月15日、36歳という若さだった。
かつて恩ある一条家を攻める際、「天罰はこの親貞が背負いましょう」といっていた弟は、渡川の戦いの翌年に死去したのである。元親にとっては右腕をもがれたも同然だった。
伊予方面の総軍代は翌年より久武親信が務めることになるが、伊予戦線は豪族の抵抗が激しく、予想外の苦戦を強いられることになる。

「四国のヘソ」を奪え！

阿波、伊予への2正面作戦を進める元親だったが、彼はさらに強力な"一手"を模索するようになっていた。あくなき効率化の追求が、元親という人のモットーでもあったのだ。

2正面作戦は確かに優れた戦術だが、進撃路は海岸線に限定されたものだった。峻険な四国山脈に挑戦し、内陸部からも出兵することはできないものか……そこで元親が目をつけたのが、「四国のヘソ」阿波白地城（徳島県三好市池田町）の存在であった。

四国の真ん中に位置する池田町は、現在でも「四国のヘソ」を標榜している。池田といえば"やまびこ打線"で知られる高校野球の池田高校が有名だが、山間部の風景はまさにやまびこが聞こえるような深い谷が広がっている。

白地は四国山脈の山間部にあり、阿波、伊予、讃岐を結ぶ交通の要衝地点であった。白地からは、北の猪ノ鼻峠を越えると讃岐、東の吉野川を下れば阿波、西の境目峠を越えれば東予に進むことができるのだ。白地城主・大西覚養は十河一存の妹婿で、三好長治の叔父にあたる人物であった。

直線距離で見ると、白地から岡豊城まで50km、阿波勝瑞城まで65km、伊予湯築城まで95km、讃岐十河城まで40km。まさに四国全土のキース

テーション。元親にとっては"四国を取るための城"だったのである。

ただし、土佐から白地への道筋は相当な難所だった。

天正4年(1576)、元親は白地に近い土佐豊永城(長岡郡大豊町)の小笠原中務に意見を聞いた。

「白地への道(大西口)は日本一の難所です。とても力業で押し入ることはできません。大軍の移動など困難です」

そのルートは、まず豊永より渡し船に乗り、大木一本の丸太橋である「上名の橋」を渡り、その後「西宇の歩危」という岩肌に足をつけて進まねばならぬ難所を越えなければならないという。

さらに大西口へ渡る橋は「相川の橋」という深い谷川の橋で、這って渡らねばならないというから凄まじい。やはり四国山脈は土佐の衝立だったのである。

元親は頭を抱えたが、どうしても白地がほしい。そこで思い切って城主の大西覚養を内応させる計画を立てた。

——このころの阿波では、盟主である三好長治の声望が日に日に衰えていた。「長治公は武威に誇らせ給い、栄花を事として、御酒宴に長じ給い、政絶々なり」(『三好記』)。

阿波の人々が長治を嫌う理由はもうひとつある。「天正三年に阿波一国の生少まで一人も残らず日蓮宗に御なし候」(『昔阿波物語』)。全領民に法華宗を強要したことで、宗教勢力からも反感を招いていたのだ。人心が三好から遊離していることを見抜いた元親は、阿波を内から崩して白地城をものにしようと考えたのである。

案の定、覚養は元親の誘いに乗り、降伏。服従の証として養子の大西上野介を人質として送ってきた。労せずして「四国のヘソ」は手に入ったかに見えたが……。

覚養裏切り！　元親、謀略で三好に報復

天正4年(1576)冬、元親は豊永城からの突然の知らせに衝撃を受ける。

「大西覚養が三好長治の調略に乗り、再び寝返りました。大西口は塞がれてしまいました」

元の木阿弥である。元親は戦略を最初から練らざるを得なくなった。「四国のヘソ」は、そう簡単に手に入るものではなかったのだ。

「覚養は深い知恵のある男ではない」。元親は絶望した。

一方、覚養に捨てられた大西上野介は死を覚悟していた。だが、元親は上野介を殺そうとしなかったばかりか、彼に書状を送ってやった。

「覚養はともかく、そなたに遺恨はないので、白地に戻って覚養に忠節を尽くされよ」――。

上野介は感激した。首を打たれて当然の人質を返すというのである。

「お礼の申しようもありません。ぜひご恩に報いたいと存じます。白地に軍を出されるときは私が難所の先導をいたしましょう」

意外な処断が意外な結末を呼んだかに見えるが、元親は上野介という人物をしっかり観察したうえで、命を救ってやったのである。

義父の覚養とは異なり、上野介は智勇を備えた好青年であった。恩情をかければ、相当に使える味方になると考えたのである。人に裏切られたあとでも、こうした冷静な判断が下せる元親という武将は、やはり並大抵の男ではない。

謀略には謀略で臨むべし。翌天正5年(1577)3月、元親は報復に出た。ターゲットにしたのは、なんと本丸の三好長治である。

元親は長治の傀儡となっていた阿波守護・細川真之に密かに連絡を取った。真之は勝瑞城下で暮らしていたが、自分をないがしろにしていた長治に大いに不満を持っていた。そこで元親は、真之に後ろ楯になることを確約したのである。

真之は、三好家臣だった井沢頼俊や一宮成助らと糾合して勝瑞から脱出。仁宇山(徳島県那賀郡)に立て籠もって抗戦の意志を示した。

長治は真之を討つべく出陣したが、仁宇山を攻めあぐみ、合戦は細川方の大勝利に終わった。長治は敗走したが、吉野川の河口付近にある別宮の浦で囲まれ、ついに自害して果てたのである。阿波の主の呆気ない最期だった。その後、井沢・一宮らと長治の遺臣が争い、阿波は激しい内乱状態に陥ることになる。

頃はよし、と判断した元親は、白地攻めに動いた。

白地城に土佐勢の勝鬨、新城代は谷忠兵衛

阿波は大混乱となったが、まだまだ三好の力は侮れないものだった。劣勢を挽回しようとしたのが、讃岐十河城主の十河(三好)存保である。

長治の弟で、元親の生涯で最大のライバルになる男だ。
　存保は長治とは異なる優れた大名であり、阿波で兄が暴政をしていたころ、たびたび諫言をしていたほどである。『十河物語』によれば、弓の名人で"十河のふしかげ（矢の幹の節のくぼみ）"の異名を取る猛将であったとされる。
　天正6年(1578)1月、存保は勝瑞城に入り、長治の後継者として細川真之に対抗。内乱の鎮圧にあたった。もっとも、元親の白地侵入に対してはとても援軍を出すゆとりはなく、阿波の三好勢は皆、覚養と元親の戦いを見守るほかなかったのである。
　長宗我部軍は大西上野介の先導のもと、難所を進軍した。元親の見込み通り、上野介はその誠実な人柄が慕われ、周辺で多くの人望を得ていたのである。道中の土豪たちは上野介に協力し、道案内はもちろん、続々と土佐勢に味方した。
　3月、覚養は大西口にあたる難所「相川の橋」で防戦したが、ここでも大西方から土佐勢に寝返る者が続出した。結局、覚養は橋を守りきれず、城を捨てて讃岐へと逃げていった。かくて長宗我部軍の勝鬨は、やまびこになって池田の山々に轟いたのである。
　元親はついに念願の「四国のヘソ」を手に入れた。
　勝利の立役者、上野介は本領を安堵され、周辺の足代城（三好郡東みよし町）なども平定して城主となった。「宮内少輔（元親）の厚恩は山より高く海より深い」と公言する上野介は、白地周辺、伊予方面の豪族を懐

◆白地城跡

元親が四国統一の拠点とした城。秀吉の四国征伐後に廃城。近年に施設建設により遺構が破却されたため、往時を偲ぶことは難しい（徳島県三好市）

柔することにも成功し、以後も忠実な家来として活躍する。

　元親はその後白地城を修築し、本丸、二ノ丸、長月丸などの曲輪を整備したほか、周囲に空堀を築いて、南北270m、東西140mという要塞へと変えた。

　そして、この"四国を取るための城"の城代に抜擢されたのが、谷忠兵衛という男である。

　忠兵衛はもともと武士ではなく、土佐一宮神社の神官上がりという変わり種であった。智謀に優れた人で、吉田大備後重俊亡きあとの長宗我部家の知恵袋として、家中の人望も厚かった。白地を任せるほどだから、元親が寄せた信頼も並々ならぬものがあったのである。

壮絶な突撃！　讃岐藤目城の戦い

　白地城の奪取で、ついに元親は四国最後の国、讃岐にも攻め入ることができるようになった。2正面作戦は3正面作戦へと進化することになったのである。

　讃岐は阿波と同様に三好の勢力下にあった。しかし、三好長治の失政、十河存保の阿波移転の影響から、このころは天霧城（香川県仲多度郡）の香川氏、羽床城（綾歌郡）の羽床氏、藤尾城（高松市）ら西讃岐、中讃岐の勢力が独立を志向するようになっていた。

　天正6年(1578)夏、まるで初めて手に入れた白地城というおもちゃを試すかのように、元親は讃岐藤目城（観音寺市）へ進軍しようとする。

　この城自体は小山に立つ小さな城だが、池田と丸亀の中間に位置し、讃岐への入口にあたる城だったのである。

　藤目城主だった斎藤下総守は香川氏の配下だったが、強力な長宗我部軍に歯向かう気はなかった。下総守は縁者だった大西上野介を頼って降伏、孫を人質に寄越してきたのである。元親は桑名丹後守の子、桑名太郎左衛門ら側近隊を城番として藤目城に派遣した。

　讃岐に初めて長宗我部の城ができたかに見えたが——さすがにこれを許すほど十河存保は甘くなかった。存保は香川氏をはじめ、羽床氏、聖通山城（坂出市）の奈良太郎兵衛ら讃岐の諸侯に呼びかけ、藤目城の奪回を命じたのである。

　「もう一度三好の旗に集まってくれ。元親の侵攻は防がねばならぬ」。

再結集した三好連合軍は藤目城を急襲し、太郎左衛門らと斎藤下総守を追い出して城を乗っ取ったのである。讃岐攻略戦は第一歩からつまづいてしまったのだ。

「これは他国に対しても聞こえが悪い。なんとしても取り返さねば」

元親は再び藤目城攻略の策を練り直し、この年の冬に5000の兵を率いて再出撃した。雪の季節の思わぬ土佐勢の襲来に三好勢は驚いた。

城を包囲した元親は、全軍に「むやみに人命を損じるな。慎重に攻めよ」と命じたが、夏に恥をかかされていた兵たちは、城を前にしてすでに頭に血が上っていた。

夜になって、たちまち土佐勢の凄まじい突撃が始まった。皆わめき叫びながら城に攻め上ったのである。これに対し、城兵は火矢と鉄砲で迎撃。あちこちで火花が輝き、城の周りはまるで昼間のように明るくなったという。

激高していた長宗我部軍の兵はあちこちで熊手を使って城塀を引き倒し、敵を圧倒した。土佐勢は実に700人もの戦死者を出したものの、夜が明けるころには三好勢をすべて追い払ったのである。

元親は兵たちが自分の命令を無視して突撃し、犠牲者が続出したことに驚いたが、戦後は素直に勝ちを喜んでこういった。

「さてさて心地よきことかな」

その後元親は、白地から高僧を招いて戦死者の供養をした。

このへんが土佐っぽらしいというか、さっぱりしているというか、大

◆藤目城

室町時代初期から讃岐豪族・斎藤氏が居城としていた。山麓には粟井神社がある(香川県観音寺市)

将というよりも"土佐の親分"を感じさせるところである。突撃せざるを得なかった家来の気持ちを、元親は慮っているようだ。これも主従一致の形なのである。

こうして元親は藤目城を手に入れ、讃岐攻略の第一歩を記した。

◎長宗我部家の威信をかけた相撲勝負！

元親は相撲見物が大好きだった。力自慢を呼び集めては、よく興行を開き、楽しんでいた。この時代では、あの信長も相撲ファンとして知られる。身分の上下を問わず、皆が揃って楽しめる娯楽だったのだ。

天正元年(1573)のころ、土佐に小島源蔵という相撲取りがふらりと現れた。源蔵は全国を相撲修行をしながら回っていた男で、身長は6尺4、5寸(約2m)。無敗を誇る強者として有名で、楯突く者もいないほどだった。

これを聞いた元親は、さっそく源蔵を呼び寄せた。出仕した源蔵の堂々たる体躯を見て、元親と家中の者は口をあんぐり。年は28、29というが、面構えは40ばかりに見えた。源蔵は「私の力は百四十人力です」といい放ち、出された料理を豪快に平らげた。

元親は「はるばるきてくれたというのに、相手なしで帰しては家の恥である」といって、家中の力自慢を呼び寄せた。長宗我部(戸波)親武、江村小備後はじめ、長宗我部家自慢の豪の者が集まった。元親が彼らに尋ねたところ、「親武殿以外には相手は務まらない」ということだった。しかし親武は「私が負けては長宗我部の名を汚します」と辞退した。

弱り果てた元親の前に、土佐郡の久万兵庫という家来が進み出てきた。「私がやりましょう。あの男は怪力を頼みにし、細かい技ができない。そこにつけ入る隙があります」。元親は大いに喜んだ。

岡豊城下の「犬の場」に両雄勝負の場が設けられ、行司は福留隼人が務めることとなった。元親は砂かぶりで見物。近郷からも大勢の見物人が集まり、源蔵の威容を見て皆肝を潰した。兵庫と比べるとまるで大人と子供で、「とても勝負にならない」との声が圧倒的だった。

かくて大一番が始まった。兵庫は突進する源蔵をかわし、周囲を数回回った。その後、兵庫は源蔵の両手首をつかまえ、驚いて引き離そうとする源蔵を翻弄。そして回しをつかんで源蔵を投げ飛ばした。見物人はどっと歓声を上げ、城内は大興奮に包まれた。元親も手を叩いて大喜びし、ふたりの健闘を称えて褒美を授けた。

翌日、元親は兵庫に「比類なき高名。家の面目を施した。源蔵に勝った以上は今日からお主が相撲日本一。しかし今日からは相撲をやめよ」とちゃっかり"勝ち逃げ"を勧め、知行を加増してやった。

Truth In History 長宗我部元親

物語 第五章 阿波・伊予・讃岐、火蓋切る3正面作戦

Column

群雄割拠した中世の讃岐

　讃岐は瀬戸内の要衝とあって、鎌倉時代は後藤、近藤、三浦氏を経て、北条一門が守護職を務めるようになっていた。南北朝時、建武年間からは足利尊氏を助けて活躍した細川顕氏が就任。その後、頼之・頼元の代から細川氏嫡流である京兆家の支配が続いた。

　京兆家はほかに摂津、丹波、土佐などの守護も兼ねていたが、幕府で管領という要職に就いていたため、当主は在京して分国を支配した。

雲辺寺の展望台

　細川家のおもな家臣は香川郡の香西氏、寒川郡の安富氏、寒川氏、綾歌郡の奈良氏、植田一族で山田郡の十河氏らである。

　その後、応仁の乱、両細川の乱を経て京兆家の力は弱体し、国内は乱れ、香西氏を筆頭に香川、奈良、安富氏らの勢力が台頭する。

　大永6年(1526)、阿波の三好氏の力が強まり、長慶の弟・実休(義賢)が十河氏ら植田一族と結び、寒川郡へ攻め入った。寒川、香西、香川氏ら讃岐諸将の協力で撃退したが、その後も実休の侵攻は継続。実休の弟・十河一存の活躍もあり、香西、寒川、奈良、安富氏らは三好氏に臣従するようになる。

　永禄元年(1558)には最後まで抵抗していた香川氏も実休に敗れ、讃岐全土は三好氏と十河氏の支配下に組み入れられることとなった。

十河氏の躍進

　香川、安富氏らが勢力を広げるなか、十河氏当主の景滋は三好氏と結託することで大きな力を持つようになった。

　享禄3年(1530)、景滋は嫡子の金光が早世したため、三好長慶の末弟である一存を養子に迎えた。一存は"鬼十河"の異名を持つ猛将で、三好氏の讃岐平定戦で多大な軍功をあげた。

◆讃岐(香川県)の基本データ

面積	約1882平方km
人口	33万4153人(1721年)→101万6540人(2009年)
文化財・名勝	神谷神社、金刀比羅宮、屋島、栗林公園
歴史上の人物	空海、円珍、平賀源内、菊池寛
祭事・名産	金刀比羅宮例大祭、讃岐うどん、丸亀うちわ

　日本で最も面積が狭い県。小豆島、直島諸島など備讃瀬戸の多くの島々を含む。山が少なく平野部(讃岐平野)が約半分を占める。可住地面積比率は52%と全国的にも高い。古くから阿波、伊予との交流が行われた。阿波との境には讃岐山脈がそびえるが、おもに500～800mの丘陵状であるために往来は盛ん。気候は、日照時間が長く降水量が少ない瀬戸内式。このため塩田が発達した。もっとも川が少なく干ばつの被害に遭いやすいため、古くから多くのため池が開発された。現在では瀬戸大橋の着工で徳島同様"四国の玄関口"となり、高松市は四国最大の都市に発展している。名物は讃岐うどんと小豆島のオリーブなど。弘法大師・空海はじめ、多数の偉人を輩出。

※1721年の人口は「国勢調査以前 日本人口統計集成」(内務省・内閣統計局)、2009年の人口は「都道府県別の人口及び世帯数」(総務省統計局)より。

◆郡名の沿革表

延喜式 (平安)	郡区編成 (明治)	現在(2009年)	
		郡	市
大内	大内	ー	東かがわ市
寒川	寒川	ー	さぬき市
三木	三木	木田郡	ー
山田	山田		ー
香川	香川	香川郡	高松市
阿野	阿野	綾歌郡	坂出市
鵜足	鵜足		
那珂	那珂	仲多度郡	丸亀市
多度	多度		善通寺市
三野	三野	ー	三豊市
刈田	豊田		観音寺市
ー	小豆	小豆郡	

　耕地面積が広く、瀬戸内の海上交通の要衝だったことから、律令政府に注目されてきた。天智天皇の時代に屋島城が築かれたほか、現在の坂出市に国府が置かれて支配されてきた。中央との政治的・文化的交流が深かったため、空海などの高僧を生み出す下地もあったといえる。歴史的には文治元年(1185)の屋島の源平合戦が著名。江戸時代には高松、丸亀、多度津の3藩が置かれた。高松藩は水戸徳川家出身の松平頼重が初代藩主である。明治より小豆島が合併。

第六章
天下分け目の「中富川の戦い」に勝つ

1578〜1582

長宗我部信親、名将育成計画

　元親が四国平定を進める一方で、"源氏の子"長宗我部信親は、理想の若武者に育ちつつあった。

　「男の器量、身の丈六尺一寸（約1m85cm）」「走り飛びに二間（約3m60cm）を飛び越え、飛びながら抜刀することができた」（『元親記』）という。

　源氏の血筋である石谷夫人を母に、織田信長より「信」の偏諱を受けた長宗我部家の新しい血筋、信親。

　元親はこの嫡男の育成にあたって、"荒切り"で知られる猛将・福留親政を傅役に任じたほか、さらに全国から多くの武芸、文芸の師匠を招いて知行を与え、教育にあたらせていた（別表参照）。

　剣術、砲術から太鼓、鼓、和歌、連歌まで、そのカリキュラムは非常に幅広い。信親は教育パパ・元親のもと、名将を養成するための総合大学に進学させられたようなものである。

　蹴鞠の飛鳥井曽衣、和歌の小松谷寺覚桜は一条氏の客衆、槍術・囲碁に名が見える大平氏は七雄の大平一族で、それぞれ土佐文化に大きな貢献をもたらしてきた。ほかに京や堺から呼び寄せた文化人も多い。元親がいかに信親の将来に期待をかけ、その育成に心血を注いでいたかがよくわかる。

　教養の基本である手習いの師は、吸江庵の如渕（真蔵主）、忍性（忍蔵主）のふたりが務めている。如渕は吉良親貞の妾腹の子ともいわれる。東福寺、妙心寺で修行し、岡豊城下で忍性とともに儒学を講じたとされ

る人物である。

　また、側近の桑名太郎左衛門と中島与市兵衛には、京に3年間留学させたうえで小笠原流（諸礼及び弓馬・騎射などの一派）を学ばせ、その後、信親の教育にあたらせている。

　太郎左衛門と与市兵衛の上洛には京での情報収集という目的もあったと見られるが、わざわざ留学させるというのはただ事ではない。なお小笠原流は、「堅苦しい礼儀作法」の代名詞でもあり、太郎左衛門らの苦労がしのばれるところだろう。

◆信親が習った武芸、文芸一覧

	項目	師匠
武芸	弓術	大蔵才八
	弓術／砲術	近沢越後（家臣）
	馬術	産方休少
	剣術	伊藤武右衛門、他1名
	槍術（薙刀）	太平市郎右衛門
	寸鉄	甲藤市之助
文芸	手習い	如渕、忍性
	鼓	勝部勘兵衛
	太鼓	似我惣右衛門父子
	囲碁	大平捨牛、森勝介
	和歌	小松谷寺覚桜
	謡	藤田宗印
	笛	小野菊之丞
	蹴鞠	飛鳥井曽衣
	諸礼	桑名太郎左衛門、中島与市兵衛
	連歌	蜷川道標

　剣術、槍術など武芸も当代一流の師を招いた。戦国時代は全国で「剣術ブーム」が起こり、軍事強化を目論む大名たちが競って剣豪を迎えた時代でもある。諸国で次々に新しい流派が誕生しており、信親が学んだ須藤、精参流もその一派と見られる。

　連歌の師匠が斎藤氏と長宗我部氏の縁者である蜷川道標である。岡豊城下に集った一流文化人のなかでも、元足利幕臣の道標は別格的存在であった。道標は如渕、忍性とともに元親の政治的ブレーンも務めていた男と見られる。

　おもしろいのが囲碁の師匠で、大平捨牛と森勝介は本因坊（京都寂光寺の僧・算砂。囲碁の名人）と対局するとき、先手一目ほどの名人だったという。戦国時代は囲碁が盛んに行われた時代で、信長、秀吉、家康らが好んで碁を打っていたのは有名である。

理想の若武者に育った信親

　――異常なまでの英才教育、異常なまでの京文化への傾倒である。どこか、田舎大名だった元親のコンプレックスさえ感じられるほどだ。元親は信親に、どこに出しても恥ずかしくない長宗我部家の棟梁になってほしかったのであろう。

113

元親は儒学者・司馬光(しばこう)の言葉を自分の教育方針とした。

「子を養いて教えざるは父の過ちなり。教え導くに厳しからざるは師の怠りなり。父の教えと師の厳しさふたつとも外れることなくして学問のなる事なきは子の罪なり」

元親は暇を見つけて信親に、自分や亡き国親らが培ってきた長宗我部家の帝王学を授けた。こうして信親は一流の武芸者、文化人から多くを学び、強く、優しく、分別ある凛々しい若者へと成長していったのである。

「色白く柔和にして言葉少なく、礼譲(礼儀を尽くして謙虚な態度を示すこと)ありて厳ならず。戯談すれども猥(みだ)りならず、諸氏を愛し、近習・外様の隔てなく、鵜飼い・鷹狩り・蹴鞠を催しては上下ともに親しみ、下民の労を労り、常に情をかけた」(『土佐物語』)

◎近衛前久もビックリした岡豊(おこう)の一級文化

当代一流の文化人や武芸者が集まった岡豊城下は、なかなか賑やかなもので、元親は家中の子弟にも如渕、忍性らの講義を受けさせていた。毎年2月には一族や家臣を集めて連歌会を催していたが、普段は武骨な長宗我部の家臣たちが居並んで歌を詠む姿は、珍妙ながらも心温まるものであったという。

うち、元親と香宗我部親泰の句を紹介しておこう。

　　四方(よも)はみな　汲手(くみて)に靡(なび)く　霞かな　　元親
　　行く水の　沫緒(あわお)によるや　玉柳　　親泰

元親の句は「仙境で霞(酒)を飲んでいると、霞が我に靡いているようだ」と解釈される。「四方は皆、我が勢いに従っている」ということであろう。親泰の句は、「柳の露が枝をつたって緩くすべり落ちていく」。沫緒は紐の意味である。元親の句を受けた句であるから、四国制覇は露が落ちるように自然に成就する、とも取れる。

元親は文芸を愛する人で、土佐平定後に紀貫之、弘法大師、尊良親王(たかよし)らのゆかりの名所に関する「袖鏡」という古歌集も作成している。

当時の土佐文化の高さがうかがえるエピソードが残されている。天正5年(1577)ごろ、九州に赴いていた関白の近衛前久(このえさきひさ)が土佐に立ち寄った際、この「袖鏡」を見た。前久は上杉軍や織田軍に従軍したこともある型破りな関白として知られるが、すべての同時代人が認める大学者だった。前久は「田舎武士といい、戦国といい、思いもよらぬこと。古木の花の咲きたるに同じ」と大絶賛している。まさか元親のような田舎大名が、これほどの教養を持っていたとは思わなかったのだ。

こんな人柄だから、岡豊城下の人々は、信親を敬いつつも馴れ親しみ、年長の者は皆、自分の子のように彼を愛した。元親は信親の話になるといつも「我が子ながら恥ずかしい」と照れていたという。

信親は岡豊の希望の星だったのである。

次男、三男は他家へ──香川親和、津野親忠誕生

元親には信親のほかに、次男・五郎次郎親和、三男・孫次郎親忠、四男・千熊丸(のちの盛親)、五男・右近大夫の5人の男子がいた。うち、親和と親忠は、時を同じくして他家へ送り込まれることになる。

最初は当時12歳だった次男の五郎次郎親和である。親和は他国へはるばる養子にいくことになる。

──天正6年(1578)、元親は讃岐藤目城奪取後、天霧城(香川県仲多度郡)の香川之景と対峙していた。香川氏は多度、三野、豊田、那珂の4郡を領し、讃岐西部の守護代を務めてきた名門である。

長宗我部軍はその後も西讃岐攻略の手を緩めず、本篠城(三豊市)、九

◆天霧城跡

讃岐の名門・香川氏の拠点。貞治年間(1362〜1368)の築城とも。秀吉の四国征伐後に廃城 (香川県善通寺市)

十九山城(観音寺市)と香川方の属城を次々に降していた。
　かつて之景に与していた藤目城主・斎藤下総守は、香川家の行く末を案じるようになり、元親にこう進言した。
「之景を味方にしてはいかがでしょう。私が口説きます」
　斎藤下総守は、之景の心が三好から離れていることを熟知していた。
「よかろう。よろしく謀られよ」
　元親は素直に同意した。無用な戦をするくらいなら、交渉で屈服させたほうがはるかに得策なのである。
　実際、このころには白地→伊予方面にあたる東予の豪族を次々に寝返らせていた。河野氏の麾下にあった金子山城(愛媛県新居浜市)の金子元宅をはじめ、氷見高尾城(西条市)の石川勝重、川之江城(四国中央市)の妻鳥友春などである。「四国のヘソ」を取った意味合いは非常に大きかったのだ。
　元親は交渉役として才能を発揮していた大西上野介にも諮り、下総守とともに之景への折衝にあたらせた。
　一時は死を覚悟していた之景は大いに喜び、元親に臣従することに同意する。
　話し合いが進むにつれ、男子のない之景と長宗我部家のあいだに養子話が持ち上がった。之景にとっては命の保証として人質を得ることができる。元親にとっては西讃岐を併呑できるうえ、名門・香川家を縁戚にできる。WIN-WINの同盟案といえた。
　こうして次男・親和が、之景の娘と婚姻する形で香川家の世継ぎとなったのである。香川家からは4人の家老が代わる代わる人質として岡豊に参勤することになった。
　次が三男の孫次郎親忠である。親忠が養子に入ったのは、土佐七雄の一角を占めていた名門・津野家である。
　津野家は蓮池城落城後、元親に降伏。家臣たちは長宗我部家のもとで再興しようとしたが、当主の定勝が抵抗したため元亀2年(1571)に定勝を追放。子の勝興を擁立して元親に仕えるようになっていた。
　天正6年(1578)になって、勝興は元親に当時7歳の三男・親忠を養子にもらい受けたいと要請した(『土佐国編年紀事略』)。元親の意志によるものであろう。吉良家、香宗我部家と同様、有力な家を乗っ取って傘下に組み入れるのは、元親だけでなく当時の戦国大名の常套手段である。

Truth In History 長宗我部元親

　こうして親忠は勝興の後見のもと、須崎城(高知県須崎市)に入って津野家の新当主となったのだ。
　翌年の春に香川之景は岡豊を訪れ、5日間逗留した。この際、元親より贅を尽くした歓待を受けている。帰り道にはいくつも休憩所が設けられ、国境で送別の酒宴が張られた。接待好きの土佐人らしい話だ。親和はこの年の冬に岡豊から天霧城へ向かっている。
　この天正6年(1578)より元親は40代に入り、かつての"土佐の姫若子"は"土佐の出来人"として威勢を振るうようになっていた。その一方で、信親、香川親和、津野親忠、吉良親実(親貞の子)ら、長宗我部家の明日を担うヤングパワーも芽吹き始めていたのである。

讃岐戦線、羽床城攻略と「麦薙ぎ」

　天正7年(1579)、元親は天霧城より東方の土器川を越え、さらに讃岐中原への侵攻を図った。
　中讃岐はかつて細川氏の重臣だった香西氏のテリトリーだったが、このころには内紛で衰え、香西同族である羽床城(香川県綾歌郡)の羽床伊豆守が台頭。中讃岐の諸豪族と連携して長宗我部勢を迎撃しようとしていた。伊豆守は「隠れもない武辺者」としてその名を讃岐に轟かせていた勇将であり、元親の降伏勧告にも応じなかった。
　4月、元親は1万2000ともされる大軍を率いて羽床城へ進軍した。本篠城主に任じられていた中内源兵衛ら土佐勢と大西上野介ら阿波勢で計7000余人、これに金子、妻鳥、石川ら伊予勢3000余人、ほかに讃岐勢も参陣していたと見られる。
　岡豊から遠く離れた地にあっても、元親はこれだけの大軍を動かせるようになっていたのだ。
　羽床勢は1000にも満たない少勢だったが、伊豆守は城に約300を残して1里ばかり離れた高篠の要害に600余人を引き連れて立て籠もり、長宗我部軍を迎え撃った。
　――この際元親は、城攻めの常套手段である「麦薙ぎ」を城下で行っている。これは一種の兵糧攻めで、大半が農民である敵兵の動揺を誘う狙いもあった。ただし、元親は兵たちにこう命令していた。
　「1畦おきに薙ぐように」

第六章　天下分け目の「中富川の戦い」に勝つ

南国讃岐の4月は麦が熟する大切な時期でもある。元親は敵地である羽床の農民に食い扶持を残してやったのだ。こうした優しさが、元親という戦国大名の特徴でもあった。
　羽床の民は元親に大いに感心したという。讃岐の史料である『全讃史(ぜんさんし)』によれば「長宗我部氏の如きは、時に悍狄(かんてき)(ずるい敵)であったけれども、またよく寛厚で人を愛した。これを以てその威力が四州に布(し)いたのである」とある。
　その後、高篠の要害で両軍は激突した。さすがに伊豆守の兵は強く、戦いは一進一退となる。午前5時から午後1時まで13回の戦いが繰り広げられ、一時は羽床勢が長宗我部軍の先鋒・伊予勢を追い立てたというから凄まじい。
　だが、元親の本隊、大西上野介・中内源兵衛の隊が激しく攻め立てると、兵力差がものをいうことになり、羽床勢は総崩れ。城へ逃げ戻らざるを得なくなった。
　元親は、羽床城に同じ讃岐勢である香川之景を使者として送り、再び降伏を勧告した。伊豆守は抗すべくもなく、実子を人質に出して開城した。
　中讃岐の重要拠点だった羽床城が陥落したことで、新名城(しんみょう)(香川県綾歌郡)、滝宮城(たきのみや)(綾歌郡)、西長尾城(にしなが お)(仲多度郡)など、周辺支城の城主たちは次々に元親に降伏した。元親は讃岐平野を見下ろす西長尾城を讃岐攻略の拠点とし、軍代として国吉甚左衛門(くによしじんざえもん)を城主とした。
　こうして元親は白地城奪取後、約1年という短期間で西讃岐と中讃岐を制圧したのである。東讃岐と阿波を支配するライバル・十河(そごう)(三好)存保(まさやす)と雌雄を決するときが、いよいよ近づいていた。
　一方、元親にとって最大の恐怖である信長は、このころ石山本願寺との泥沼の戦いのなかにあった。信長が「天下の王」になる前に、元親は一刻も早く「南海、西海の王」になる必要があったのである。

伊予戦線、南予の苦戦と久武親信の死

　四国平定の過程を見ていると、元親にとって重要だったのは讃岐・阿波の対三好であることがわかる。元親は、京・堺に繋がる上方方面を押さえることを、まず重要視していたのだ。
　伊予については中予の河野氏への遠慮があったため、東予・南予をじ

わじわ攻める作戦を取った。

——『土佐物語』によれば、元親は南予の平定について軍代の親信を呼び出し、こう告げている。

「東伊予は存分に任すといえども、西伊予（南予）はいまだ属せぬ者が多い。国家草創の功は武略と智謀とのふたつにある。汝（親信）はこのふたつを備えているので予州の総軍代とした。万事汝に任せる。決してわしの指図を仰いだり、相談することのないように」

元親は白地経由で東予の金子氏などを懐柔していたが、南予は親信に"丸投げ"していたのである。

親信は畏まって南予に進撃することになるが、この際不思議な予言を元親に述べている。

「戦場へは不退転の覚悟で参りますが、ひとつお願いがあります。もし今度の戦（いくさ）で親信が討ち死にしたとしても、弟の彦七（親直）には久武の家督を継がせないでください。彼は行く末、お家の障りになっても、御用に立つ者ではありません」

親信の弟・親直は決して愚将ではない。知恵深く、優れた人材であっ

> ### ◎元親と紀州雑賀衆
> 　戦国時代、日本は世界で有数の鉄砲大国となり、長篠の戦いでは3000挺、関ヶ原合戦では2万挺もの鉄砲が使用されたといわれる。各大名は競って鉄砲の導入に力を入れていたが、元親も例外ではなかった。岡豊（おこう）城下では、毎月1日に「鉄砲揃え」と称して射撃を競うイベントが行われていたほどである。元親は合戦の戦術についてなにより鉄砲を重要視し、「我が家中では、糸で吊り下げた針を撃つほどの上手ども、その数を知らず」と自画自賛していたほどだった。
> 　元親は鉄砲弾薬を堺から入手していたのだが、このほかにも当時の鉄砲傭兵集団「雑賀（さいか）衆」とも深い繋がりを持っていた。
> 　雑賀衆は現在の和歌山市、海南市の大半を勢力下に置く土豪グループで、雑賀荘、十ヶ郷、中郷、宮郷、南郷の5郷から成り立つ地域的な結合体（一揆）を形成していた一向宗徒である。本願寺を支える鉄砲集団として活躍し、「（本願寺宗主の顕如が）最も頼りにしていたのは雑賀の兵士六、七千人」（フロイス『日本史』）との記録もある。
> 　雑賀衆の指導者のひとりが十ヶ郷の有力者、鈴木孫一重秀（すずきまごいちしげひで）で、有名な雑賀孫一（市）として語られる人物である。元親は一向宗ルートから雑賀衆と連携し、のちに反秀吉戦線の一角をともに形成することになる。

た。ただし兄に比べ腹黒く、権謀術数の人でもある。人物眼に定評のあった親信は、この弟にいいしれぬ不安を感じていたようだ。

　天正7年(1579)春、親信は7000の兵を率いて南予に出陣し、宇和郡、喜多郡の諸城を次々に攻略した。続いて親信は三間表(愛媛県宇和島市)へ向かい、5月に南予の土居清良が守る岡本城(宇和島市)を攻撃した。

　土居清良は西園寺公広に属する武将で、岡本城は南予最大の要塞と目されていた城である。土居勢は少勢だったが鉄砲を豊富に持ち合わせており、城外のそこかしこに土佐勢に気取られぬよう、隠し鉄砲隊を潜ませていた。伊予勢としては珍しい先進軍団だったのである。地の利は土居方にあったのだ。

　果たして親信は城近くの坂を通りがかったところで一斉射撃され、呆気なく討ち取られてしまったのである。ほかに佐竹太郎兵衛や山内外記など名のある将も討たれ、長宗我部軍は総崩れ。多くの兵が犠牲となる大惨敗を喫した。

　若き日から自分を支え続けてきた名将を失い、元親は悲嘆に暮れた。吉良親貞の死に続く伊予方面の不幸である。これで元親は鬼門といえる

◆岡本城跡

南予の重要拠点だった岡本城。北方を四万十川支流の三間川が流れる(愛媛県宇和島市)

伊予攻めをひとまず休止せざるを得なくなった。

　なお、久武の跡目は結局親直が継ぐことになったが、元親が渋ったのであろう、親直が伊予軍代を継いだのは5年後の天正12年(1584)のことである。親直は兄に劣らず有能な男だったので、徐々に元親の信頼を獲得していくのだが……。

阿波戦線——西部の重清、岩倉城を抜く

　天正7年(1579)夏、讃岐中原の平定を終えた元親は、今度は阿波方面から三好の牙城を崩しにかかった。白地から吉野川沿いに東に向かい、まっすぐ十河存保の本拠・勝瑞城に侵攻できるルートである。

　第1攻撃目標となったのが、三好方の重清豊後守が守る重清城（徳島県美馬市）である。存保は援兵を送ったが、大西上野介、一門の比江山親興ら長宗我部勢の勢いは凄まじく、豊後守を蹴散らして瞬く間に重清城を落としている。

　「心地よし、気味よし、いざこの勢いで攻めよう」

◆岩倉城跡

三好式部少輔の居城。2度にわたる合戦が繰り広げられた（徳島県美馬市）

元親は間髪おかず、第2目標である岩倉城(美馬市)攻めを下知した。
　岩倉城は白地城と勝瑞城のちょうど中間地点に位置し、三好勢にとって東の脇城(美馬市)とセットで、阿波西部の最大の防衛拠点と位置づけられていた。岩倉城は「最盛期には六坊を備えた広大な城域を持っていた」(美馬市教育委員会)とされるが、現在は小さな山に本丸址が立つのみである。
　この城の城主が三好笑岩(康長)という怪人であった。
　笑岩は三好長慶の叔父にあたる男で、河内高屋城(大阪府羽曳野市)を本拠に三好政権を支えていた。長慶死後の三好家内紛では三好三人衆と連携し、上洛した信長と争っていたが、結局降伏している。のちに羽柴秀次の義父になり、秀次に茶道や連歌を教授した文化人としても知られている。
　さてこのころ、笑岩は高屋城にあり、岩倉城は嫡男の式部少輔(康俊)に任せていた。笑岩は海を隔てて、十河存保や式部少輔ら阿波三好勢とは別行動を取っていたのである。
　式部少輔は猛将として知られていただけに、長宗我部軍の面々は苛烈な戦いを予想し、やや及び腰で岩倉城に向かったという。
　しかし、これは杞憂となった。土佐勢が着陣するや、式部少輔はあっさり降伏し、実子を人質に出してきたのである。すでに阿波三好も一枚岩ではなかったのだ。
　元親は拍子抜けしたが、あっさり式部少輔を許して引き続き岩倉城主とし、桑名弥次兵衛(桑名丹後守の弟の子)を与力として、3000の兵を城に駐屯させた。

阿波戦線――香宗我部親泰北上、牛岐城へ進出

　三好・美馬両郡の要衝である岩倉城を落としたことで、元親は勝瑞城への東からの入口を得た。
　これに呼応して阿波東部戦線も動き出すことになる。発端は長宗我部方の桑野城(徳島県海部郡)を巡る争いであった。
　桑野城主の東条関兵衛は天正3年(1575)の海部合戦後、久武親信の縁者となって元親に臣従していたが、北東の牛岐城(徳島県阿南市)の新開道善は三好方の南方の防波堤として健闘。東条と激しく争い、その進撃

を食い止めていた。

　天正7年(1579)に入って新開方が優位となり、桑野城に押し寄せてきた。元親は桑野城に中内兵庫らを援兵として送り、両軍は今市(阿南市)で激しく争う。戦いは長宗我部方の勝利に終わり、道善は敗走する。

　阿南軍代の香宗我部親泰はさらに新開勢に追い打ちをかけ、牛岐城に次のように巧みな降伏勧告を行った。

　「3年以内に長宗我部は三好と対決し、戦乱を片づけたいと思います。そのためにはこの城を足がかりにしたいので、ぜひ味方についていただけまいか」

　道善は人質を出して降伏した。牛岐城の落城が阿波東南の諸将に与えた衝撃は大きく、一宮城(徳島市)の一宮成助はじめ、夷山城(徳島市)など主立った城の城将も元親に帰順することになった。

　親泰は牛岐城を新拠点として自らの支配下に置き、一宮城には江村孫左衛門(江村親家の子)を置いた。ここに、勝瑞城に籠もる十河存保は、東より岩倉城、南より牛岐・一宮城から長宗我部軍の圧力を受けることになったのである。

　……なお『三好記』によれば、新開道善には悲惨な後日談がある。3年後に元親が阿波を平定した天正10年(1582)、道善は久武親直より「新開殿の領地を加増したいので面談したい」という使いを受け、丈六寺(徳島市)という寺に呼び出された。そこで親直から「勝浦郡を与える」という案を示されたので道善は大いに喜び、酒杯を重ねた。

　その後、道善は帰ろうとして縁に出たところ、潜んでいた親直の家来に突如襲われた。道善は抵抗もできず斬殺されてしまったのである。

　この騙し討ち事件で久武親直の悪名は決定的なものになった。

　実は、一宮成助も同じ時期に暗殺されていることから、いずれも元親の指示である公算が大きく、親直は進んで汚れ役を買ったとも見られるのだが……。いずれにせよ、これが親直の"悪臣"伝説の始まりであった。

元親政権下で発生した初めての内乱

　阿波、讃岐平定に向けて王手をかけた元親。しかし、天正8年(1580)より、突如としてその勢いは弱まり、謎めいた"小休止状態"に陥るこ

とになる。

　確実な理由はわからない。だが、この背景としては、①土佐での内乱勃発、②戦争の長期化に伴う土佐の国力低下、③元親の健康問題、④織田家臣となっていた三好笑岩に対する配慮――などがあげられるだろう。つまり、勝瑞城の十河存保と一気に決着をつけたくても、できない理由が元親の側にあったと見られるのだ。

　順を追って天正8年(1580)の出来事を追ってみたい。

　まず注目したいのは、ここまで内乱らしい内乱もなく、一枚岩だった長宗我部軍団に謀反が起こったことである。

　謀反の首謀者は、元親の妹婿である波川玄蕃という男だった。

　玄蕃はもともと吾川郡波川城(高知県いの町)を主拠とする豪族だった。一条兼定の滅亡後、その軍功から元親の妹を娶り、幡多郡山路城(四万十市)の城主に任じられていた。一門衆待遇の重臣である。

　ところが、玄蕃は突如元親に失政を咎められ、城を召し上げられて波川に帰されてしまったのである。玄蕃はこの措置を不服とし、謀反を企てて同志を糾合したのだ。逆恨みといっていい反乱だけに、同意する者は家中では全くいなかった。ただひとり、元親の傀儡となっていた大津御所の一条内政(一条兼定の子)がこれに加担したとされる。

　事はたちまち露見。玄蕃は温和な香宗我部親泰に一命を救ってもらおうと海部城に逃走したが、元親は許さず、そのまま海部で詰め腹を切らせた。

　その後、元親は妹を岡豊に戻し、続いて馬廻りを務めていた玄蕃の弟2名を赦免してこの一件を収拾しようとしたが、玄蕃の弟らはこれを固辞。「討っ手をお出しくだされ」といい残し、一族うち揃って波川城へ戻り、籠城した。この際、多くの家臣たちも逃げずに城に残ったという。

　元親は彼らの望み通りに軍を差し向け、残らず討ち果たした。波川一族の最期は土佐武士として見事な死に様だった。

　また、玄蕃の縁者だった南予の北之川親安も攻撃。北之川氏が勢力を張っていた三滝、猿が滝、甲の森、宗川、黄幡(愛媛県西予市)に攻め入り、これを滅ぼしている(北之川氏滅亡の時期は天正11年〈1583〉など諸説がある)。

　続いて、一条内政の処置である。

　元親は中島与市兵衛を大津御所へ使いに出し、こう伝えた。

「領内に居住をお許しすることはできませんので、いずこなりと立ち退いてください」

内政の妻は元親の長女だったので、元親は娘や嫡子(政親)を引き取ったうえで、内政を船で流し、伊予の法家津浜(愛媛県宇和島市)に送った。一条家はこの元親の孫・政親が継承することになる。ほどなく内政は法家津で病死したとされるが、あまりにタイミングがいいので元親による暗殺説もある。

——こうして「波川玄蕃の乱」は収束したが、元親政権下では初めての内乱だっただけに、その衝撃は小さくなかったようだ。短期間で急成長してきた戦国大名家の歪みが、妹婿の反乱という形で現れたともいえる。

またこのころは、のちに元親が述懐するように、長年の戦争で長宗我部家の兵馬が疲れ果てていた時期であった。加えて元親自身も天正8年(1580)ですでに42歳。もう若くはない。しきりに病の話が出てくるのもこの時期からである。

◆安土城址

幻の名城。総金箔の天守最上部、青赤の瓦といった斬新な造型に、見る者は「筆舌に尽くし難い」(『津田宗久茶湯日記』)と息を呑んだ。本能寺の変で焼亡、現在は石垣などの遺構を残すのみ(滋賀県蒲生郡)

香宗我部親泰、安土城へ

　元親の四国平定にブレーキがかかった理由として、もう1点見逃せないのは、織田家に対する外交問題だった。

　天正8年(1580)閏3月、信長は天下統一に向けた決定的な勝利を得た。石山本願寺宗主・顕如を事実上降伏させ、ついに11年にわたる石山戦争を終結させたのである。

　本願寺開城の切っかけとなったのは、1月に羽柴秀吉が毛利方の重要拠点だった三木城(兵庫県三木市)を陥落させたことだった。秀吉の地位は飛躍的に向上し、柴田勝家、明智光秀ら各方面軍の司令官と肩を並べるまでになっていたのである。

　元親と敵対していた十河存保と三好笑岩は、このころから急速に信長への接近を図るようになっていた。特に河内高屋城の笑岩は秀吉を頼るようになり、翌年には秀吉の甥・信吉(のちの羽柴秀次)を養子にもらい受け、結びつきを強めている。

　織田家の四国政策は従来からの「明智・長宗我部ライン」に加え、「羽柴・三好ライン」が急台頭するようになってきたのである。今まで通り元親を支援するか、それとも三好を支援するか。つまり、四国の戦いは元親と三好の争いだけでなく、織田家での光秀・秀吉による"社内闘争"にも繋がっていたのである。

　こうした状況下、天正8年(1580)6月に元親は香宗我部親泰を安土城(滋賀県蒲生郡)の信長のもとへ名代として派遣している。

　使者のおもむきは、笑岩の子・三好式部少輔が自分に臣従したことを報告するとともに、阿波を平定するために笑岩と友好を結びたいと依頼するものだった。

　元親は笑岩に対して融和路線を取ろうとしたのである。

　信長への取り次ぎ役が光秀である以上、これは元親・光秀双方が談合した結論であることは疑いがない。「四国は切り取り勝手」のお墨付きは得ているものの、笑岩の動きが活発になっていたため、信長に笑岩との仲介をしてもらおうとしたのだ。

　信長はこの申し出に対し「異議がない」との印判状を親泰に出している。

> 三好式部少輔のこと、この方別心(ふたごころ)なく候。しかれどもその面において相談せられ候旨、さきざき相通わせ候段(笑岩と誼を結ぶ)、異議なく候条、珎重に候(自重自愛してください)。なおもって阿州面のこと、べっして馳走専一に候(三好方に配慮してください。面倒を見てください)。なお三好山城守(式部少輔)申すべく候なり。謹言
>
> 六月十二日　　　　信長(朱印)
> 　香宗我部安芸守殿

　これまでの「切り取り勝手」スタンスとは異なり、「三好を立てて阿波を支配せよ」と、ニュアンスが微妙に変わっているのが注目される。笑岩のロビー活動の成果もあるわけだが、すでに信長にとって四国は遠い海の向こうの国ではなくなっている感がする文面である。

　その後、笑岩も6月14日付で書状を送っており、こちらは「誼を結ぶこと了解しました。式部少輔は若輩ですのでよろしくお願いします」と、儀礼的な内容になっている。無論、笑岩の腸は煮えくり返っているわけであり、元親との腹の探り合いがピリピリするやり取りともいえる。

　『信長公記』には、6月26日付で、元親が光秀を取り次ぎとして鷹16匹、砂糖3000斤を進上したことが記されている。仲介の礼であろう。こうして元親・光秀コンビの作戦はうまくいったように見えたが――。

領土の返上を命ずる信長、元親は拒否！

　しかし、笑岩・秀吉コンビも諦めず、元親・光秀追い落とし工作を続行したのである。

　『元親記』によれば、信長にこう讒言する者もいたという。

　「元親は西国に並びなき弓取りです。今の勢いが続けば必ず天下の禍になります。阿波、讃岐を取れば、淡路へも手を伸ばすでしょう」

　当時、石山本願寺と目と鼻の先にあった淡路島は、三好一族の安宅清康が支配し、毛利方として信長に対抗していた。しかし、本願寺の開城で事態は一変し、淡路安宅氏は急速に衰え、天正9年(1581)に秀吉に攻

め滅ぼされている。

　石山戦争の終結で、もはや元親と信長は直接領域を接する関係になってきているのだった。信親の烏帽子親を依頼したころの、のんきな関係ではなくなっているのである。

　ほどなくこの天正9年(1581)ごろに、元親と光秀にとって"青天の霹靂"というべき信長の命が下された。

「伊予、讃岐は返上せよ。阿波南部半国を、本国土佐に添えて領有を許可する」——。

「切り取り勝手」を反故にした、衝撃的な信長の方針転換である。

　元親は「鶴の一声」で、これまで苦労して平定してきた伊予、讃岐、阿波北部の返上を迫られたのである。確かに彼はこれまで信長の機嫌を取り、できるだけ信長の顔を立てていたが、ふたりには主従関係など全くない。あまりに理不尽な申し出だった。

　同年に秀次の養子縁組が成立しているところを見ると、これは秀吉の意志が相当に働いていたと考えざるを得ない。

　結果的に織田家の四国担当者だった光秀の面子を潰した点も、見逃せないところである。

　なお、同年に信長は重臣の佐久間信盛、林通勝、安藤守就らを追放。かつてない織田家の大リストラを行っている。最大の敵・本願寺を撃退した信長は天下統一の総仕上げに向け、これまでのやり方を抜本的に変えようとしていたのだ。笑岩らの工作の有無にかかわらず、四国を元親の意のままにさせておくことなど、できない相談になっていたのかもしれない。

——考え抜いたあげく、元親は信長の命令を拒否した。

「四国は私の手柄で切り取ったものです。信長公の恩義は受けておりません。思いもよらない仰せではないでしょうか」

「天下の王」信長に背くことがどういう意味を持っているのか。元親はこれを十分理解し、理解していたから信長に接近していたわけだが、こうなると激情を止めることはできなかった。"南海、西海の王"という自分の夢を潰されるくらいなら、攻め滅ぼされたほうがはるかにましだったのだ。元親の運命は激変した。

　光秀と斎藤利三は慌てて、岡豊城へ説得の使者を送った。石谷夫人の義兄・石谷頼辰が大役を任じられ土佐に赴いたが、元親が翻意すること

はなかった。家臣たちも断固戦うことを決意した。

　長宗我部家は家をあげて討ち死にする決意を固めたのである。

織田信孝を総大将とする四国遠征軍決定

　戦国史上、かつてない"疾風怒濤"の年となる天正10年(1582)、信長は取り憑かれたように天下統一へ突き進んでいた。

　3月11日に信長は甲斐へ出陣、武田勝頼を滅ぼす。甲斐、信濃、駿河、上野（こうずけ）に広がる膨大な武田領を奪い、その後、滝川一益（たきがわかずます）を"関東管領（かんれい）"として統治にあたらせ、再び安土城へ戻った。

　北陸方面軍の大将・柴田勝家は上杉領へ侵攻。同時期に越中魚津城（うおづ）（富山県）に攻め入り、6月3日に落城させている。中国方面軍の大将・秀吉は快進撃を続け、毛利方の備中高松城（たかまつ）（岡山市）を攻撃し、有名な水攻めを行っている。

　4月21日に安土に戻った信長は、慌ただしく四国征伐の軍を興している。そのメンバーは、総大将に三男の織田（神戸（かんべ））信孝（のぶたか）、副将に丹羽長秀（ひで）、ほかに池田恒興（いけだつねおき）、三好笑岩（しょうがん）が配された。

　長く四国担当者だった光秀が遠征軍から外された一方、池田恒興、丹羽長秀、笑岩と秀吉シンパで固められている点が注目される編成といえる。織田軍団は、ただひとり光秀を除いて全員が大忙しの状況だったのである。

　高屋城の笑岩は信長に先鋒を命ぜられ、渡海準備を進める信孝らに先駆けて5月上旬に阿波へ渡海した。讃岐と阿波を往来していた十河存保（そごうまさやす）と合流し、三好の本拠である勝瑞城に入った。この間、信長は5月7日に、信孝に讃岐、笑岩に阿波を与えるという事務手続きを行っている。

　笑岩は着陣するやすぐに一宮・夷山両城を奪回し、アグレッシブに三好勢力の回復を急いでいる。岩倉城にも単身乗り込んで、元親に降っていた嫡男・式部少輔を説得。式部少輔は、ふたりの子を岡豊（おこう）へ人質に出していたため裏切りを渋ったが、悩んだ末に「子は討ち死にしたと考えよう」と、再び三好陣営の人となった（なお、元親はこのふたりの人質を殺さず、のちに笑岩・式部少輔父子に返してやっている。彼特有の温情家の側面を保っていたのだ）。

　「阿波は数代旧領の地であり、さらに三好に降る者も続出しよう」。笑

> ### ◎元親の厚情に泣いた笑岩
> 　河内に逃れた三好笑岩・式部少輔父子は、岡豊に預けていたふたりの人質（式部少輔の子）のことを思い、悲嘆に暮れていた。
> 「今ごろは殺されているだろうか」
> 　ふたりが海岸で土佐のほうを眺めていたときに、1艘の船が現れた。なんと元親がふたりの子を返してきたのだ。
> 「笑岩らは憎いが、子の命を奪っても、なんの役にも立たない」
> 　元親はこういって人質を放免してやったのである。
> 　笑岩も式部少輔も、死んだ子が戻ってきたような思いがして、大いに喜んだ。ふたりの子は、岡豊で元親に優しくしてもらったこと、船中でも便宜を図ってもらったことを述べた。
> 　笑岩はあまりの厚情に涙を流し、土佐へ向けて手を合わせ、お礼の使者を土佐へ派遣している。
> 　元親はこの時代には珍しく、情にあふれた武将であったことを物語るエピソードである。
> 　その後、元親が上洛した際、笑岩父子は元親を手厚く饗応している。

岩は十分といえるほどの下準備を終えたことにすっかり満足し、信孝以下の本軍到着を待った。元親の命は風前の灯火だった。

　伊勢にあった信孝は、11日に長秀や津田信澄（信長の弟の子）らとともに摂津住吉浦（大阪市）に着陣し、6月2日の渡海を期して1万5000ともいわれる大軍を集めていた。

　しかし、その2日早朝に、四国のみならず日本全土を揺るがす戦国史上最大の事件「本能寺の変」が発生したのである。

元親のために「本能寺の変」が行われた？

　まるで計ったような2日早暁のクーデター、本能寺の変。

　信長が光秀に殺されたことで、住吉の信孝の陣は大混乱に陥った。大軍は四散し、信孝の供回りはわずか80余騎になったというから凄まじい。四国遠征軍はここに崩壊したのである。

　信孝は長秀とともに本願寺跡に整備された「大坂之御城」本丸に入ったのち、5日に光秀の娘婿だった津田信澄を攻め滅ぼすという、なにかトンチンカンなことをやっている。その後、信孝と長秀は中国より馳せ戻ってきた秀吉と11日に合流。

Truth In History 長宗我部元親

◆本能寺

本能寺の信長廟堂。天下統一を目前にした死去だった(京都市)

第六章 天下分け目の「中富川の戦い」に勝つ

　13日には「山崎の戦い」が起こり、光秀は秀吉に敗れて死亡。17日には斎藤利三も捕らえられて斬首となった。これだけのことが短いあいだに次々と起こったのだ。
　——『元親記』には、本能寺の変について興味深い一節がある。
　「さて斎藤内蔵助(利三)は四国の儀を気遣に存ずるによってなり。明智殿謀叛の事、いよいよ差し急がれ、既に六月二日に信長卿御腹をめさるる」
　利三と光秀は、もとから謀反の計画を進めていたが、四国の元親を慮って2日に決行を急いだというのである。もちろん事実かどうかはわからない。
　本能寺の変の真相は永遠の謎であり、現在でも怨恨説、要人黒幕説などさまざまな説が乱れ飛んでいる。あまりに計画性に乏しいクーデターだったことが、憶測を呼ぶ要因なのかもしれない。
　結局、長宗我部サイドから本能寺の変でいえることは、「元親が光秀と利三に命を救われた」という事実だけなのである。
　歴史に「たられば」は禁句なのだが、仮に秀吉が高松城で釘づけにな

っていれば、元親は光秀・利三と同盟を結び、ともに西国で戦ったのかもしれない。ところが、歴史は彼らにそんなことを考える暇も与えずに、あっという間に光秀と利三を葬り去ってしまったのだ。

とにかく、信長は死に、四国の情勢は一変した。

笑岩逃亡、しかし元親は動かず

三好笑岩は、機を見るに敏な人である。

四国征伐計画の空中分解を知った彼は、十河存保に勝瑞城(徳島県藍住町)を託し、慌てて河内へ逃げ戻ったのだった。存保は勝瑞城に5000の兵を集結させ、元親の逆襲に備えた。

笑岩は上方で秀吉に助けを求めたが、このときの秀吉は信長の覇業をいかに引き継ぐかで、てんてこ舞いの状況にあり、とてもそんなゆとりはなかった。つまり、天正10年(1582)6月をもって四国は中央と切り離され、隔絶した土地になったのである。

——勝瑞は中世阿波の首都として栄え、戦国時代は水運を中心に発展した町だった。現在、藍住町は人口3万人、藍の名産地として知られる静かな町になっている。

勝瑞城は、守護・細川氏が築城した阿波の守護所で、現在の徳島市から中富川(吉野川)を挟んで北西、川の三角州に立つ城であった。周囲はぐるっと水堀で囲まれていたようだが、現在はわずかに小さな土塁と郭

◆勝瑞城跡

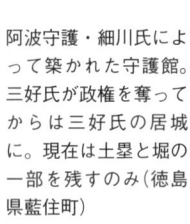

阿波守護・細川氏によって築かれた守護館。三好氏が政権を奪ってからは三好氏の居城に。現在は土塁と堀の一部を残すのみ(徳島県藍住町)

を残すのみであり、どのような城だったか、その全貌はわかっていない。近年は基底部幅12m、高さ2.5mの土塁が発見されるなど、調査・研究が急ピッチで進められている。

さて、元親は千載一遇の好機を迎えたように見えたのだが……彼は相変わらず動くことができなかった。長宗我部家の疲弊と自己の病。このふたつの問題が解決できていなかったのである。

本能寺の変から1か月後の7月になっても、なお元親は動かない。ここでしびれを切らしたのが長男の信親だった。

「私に軍を与え、勝瑞を攻めさせてください。まずは一宮、夷山を取り返したく存じます」

それでも元親は「秋まで待て」と諫めるのみだった。このころ、中央では織田家の行く末を巡って秀吉と勝家の対立が始まっている。元親は、急がなくても情勢に変化はなし、と判断していたのである。

しかし、血気にはやる信親にはとても納得できなかった。彼は手勢を従えて勝手に出陣し、香宗我部親泰がいた海部城へと向かったのだった。長宗我部家の人は元親の意向を無視して行動するパターンが結構多いのだが、子の信親とて例外ではなかったようだ。

元親は海部に使者を送って信親と親泰に「今は動く時期ではない。十分な準備をするべきだ」と説得させ、なんとか踏みとどまらせた。その後、元親の病状が悪化したこともあり、信親は岡豊へと帰還した。

元親、総動員令を発令！

8月上旬に、元親は岡豊城で軍議を催した。『長元物語』によれば、この際、元親は城持ちなど家老衆と一領具足から、それぞれ別の座敷で阿波攻めに対する意見を聞いている。

家老衆の意見は慎重だった。

「国の府中(勝瑞付近)に山もなく、足長(遠くまでいく)に打出ては、陣取如何御座有べき。三好も未だ半国の大将、所勢は大勢なり。御手に入りたる山寄に年々陣取打廻り、毎秋の作を薙ぎ、敵の下々疲れなば、謀判人も降参御座あるべし」

勝瑞城攻めは難しく、周囲には大小さまざまな城があるので、ゆっくりと勢力を削いでいこう、というのが重臣の考えである。

◆中富川(吉野川)

四国の中央部を流れる。流域面積は3750平方kmと四国一の大河。四国三郎とも呼ばれる

　一方、一領具足の意見は過激だった。
　「忽になされては(今心を緩めては)、阿波の国は申すに及ばず、土佐の国をも三好家に御取られなさるべく候。その子細は、三好笑岩、河内の国半国知行仕る。養子は羽柴筑前守の御甥なれば、筑前殿より加勢にて、笑岩阿波へ渡るべし。さもなき先に、存保(十河)を討ち果し、阿波の国を残りなく御取りなさるる御分別この時」
　「一領具足の申しよう、誠にもって神妙なり」
　元親はうなずき、ようやく勝瑞攻めを決意した。元親はここまで自分を支えてくれた一領具足にこそ、背中を押してほしかったのかもしれない。
　四国最大の敵対勢力である三好を駆逐し、勝瑞を陥落させれば四国平定はほとんど成ったも同然である。だからこそ、元親は乾坤一擲の大勝負を覚悟し、長宗我部家のすべてを結集しようと考えたのである。元親は直ちに領内に触れを出した。
　「今度の戦は、無禄の次男、三男、どの家の者でもよい。15歳以上、60歳以下なら誰でもよい。心がけがあるなら我が軍に加わってくれ。恩賞は働き次第で与えよう」
　身分は問わない、志があるなら我が旗に集まれ——元親が初めて布告した"国家総動員令"である。手柄をあげれば阿波で禄がもらえるというのだから、貧しき人々は夢を胸に、先を争って岡豊城に参陣したのだ。
　土佐勢はなんと2万3000に膨れ上がったというからすごい。四国の戦では前代未聞のスケールである。

中富川の戦い、元親激勝

　長宗我部軍は8月下旬に、香宗我部親泰の城で最前線の拠点である阿波牛岐城に集合した。

　元親・信親父子をはじめ、副将格として親泰、ほかに吉良親実、比江山親興、久武親直、宿毛甚左衛門、桑名丹後守・弥次兵衛、吉田政重・康俊兄弟、江村孫左衛門、東条関兵衛ら総力を結集したメンバーである。

　十河存保は大軍の襲来を聞いて驚いたが、そこは名将・存保、直ちに対策を練った。存保は戦力の分散を嫌い、一宮と夷山を放棄して、勝瑞城に全軍を集結させるという思い切った作戦に出た。

　8月26日、長宗我部軍は2手に分かれ、1隊は中富川筋、1隊は南方から勝瑞城へと進軍した。

　元親はいったん夷山城に守備兵を置き、翌日、勝瑞城を望む中富川南岸の中島という地に陣を張った。一方、存保は籠城するには平城の勝瑞城は頼むに足りずと判断。「地の利はある。打って出よう」と野外決戦を選択した。

　中富川北岸に陣を敷いた存保は、川沿い3kmにわたって築地を築き2000の兵を並べるとともに、水深の浅い渡河部分や砂州には鉄砲隊を伏せ、土佐勢の来襲を待ち構えた。

　28日、阿波の覇権をかけ、両軍は中富川で激突する。

　元親は香宗我部親泰隊を先陣として突撃させた。互いに鬨の声が上がり、敵味方入り交じって激しい戦いが始まった。

　親泰は存保の鉄砲隊に苦しめられたが「かかれ！　かかれ！」と声を張り上げ、懸命に自軍を渡河させた。

　一方、三好勢は重臣の矢野伯耆以下が香宗我部隊を槍隊で迎撃。香宗我部隊の猛攻に対して必死で防戦し、中富川は瞬く間に赤い血に染まった。

　その後、吉田政重・康俊兄弟が槍を片手に三好勢を押しまくったほか、信親、久武親直らも渡河に成功して、北岸の敵を切り崩した。

　激戦は小一時間続いたが、最後は兵力で勝る長宗我部軍が圧倒。矢野伯耆ほか、三好勢は次々に討ち取られた。敗北を悟った存保は討ち死にを決意したが、家臣がこれを引き止め、勝瑞城へ撤退させた。

　この「中富川の戦い」で長宗我部軍が討ち取った首は763に上ったとされる。

大洪水を耐え、四国征服に向けた大勝利をつかむ

　長宗我部軍は勝瑞城を十重二十重に取り囲んだ。近くに板西という出城があり、ここは比江山親興の攻撃で陥落寸前にあった。

　元親は親興に伝令を飛ばし、こう命じた。

　「このうえは無益な戦いは無用。勝瑞城は矢ひとつ射なくても支えきれなくなる。板西の城兵も勝瑞に引き移らせよ」

　親興は退路を開け、城兵を勝瑞へ逃がしてやった。兵糧攻めにするならば敵は多いに越したことはない。元親らしい冷静な判断である。

　あとは落城を待つのみ、となった9月5日——この戦場に大異変が起こった。勝瑞の地に凄まじい豪雨が降り続いたのだ。

　三角州という条件も重なり、「暴れ川」の異名がある中富川の堤防は決壊。両軍は大洪水に見舞われたのである。

　足場をなくした土佐勢は諸陣の通路さえ失い、木や櫓に登って難を逃れるほどであった。

　これを見た三好勢は小舟に乗って、逃れることができない土佐勢をま

◆中富川の戦い

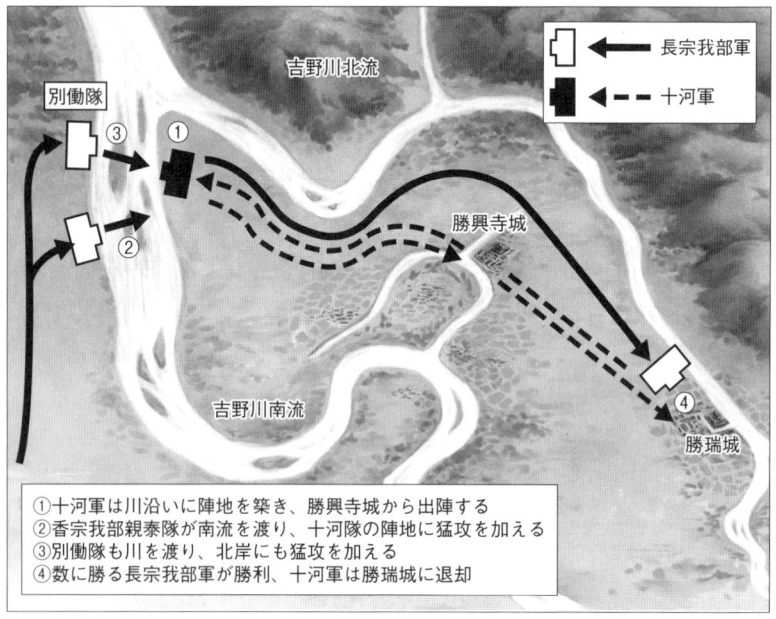

①十河軍は川沿いに陣地を築き、勝興寺城から出陣する
②香宗我部親泰隊が南流を渡り、十河隊の陣地に猛攻を加える
③別働隊も川を渡り、北岸にも猛攻を加える
④数に勝る長宗我部軍が勝利、十河軍は勝瑞城に退却

るで鳥を撃つように、弓や鉄砲で撃ち落としたとされる。この三好勢の振る舞いは「鳥刺し舞」として有名になった。

予想外の天変地異に苦しんだ元親だったが、その後に雨はやみ、9日にはようやく水も引いた。

「一気に落とせ」。元親は悠長な兵糧攻めを撤回し、全軍に総攻撃を下知した。長宗我部軍は昼夜の区別なく、徹底的に勝瑞城を攻め苦しめた。

存保はついに降伏を決意し、東条関兵衛に使いを立てて「讃岐に戻るので退路を開けてくれ」と申し出た。

だが元親は承伏せず、なおも攻撃を続行した。そしてその後、存保が「二度と敵対しないと誓う」と起請文を書くといってきたため、元親は存保を許すことにした。

9月21日、ついに勝瑞城は陥落。存保は讃岐へと逃げた。元親は直ちに勝瑞城を破却し、細川氏以来250年の守護所は滅んだ。

元親は中富川の戦いという"天下分け目"の合戦を制し、四国征服に向けた決定的な大勝利を獲得したのである。

元親は休む間もなく岩倉城の三好式部少輔を襲撃。こちらは20日あまりで落城させている。式部少輔は笑岩のいる河内へと敗走した。元親はここに阿波を平定したのである。

残すは讃岐と伊予。一時は消えかかっていた"南海、西海の王"への道は、鮮明に甦った。

◎**三好の鳥刺し**
戦後、敗れた三好勢は遺恨に思い、洪水時に土佐勢を撃ったことを「鳥刺し舞」としてはやし、酒宴の席で悔しまぎれに舞うようになった。一方、土佐でも鳥刺し舞がはやったが、これは三好勢の卑怯な振る舞いを嘲るための舞であった。元親もこれを宴席で見て、一時は大笑いしたが、その後鳥刺し舞の禁令を出した。元親は「戦は時の運であり、勝ったとて負けた者を嘲るのは武士の本意でない。三好鳥刺しを歌って三好を笑うことは我が長宗我部の恥である」とした。

Column

■ 河野氏が中心となった中世の伊予

中世の伊予の柱といえば、なんといっても河野氏である。

小市国造小致命を祖とし、古くは越智氏を称したとされる名族だ。武家集団化し、風早郡河野郷に移って河野氏を称し、高縄山城(松山市周辺)を本拠としたとされる。

湯釜

河野通清・通信の代で源頼朝挙兵に協力して軍功。以後、伊予惣領職に任じられた。14世紀に通盛の代で湯築城へ移転。河野氏繁栄の礎を築いた。室町時代になって細川氏、宇都宮氏などに取って代わられたこともあるが、ほぼ一貫して伊予守護職を務めた。

基本的に河野氏の支配は安定した一国支配ではなく、宇摩郡と新居郡は細川氏、喜多郡は宇都宮氏、宇和郡は西園寺氏が林立。以上の土地を除いた地域が河野氏の勢力だったといえる。応仁の乱で河野氏は山名方について細川氏と対立。細川氏は内訌で没落したが、その後、戦国期に大内、毛利、大友氏ら非四国地域勢力の侵攻により、伊予国内は混乱。河野氏と西園寺氏は毛利氏、宇都宮氏は豊後の大友氏と結託し、対立することとなった。結局、一国を統率する戦国大名が現れなかったことが、のちの元親の侵略を受ける大きな要因だったといえる。

■ 海の戦国大名・村上氏

平安中期に伊予で反乱を起こした藤原純友で知られるように、伊予沿岸や瀬戸内海は海賊の根拠

道後温泉

地でもあった。戦国時代に水軍(海賊衆)として活躍したのが伊予村上氏(三島村上氏)である。村上氏は能島(今治市)、来島(今治市)、因島(広島県尾道市)にそれぞれ根拠地を置く3家から成る。鎌倉末期から南北朝期に海上警護を請け負ったことから発展し、やがて瀬戸内海の制海権を獲得。関料(通行料)収入や水先案内まで手がけ、独立性を持ったプロフェッショナル集団となった。戦国期には能島・来島村上氏は河野氏と、因島村上氏は毛利氏と手を結んで発展。能島村上氏の当主だった村上武吉は著名である。だが、天正16年(1588)に秀吉が海賊禁止令を発布。通過商船の有償警護などを弾圧したことから、村上水軍は解体へと向かった。

◆伊予(愛媛県)の基本データ

面積	約5677平方km
人口	50万4045人(1721年)→146万4307人(2009年)
文化財・名勝	石手寺、太山寺、道後温泉、石鎚山
歴史上の人物	一遍上人、正岡子規、秋山好古・真之
祭事・名産	新居浜太鼓祭り、水引、蜜柑、伊予柑

　森林面積は全体の71%。西日本最高峰の石鎚山を有する山国である。平野部は宇摩、新居浜、周桑、松山などに点在。海岸線は約1200km、越智諸島はじめ200以上の島を有する。四国で最も人口が多い。瀬戸内海を挟んで中国地方との往来が多いほか、佐田岬半島や佐賀関半島(大分県)を通じて九州とも交流が盛ん。気候は全般に温暖である。また、松山で中学教師を務めた夏目漱石の『坊ちゃん』の舞台としても有名。「漱石」のペンネームを授けたのが親友の正岡子規である。

※1721年の人口は「国勢調査以前 日本人口統計集成」(内務省・内閣統計局)、2009年の人口は「都道府県別の人口及び世帯数」(総務省統計局)より。

◆郡名の沿革表

延喜式 (平安)	郡区編成 (明治)	現在(2009年)	
		郡	市
宇麻	宇摩	―	四国中央市
新居	新居	―	新居浜市
周敷	周布	―	西条市
桑村	桑村		―
越智	越智	越智郡	今治市
野間	野間		
風早	風早	―	松山市
和気	和気		
温泉	温泉		東温市
久米	久米		
伊予	伊予	伊予郡	伊予市(一部松山市などへ編入)
浮穴	下浮穴	―	―
	上浮穴	上浮穴郡	―
喜多	喜多	喜多郡	大洲市
宇和	西宇和	西宇和郡	八幡浜市(一部大洲市などへ編入)
	東宇和	―	西予市
	北宇和	北宇和郡	宇和島市
	南宇和	南宇和郡	―

　『古事記』に「伊予国を愛比売と謂う」とあるのが県名の由来。古くから道後温泉が有名で、『日本書紀』は639年に舒明天皇の行幸を伝える。全体で東予(西条、新居浜など)、中予(松山、伊予など)、南予(宇和島、西予など)の3つに分かれる。交通が不便だったため、それぞれの地域圏が形成された。江戸時代には伊予松山、宇和島、今治、大洲、西条、伊予吉田、新谷、小松の「8藩体制」が築かれ、分散傾向の強い土地となった。

第七章

対決！　豊臣秀吉
～元親、天下を敵に回す～

1582～1585

元親、天下に野心を抱く！

　中富川の戦いで勝利をつかみ、いよいよ"四国の蓋"への変身を果たそうとしていた元親。彼の夢は、さらに膨らもうとしていた。
　このころの元親は、四国平定後のその先を見据えていたと見られる。覇王・信長が倒れたことで、再び誰もが天下をうかがえる時代がやってきたのである。四国の王を目前としていた元親には、その資格が十分にあったのだ。その視線が京へ注がれるようになったとしても、不思議ではない。
　稀代の外交家である元親が、その手がかりとして重視していたのは足利将軍家だった。
　足利義昭は天正元年(1573)に信長に追放されていたが、織田家の勢力圏以外では将軍としての権威を保持していた。長く毛利家で"居候"となっていたが、帰洛することを諦めずに単独で全国の諸大名と交わり、元親とも接触していたのである。
　義昭との折衝を担当していたのは香宗我部親泰である。『香宗我部家伝証文』には日付不詳ながら「(義昭の京都帰還計画に協力してくれて)とても喜んでいる」という義昭の書状が残っている。信長がかつてそうしたように、将軍家を奉ずることは上洛の大義名分を得ることでもあった。
　また、阿波平島(徳島県阿南市)には第11代将軍・足利義澄の末裔である将軍別家(平島公方と呼ばれる)があったが、元親はここにも接近。天正10年(1582)の中富川合戦後、当主の足利義助(義冬の次男)に馬を送っている。身分や所領を保証してやるための配慮だ。

義助はなんの力もない人物だったが、元親は以下のような書状を送り、将軍家末裔の歓心を買っている。

「この馬は引き回しも乗り心地もいい馬です。（身分の保証に関して）詳しくは使者が申します」（『土佐国蠹簡集竹頭』）、「（所領は）先年のごとく相違ありません」（『平島記』）

さらに、この天正10年（1582）にはすっかり落ちぶれた旧主筋の細川京兆家の面倒を見ている。このころ、京兆家当主は細川信良（晴元の子）だったが、信長に京兆家としての地位をいいように利用され、京で暮らしていた。

本能寺の変後、信良は争乱を避けて阿波に亡命した。元親と親泰は手厚く信良を遇し、同年12月の帰洛の世話も焼いている。

こうした室町幕府の古い権威に対する元親の好意は大いに注目できる。四国平定後、元親には"あわよくば"という気持ちがあったのだろう。無論、天下統一などという途方もない夢はともかくとして、旧勢力を利用して京に旗を立てる願望はあったのではないか。

◎元親と春日局

本能寺の変後、元親を頼った者は少なくない。元親夫人の義兄である石谷頼辰は明智軍に属し、弟の斎藤利三とともに山崎で秀吉軍と戦ったが敗れて敗走。土佐に逃れて元親に仕えるようになる。頼辰は元足利重臣であったことから長宗我部家で重きをなし、44町の知行を与えられたほか、娘を信親に嫁がせて信親の義父となっている。

利三は山崎後に刑死したが、彼には7人の男子と3人の女子があったとされる。このなかに三存と福という幼い兄妹がいた。福は天正7年（1579）生まれなので天正10年（1582）で4歳。のちの春日局である。

伝承によれば、福は家臣たちに助けられ、一時京の三条家で養育された。その後、福は三存とともに石谷夫人と元親を頼り、家臣らの力で大坂から船に乗せられたという。

ふたりは秀吉の追っ手の目をくらますため、米俵のなかに潜んでいた。追っ手は米俵を槍で突き刺したが、危ういところでふたりには当たらなかったため、命拾いをしたという。

福兄妹は伊予経由で岡豊に向かい、元親夫婦に温かく迎えられた。その後、福は文禄3年（1594）に16歳で小早川家の家臣・稲葉正成に嫁ぎ、慶長9年（1604）に徳川家光の乳母となって歴史に名を残すことになる。

本当に福が岡豊にいったのか、岡豊でどんな生活をしていたのかは全く不明だが、斎藤家と長宗我部家の深い絆を感じさせる話だ。

讃岐へ侵攻、十河存保を追い詰める

　中央政局では信長の後継者の座を巡り、織田家内部の争いが激しさを増していた。

　主導権を握ったのは、山崎の戦いで光秀を打ち破った羽柴秀吉である。天正10年(1582)6月27日、清洲城(愛知県清須市)で織田家の家督相続者と領地の再配分を決める首脳会議が行われた。出席した家臣は、秀吉、柴田勝家、丹羽長秀、池田恒興の4人だ。

　世継ぎの有力候補は次男の織田(北畠)信雄と三男の織田(神戸)信孝で、筆頭家老の勝家は信孝を推挙。しかし秀吉が信長の嫡孫にあたる三法師を推したことで雲行きはガラリと変わる。長秀と恒興も秀吉を支持したことで、跡目は三法師に決した。

　秀吉と勝家・信孝の対立が激しくなったのは、このときからである。秀吉は国替えで山城と丹波を押さえ、細川藤孝、筒井順慶、宇喜多秀家ら周辺の織田家臣団を巧みに麾下に取り込んでいった。また秀吉は、尾張を与えられた信雄も勢力下に入れたほか、越後の上杉景勝とも同盟し、その勢力を確固たるものにしていた。

　一方、勝家は本拠の越前を地盤に、新たに長浜を割譲されたほか、美

◆清洲城

清須城とも。応永12年(1405)に尾張守護・斯波氏が築城。その後、信長の拠点に。清洲会議後は信雄、羽柴秀次、福島正則らが入城。名古屋城完成後は廃城。現在の天守は再建された模擬天守(愛知県清須市)

濃を与えられた信孝、伊勢長島の滝川一益と手を組み、秀吉に対抗した。また紀州の根来・雑賀衆も和泉の権益を巡って秀吉と対立し、勝家陣営と急接近していた。
　——こうした情勢は四国にも影響してくるようになった。
　元親に追われて讃岐に逃走していた十河存保は虎丸城(香川県東かがわ市)に籠城し、東の十河城(高松市)とともに、なんとか三好の孤塁を守っていた。存保は繋がりの深い秀吉を頼り、再び援兵を要請する。羽柴・三好ラインは依然として健在なのである。
　こうした動きをキャッチした元親は、讃岐を平定して四国から三好勢力を完全に駆逐することを決意する。
　讃岐では、天正10年(1582)7月末より天霧城主の香川親和(元親の次男)、白地城主の谷忠兵衛らが東讃岐へ進軍し、香西氏の本拠・藤尾城(高松市)を攻略。十河氏の本拠である十河城へ迫っていた。
　元親は10月中旬に岩倉城から山越えをして親和らと合流する。阿波、讃岐の兵を合わせた長宗我部軍は、3万余騎にも達したとされる。
　元親は高松、牟礼、志度、屋島など東讃岐の大部分を占領して、十河・虎丸両城を孤立させた。こうなると時間の問題である。
　この際、元親は屋島寺(高松市)に参詣して休息し、那須与一で有名な「屋島の合戦」の話を住職から詳しく聞いている。このころの元親はすっかり余裕である。
　その後、冬に入って雪も降ったことから、兵糧輸送に不安を感じた元親は十河攻めを一時中止。ひとまず岡豊へと引き揚げた。こうして激動の天正10年(1582)は終わったのである。

元親、勝家と手を結び反秀吉包囲網に参加

　中央での秀吉と勝家・信孝の対立は、修復不可能なところまできていた。勝家らは秀吉の野望を阻止すべく、反秀吉陣営の"大連立"を企てるようになる。足利義昭を軸として、勝家、信孝、滝川一益、根来・雑賀衆、高野山、伊賀衆、そして長宗我部というメンバーだ。
　勝家らは徳川と毛利も陣営に取り込もうとしたが、これは秀吉の妨害もあり、不首尾に終わっている。
　元親に働きかけをしたのは信孝だった。これを受け、元親はかつて四

国征伐の総大将だった信孝と手を結ぶことを決意した。まさに昨日の敵は今日の友である。

『香宗我部家伝証文』には、天正11年(1583)に信孝の家臣・玉井彦助が香宗我部親泰に送った書状(閏正月7日付)が残されている。内容は互いの通交を申し合わせるものとなっている。

また、正確な月日は不明だが『土佐国蠹簡集』には信孝から元親へ直接宛てた書状もある。このなかで信孝は「連々申し合わせ候ごとく……」と書いており、両者の親密な関係がうかがえるものになっている。

ほかに高野山の僧・勢雄が親泰に宛てた書状もある。勢雄は「高野山は勝家に味方する。勝家は長宗我部にも協力してほしいといっている。存分に兵を動かしてほしい」と要請している。

元親に秀吉の背後を衝いてほしい勝家と信孝。この争いを利用して、あわよくば中央に進出したい元親。両者の思惑はここに合致したのである。

一方、虎丸城の十河存保も秀吉に危急を訴え出ていた。

「土州の凶徒が次第に力を強め、四国を飲み込もうとしています。私が何とか防いでいますが、一刻も早く征伐をするべきです。手をこまねいていれば必ず天下の禍となるでしょう」(『南海通記』)

すでに元親が勝家側に与したことを察知していた秀吉は、ようやく長

◆柴田勝家像

北ノ庄城があったとされる柴田神社に立つ。長槍を持つ武骨な勝家の姿が勇ましい(福井市)

Truth In History 長宗我部元親

宗我部対策を真剣に考えるようになった。とはいえ、自ら四国へ渡海できるような情勢ではない。

ここで秀吉が存保援軍の大将として指名したのが、仙石秀久という男である。

秀久は美濃の人で通称・権兵衛。斎藤氏滅亡後から秀吉に従うようになった武将だ。中国、淡路攻めで活躍し、頭角を現していた。

秀吉は讃岐国拝領の朱印を与えて、秀久を淡路島に送った。淡路島は長宗我部・雑賀両勢力を分断する重要な拠点でもあるほか、万一毛利水軍が攻撃を仕掛けてきた際の防波堤にもなる。

秀久は、秀吉軍で水軍を任されていた小西行長（元宇喜多家臣）とも連携し、四国攻めの準備を進めた。

のちに秀久は、秀吉家臣団のなかで最も早く大名に出世することになるが、いかに秀久の手腕が秀吉に買われていたかがわかるだろう。元親にとっては新ライバルの出現だった。

仙石軍を撃退！　しかし勝家と信孝は敗死

天正11年（1583）春、仙石秀久は淡路から小豆島へ渡り、その後讃岐へ上陸した。四国にとっては初めての秀吉軍襲来であった。

秀久は小手調べに長宗我部方の屋島・高松城を攻めたが、結局攻略できず、一時撤退している。また、小西行長も軍船2艘を率いて香西浦（高松市）に押し寄せたが、これも撃退される羽目になった。緒戦は長宗我部軍の勝利に終わったのである。

4月、元親は信親らを率いて再び讃岐に進出し、十河存保が籠もる虎丸城を包囲した。元親は兵糧攻めを企て、城下の麦薙ぎを行わせていた。兵力は2万に上ったとされる。

> ◎元親夫人の死
> 　元親が四国平定を目前としていた最中、夫人の石谷氏が死去している。天正11年（1583）7月22日のことだった。信親、盛親らを生み、足利、斎藤家との繋がりで重要な役割を果たした賢女であった。元親は最愛の夫人の死を深く悲しみ、岡豊城外れに菩提寺（念仏寺）を置いた。しかしその後は、岡豊城廃城、長宗我部家滅亡を経て、石谷氏の墓所は不明になっている。

第七章　対決！　豊臣秀吉〜元親、天下を敵に回す〜

——元親に注進が入ったのは21日の昼、信親と昼食を取っていたときのことである。虎丸城東方3kmの引田の浦(東かがわ市)に仙石軍が上陸したというのだ。元親にとっては予想外の奇襲攻撃だった。なお、この21日は勝家と秀吉が賤ヶ岳(滋賀県伊香郡)で戦い、勝家が敗れて越前へ逃走した日でもある。

　秀久は2000の兵を率いて引田城を奪い、たちまち町を占拠した。

　不意を衝かれた長宗我部軍は仙石軍に苦戦する。しかし、香川之景・親和、大西上野介、桑名太郎左衛門らがおっとり刀で引田へ急行し、仙石軍と交戦。仙石軍は一時香川勢を破ったが、また信親、元親の旗本部隊もこれに加わったことで、徐々に兵力で勝る長宗我部勢が優勢となった。

　圧倒された秀久は引田城へと撤退。仙石勢は逃げまどい、幟を奪われるという失態を演じている。

　翌日、元親は城に火をかけてあっさりと城を陥落させる。秀久と兵たちは引田の浦へ敗走し、そのまま船に乗って淡路へ逃れた。また、頼みの援軍が敗れたことで十河存保は虎丸城を捨て、十河城へと撤退していった。

　——勝利の美酒に酔った元親だったが、とても安穏とはしていられなかった。同月24日に勝家が越前北ノ庄城(福井市)で自害したとの報がもたらされたのである。これを受け、岐阜城で信雄軍と交戦していた信孝も降伏開城し、29日(5月2日とも)に野間大坊(愛知県知多郡)で自刃に追い込まれた。滝川一益も降伏し、北伊勢を没収された。

　大勝負を勝ち抜いた秀吉にとって、四国での敗戦は小さな問題に過ぎなかったと見られる。秀久は責めを問われないばかりか、改めて淡路洲本城(兵庫県洲本市)5万石を与えられ、大名として瀬戸内の守りを任されることになった。

　秀吉の力は一段と巨大化したのである。天下人としての力を内外に誇示する大坂城(大阪市)の築城は、この年8月からだった。だが、"秀吉包囲網"が完全に瓦解したわけではなかった。勝家に代わって、より強力な大名が秀吉の前に立ち塞がり、元親と手を結ぶことになるためだ。

家康立つ！　元親に加勢を要請

「東国は北条氏政、北国は上杉景勝まで私の配下に属したも同じであ

Truth In History 長宗我部元親

第七章 対決！ 豊臣秀吉 〜元親、天下を敵に回す〜

る。毛利輝元殿も私の存分次第と覚悟されれば、この日本の国は源頼朝(みなもとのよりとも)以来の治めとなり、統一されて平穏になるでしょう。貴殿からご意見下さい」（小早川隆景宛て秀吉書状・5月15日付）

賤ヶ岳(しずがたけ)直後、親秀吉派の隆景を通じて、輝元に恭順を促した内容である。"頼朝以来" という言葉は、秀吉の自信満々たる気概を示すものであろう。こうして毛利家も秀吉の軍門に降ることとなった。

しかし、天下に号令せんとする秀吉に、長島城の織田信雄(のぶかつ)は強い不満を抱くようになっていた。勝家・信孝との戦いでは利用するだけ利用され、気がつけば天下を簒奪(さんだつ)されてしまったのである。一方、秀吉も次第に信雄の存在が疎ましくなっていた。

天正12年（1584）3月、秀吉は信雄に罠をかける。信雄の三家老を買収して味方に引き入れようとしたのだ。これに気づいた信雄は、三家老を手討ちにして秀吉に断交を表明した。これで秀吉は信雄討伐の口実を得たのである。

信雄には、とても秀吉に独力で立ち向かえる力がなかった。そこで彼が頼ったのが、三河の徳川家康である。

家康はこの申し出を快諾した。長く中立姿勢を守ってきたが、ようやく "立つべし" と判断したのである。家康には勝算があった。信長の遺

◆徳川家康像

若き日の家康をイメージして浜松城内に建立された。「人の一生は、重き荷を背負うて遠き道を往くが如し」の名言でお馴染み（静岡県浜松市）

子・信雄を守ることには大義名分がある。加えて反秀吉勢力は依然健在であり、総力を結集すれば十分に戦えると判断したのだ。

家康と信雄は、根来・雑賀衆、そして長宗我部家の外交担当者・香宗我部親泰に直ちに働きかけをしている。

「秀吉は天下を恣にしている。我らは心を合わせ秀吉と戦うのでぜひ協力し、上洛して欲しい」(親泰宛て信雄書状・3月7日付)、「淡路から摂津に出兵して欲しい」(同・3月20日付)。

雑賀からも、家康の意向を伝える使者が親泰のもとに参上していた。

元親は家康の挙兵をことのほか喜び「三州(三河)へ加勢して秀吉を引き包み討ち取るべし」と決意を新たにした。

ただし、元親はこの戦を利用して四国を平定しようという思惑があったため、直ちに上洛しようとはしていない。加えて、元親には仙石秀久、十河存保という当面の敵があったうえ、同時期に伊予へ侵入してきた毛利軍とも交戦しなければならなかった。こうしたお家の事情から、元親は出兵すると見せかけて、専ら大坂城の秀吉に対する牽制役を務めていたのである。

小牧・長久手の戦いと讃岐平定

天正12年(1584)3月17日、家康は西上して小牧山城(愛知県小牧市)に着陣し、小牧山周辺で森長可ら羽柴勢との交戦をスタートした。秀吉は元親や紀州衆に牽制されて、なかなか大坂を出立できなかった。

そこで元親らの抑えとして、淡路の仙石秀久に加え、中村一氏、黒田長政(如水の子)、蜂須賀家政(小六の子)らを岸和田城(大阪府岸和田市)に配置した。その後、根来・雑賀衆は岸和田に攻め上り、長政たちに敗れることになるが、「長宗我部勢とひとつになって攻め上れば不覚は取らなかった」との捨てゼリフを吐いている。秀吉は27日になってようやく小牧山を望む犬山城(犬山市)に出陣した。

この「小牧・長久手の戦い」では、秀吉方は10万、家康・信雄方は1万6000～1万7000が出動したといわれる。

長くにらみ合いが続いたが、4月になって秀吉方の羽柴秀次、池田恒興、森長可らが三河へ出撃し、家康の後方を攪乱しようと出陣。これを察知した家康は長久手(愛知郡)で秀次らを迎撃し、散々に打ち破った。

Truth In History 長宗我部元親

物語 第七章 対決! 豊臣秀吉〜元親、天下を敵に回す〜

秀吉の生涯で、最初で最後の黒星である。

勢いに乗る家康と信雄は、元親に盛んに参戦の呼びかけを行った。背後の元親や紀州衆の動きを気にした秀吉は、再び大坂城に帰陣せざるを得なかったほどである。

親泰のもとには、5月3日付で長島城の信雄より再び書状が届いている。「池田恒興、森長可ら1万5000を討ち取った(実際は2500とされる)。敵は逃げたが、伊勢と美濃方面から攻め上ろうと思う。一刻も早く出兵してほしい。事態は急を要します」

家康と信雄の焦りがにじみ出た内容といえる。

元親はこの5月にようやく動き出したが、やはり当面の敵は十河城の十河存保だった。短期決戦を期した元親は大軍で十河城を包囲し、徹底的な兵糧攻めを行った。

今度という今度はさすがの存保も観念した。存保は元親に使者を送り、「降伏開城しますので城兵を脱出させてほしい。今後、二度と敵対しないことを起請文に書きます」と訴えた。勝瑞城開城のときと同じ命乞いである。

意外なことに元親は「不憫至極である」といって再び存保を許した。すでに三好が生きていける土地が四国のどこにもなくなった以上、無益な戦いを続ける理由はないと考えたのであろう。

6月11日、元親は再び退路を開いてやり、存保ら三好勢を屋島浦へ逃がしてやった。存保らは備前へと逃れ、三好勢は完全に四国から駆逐された。ここに土佐、阿波に続き、讃岐の平定が成ったのである。元親は一門衆の戸波親武を新しい十河城主に任じ、岡豊へ帰陣した。

秀吉は16日に仙石秀久と小西行長に十河城救援を命じたが、時すでに遅かった。十河城落城を知った秀吉は歯噛みし、己に歯向かう元親への遺恨を募らせることになる。

幻の大坂城挟撃作戦と3か国拝領

讃岐を平定した元親は、家康とともにスケールの大きい作戦を共謀した。それは、東西から上方を挟撃しようという空前絶後の計画である。

このミッションは、紀伊方面から根来・雑賀衆、淡路から元親が大坂城を襲い、家康と信雄が伊勢と美濃方面から、それぞれ上方へ攻め上る

という内容である。

　元親は十河城を陥落させた直後、根来寺に書状を送って、いよいよ淡路へ出兵することを告げている。

　また、家康は自ら親泰に讃岐平定祝いの書状をしたためている。

「讃岐の城をすべて落としたことは比類なきことです。淡路に渡海されるのを期待しています。当方には北条の援兵もくることになりました。手はず通り攻め上ってください。今後については本多正信（家康の家臣）から詳しく申し上げます」（8月8日付書状）

　また信雄は、8月20日付親泰宛て書状で興味深いことをいっている。

「一国をお望みと聞いておりますので、備前を与えましょう。淡路を平定すれば、そこに元親殿が在陣されることを望みます」

　早くも信雄は大坂征伐後の"空手形"を出しているのだ。

　家康も同時期に家臣の井伊直政を通じて「3か国を与えることを約束します」（8月18日付）と言明している。この3か国は淡路、摂津、播磨と見られている。家康と信雄は破格の条件を出して、元親に一刻も早い出兵を迫ったのだ。

　四国に加えてこの領土を得れば、元親は名実ともに"南海、西海の王"になれる。夢のような話が現実になろうとしている。

　元親は2万の四国勢を率いて渡海する準備に取りかかった。親泰には船造りを進めさせ、上ノ坊という男を堺へ赴かせて、鉄砲と兵糧の買いつけを行わせている。元親は、準備が整えば親泰を先陣として、すぐにでも渡海するつもりだったのだ。

　——しかし、秀吉もむざむざ手をこまねいているような男ではない。彼は家康陣営の"穴"に目をつけた。それが長島城の織田信雄である。

　秀吉は巧みに信雄を追い込んで講和を持ちかけた。そして11月11日、信雄は伊勢の東部南町屋河原（三重県桑名市）で秀吉と会見し、家康に無断で単独講和を結んだのである。"戦わずして勝つ男"秀吉は、敵陣営を見事に崩したのだ。

　これで大義名分を失った家康は、同月21日に浜松城へ兵を引かざるを得なくなった。その後の彼は粛々と秀吉と和平交渉を進めることになる。

　一方、なにも知らない元親は、ほぼ同時期に出動準備完了を告げるための急使を家康のもとへ送った。いよいよ上方へいける。秀吉を倒すことができる。元親は一世一代の戦をする覚悟であったのだろう。

家康は万感の思いを込めて、元親に返書をしたためている。
「さてさて、この吉左右(良い便り)が10日前にきていれば、東西より差し競い、上方に攻めたて、秀吉軍を破って、我々の勝利は間違いなかったものを。無念残り多いことです。互いの心中をお察し下さい」(『元親記』)

元親にとっては青天の霹靂だった。彼はこうつぶやいたという。
「ああ天命なるかな。天下の精兵を羽柴氏に賜ろうとしたものを」(『南海通記』)

こうして小牧・長久手の戦いは終わり、元親の3か国拝領も夢と消えたのである。

河野通直を下し、ついに四国を統一！

天正12年(1584)は元親が讃岐平定を実現し、大坂城の秀吉を大いに脅かした年だったが、これと平行して伊予の戦局が大きく動いた年でもあった。伊予は四国最後の未征服地で、主要な敵は湯築城(愛媛県松山市)の河野通直と黒瀬城(西予市)の西園寺公広である。

天正12年(1584)正月には、細川宗桃と宿毛甚左衛門が伊予の最南端、常磐城(南宇和郡)の御荘氏を攻略し、進撃の狼煙を上げている。

上方方面で手一杯な元親が、伊予戦線の主役として指名したのは、新たに伊予軍代に任命された久武親直と、金子山城(新居浜市)の金子元宅である。

元宅は元親と同盟を結んだ豪族で、北伊予を地盤に毛利・河野氏らと

◆湯築城跡

伊予河野氏の居城。城跡は現在、道後温泉そばの公園になっている(愛媛県松山市)

Truth In History 長宗我部元親

物語 第七章 対決！ 豊臣秀吉〜元親、天下を敵に回す〜

戦った。元親は瀬戸内海沿岸に援兵を送り、たびたび毛利氏の侵入を迎撃させている。

久武親直は、本山親茂や福留隼人ら精鋭を率いて南予の制圧に乗り出した。親直は8月に兄・親信が討ち死にした因縁深い三間表へ侵入し、高森城(北宇和郡)、一ノ森城(宇和島市)を攻略して西園寺勢力を圧迫した。これを受けて岡本城(宇和島市)、金山城(宇和島市)の城主たちは戦わずして降伏した。親直は弔い合戦に勝利したのである。

10月には黒瀬城も陥落し、西園寺公広は降伏した。長く元親を苦しめた南予勢力だったが、土佐、讃岐、阿波の3国が平定された現状では、もはや彼らに抵抗する術はなかったのである。

残るは湯築城の河野通直である。毛利は盛んに援兵を送ってきたが、長宗我部軍はしぶとくこれを撃退。親直は北上し、金子元宅をはじめとする北伊予勢も東方からじわじわ湯築城に迫った。

翌天正13年(1585)春、河野の家臣はこぞって通直に降伏を勧めるようになった。元親も「通直殿は一家同門の思いをしている。急ぎ書簡を遣わされよ」と降伏を勧告した。

ついに通直は家臣たちに「よきに計らえ」と告げる。家臣たちは大喜びし、家老の平岡という者を岡豊へ人質に出して降伏した。これを受けて河野勢力下の豪族たちも次々に元親の軍門に降り、伊予の平定は完了することとなった。

――元親、時に47歳。初めて阿波へ攻め込んでから、丸10年で四国の覇者となったのである。しかし、それは束の間の栄光だった。

谷忠兵衛、和議を求めて秀吉と会見

元親が伊予平定を進めた天正13年(1585)、秀吉は復讐の刃を根来・雑賀衆及び高野山に向けた。紀州征伐の始まりである。

全四国の司令基地である白地城に赴いた元親は、「紀州を破られるのは武士の本意でない」と岸和田方面へ援兵を送ろうとしたが、これは谷忠兵衛ら家臣に押しとどめられた。

忠兵衛は「今回のことは四国の取り合いと違って、お家存亡にかかわる大事です」と、元親に秀吉との和平交渉を勧めるとともに使者を買って出た。この熱意に押し切られる形で、元親は忠兵衛を和泉の秀吉本陣

に使者として送ることにした。

　元親とて秀吉の圧倒的な戦力は知悉しており、勝ち目があるとは考えていない。まずは穏便な形で秀吉の機嫌を取り、和議を結ぼうと考えたのだ。

　『南海通記』によれば、忠兵衛は進物を捧げ、取り次ぎ役に図って秀吉との対面に成功している。だが、秀吉の態度は冷淡なものだった。

「今さら何用か」

　忠兵衛は舌を振るって弁明に努めた。

「世上怱忙（忙しいこと）のため、これまで拝謁できませんでした。今後は幕下に属し、4か国の兵を引率して先鋒を務めましょう」

　秀吉はやや態度を軟化させた。

「近いうちに10万の兵を渡海させようと考えていたが、許そう。そのかわり、土佐は安堵するが、阿波、讃岐、伊予3か国は召し上げる。早いうちに上洛して恭順せよと元親に伝えよ。遅れれば征伐する」

　これでは和議にならない。さすがに忠兵衛は必死で抗弁した。

「恐れながら申します。元親は武勇優れた男です。四国をそのままあてがったうえ、日本国平定の先鋒として使えば必ずお役に立ちます」

「忠兵衛め、いいたいことを申すな！　3か国は勝手に押領したものであろう。返上せねば長宗我部の首をはねるのみ」

「天下戦国の世で諸国は利を争ってきました。四国を平均したのは押領の罪でなく天命です。小は大に服する習いであり、我らが羽柴殿に服するのも天命です。長宗我部に罪はありません」

　秀吉は忠兵衛を切ろうとしたが、堪えていった。

「早々に3か国を差し出して上京せねば、紀州より阿波へ直ちに兵を送る。讃岐へは宇喜多八郎（秀家）を大将に備前、播磨、美作の兵を、伊予には毛利輝元を大将に中国8か国の兵を送り、3方から土佐の奴原をなで切りにすると伝えよ！」

　忠兵衛は肩を落として白地城へ帰還した。

　――『長元物語』では、秀吉が出した和議の条件は、伊予と讃岐2か国の返上とされている。元親は譲歩案として伊予の返上を申し出た。統治国として本国土佐、上方方面の阿波と讃岐に重きを置いていたことが改めて理解されよう。

　だが、秀吉はこれも却下した。いずれにしても10年という月日と多大

> ### ◎忠兵衛の両軍比較
> 　谷忠兵衛は秀吉のもとから帰陣した際、元親に羽柴軍と長宗我部軍を比較し、「上方の軍兵は富栄えたること、四国の相対すべきことに非ず」と非戦論を主張している。忠兵衛の言葉からは、当時の長宗我部軍の軍装などを知ることができる。
> 　「四国はこの20年の兵乱で民屋は焼け、田野は荒れ果て、農民は疲れ果てて戦いに飽き、武具、馬具は使い物にならなくなっています。田畑の牛馬も痩せ衰えています。一方、上方の武具、馬具は綺麗で光り輝き、金銀が散りばめられています。馬は雄々しく立派なものです。武者は指物小旗を背にきっと差して厳めしい」
> 　上方勢の軍装は「当世具足」と呼ばれる当時では最先端のもので、槍や鉄砲に対する防御力が高いものだった。これに対して四国勢のそれは旧態依然とした時代遅れの腹巻、胴丸の類であったのだ。
> 　「四国は10人中7人が小さい土佐駒に乗り、曲がった鞍と貧相な木製の鐙を使い、鎧は傷みが激しく麻糸で応急処理がされている始末。上方の武者とは比べものになりません」
> 　土佐馬は農耕に適した馬で、粗食で耐久力があることが強み。もっとも馬格は小さく、体高は約1m23cm程度。他国の馬と比べて少なくとも15cmは低かった。現代のポニークラスである。
> 　忠兵衛はまた、四国は兵糧が乏しいため長期戦も難しく「十にひとつも勝ち目はない」といい切っている。しかし、元親は「一戦もせずに降伏できるか」と激怒し、取り合わなかった。

な犠牲を投じて四国を統一した元親にとっては、とても飲めない条件である。外交的な降伏を選んで秀吉の条件を飲むか、戦争か。元親は重大な決断を迫られる。

天下の勢を受けること、武士の本望にて候

　元親は紀州攻めを見守るしかなかった。
　もっとも紀州勢に対しては、勝てないまでも石山戦争のように善戦してくれることを期待したであろう。そうなれば改めて交渉を再開し、より有利な条件で和議が結べるためである。しかし、秀吉の進軍は元親のはるか上をいくものだった。
　天正13年(1585)3月21日、秀吉は23段に布陣させた10万の大軍をもって大坂を発するとともに、水上からは小西行長の水軍を差し向け、海陸

Truth In History 長宗我部元親

第七章 対決！ 豊臣秀吉〜元親、天下を敵に回す〜

両面から紀州へ侵攻した。

根来・雑賀衆は信長軍さえ退けてきた強力な鉄砲集団だったが、今度ばかりは様相が違った。秀吉は段違いの兵力、段違いの火力を押し立てて攻め寄せてきたのだ。

紀州勢が頼みとした防衛線は和泉近木川流域の千石堀城（大阪府貝塚市）などだったが、これはわずか3日で陥落。秀吉は23日に根来寺、翌24日には雑賀を制圧。このとき、雑賀一揆の指導者だった土橋重治は元親を頼り、船で土佐に逃げ延びている。

秀吉は続いて4月16日には高野山を全面降伏に追い込み、24日には紀州勢残党3000余人が籠もる太田城（和歌山市）を得意の水攻めで降伏開城させ、紀伊を完全平定した。

この間1か月あまり、驚くべきスピードである。元親をはじめ多くの戦国大名たちが、一国を平定するのに10年、20年の期間を費やしていたのに比べれば隔世の感がある。天下統一戦は根本的に従来とはスケールが違う戦なのであろう。

ここに至り、元親は上洛要請を拒み、戦争を決意する。あれほど情勢を読むことに長けた軍略家が、無謀な戦に乗り出さざるを得なかったのである。土佐武士の意地か、匹夫の勇か、それはわからない。いずれにしても元親は、秀吉に追い詰められたのである。

もちろん、現実主義者の元親は勝てるとは思っていなかったろう。目指すは和議しかない。家康のように善戦すれば有利な条件で和睦できると、一縷の望みを抱いたのかもしれない。

元親は白地城を本陣に定め、防衛線を準備するため岡豊城を出陣した。最後の砦となる岡豊城には、最愛の子・信親を残した。

元親は出陣の際、城近くにあった父・国親の墓に出向き、墓前にひざまずいて誓った。

「天下の勢を受けること、武士の本望にて候。戦場に出づる者、あに（どうして）帰国を思い候んや（帰国を考えることができようか）。よって暇乞いに参じて候なり」。すでに決死の覚悟である。

一方、紀州から凱旋した秀吉は、直ちに四国征伐の準備に入り、6月3日を出陣の日と定めた。だが、秀吉はこのころ病を患い、誠仁親王ら朝廷が四国出馬を諫止したため、自身の出馬は断念している。一説には、越中の抵抗勢力である佐々成政の動きに牽制されたともいわれるが、北

陸は前田利家が固めており、成政の動きは問題でなかったろう。

羽柴軍の渡海は16日に延期された。秀吉は代理に弟の秀長(ひでなが)を指名し、総勢11万余の大軍を預けている。

同月15日付で秀吉が常陸の大名・佐竹義宣(さたけよしのぶ)に送った書状がある。

「根来雑賀の奴原(やつばら)残らず首をはね、泉州、紀州、熊野の浦まで平均しました。同じく四国の長宗我部、かの悪逆人も一味です。成敗のため、拙弟秀長、並びに毛利輝元両人に四国乱入を申しつけました。近いうちに首をはねてやるつもりです」

秀吉は自信満々である。"悪逆人"の命は風前の灯火だった。

未曾有の四国上陸作戦

天正13年(1585)6月16日、秀吉は総勢11万余の大軍を以下の3軍に分け、阿波、讚岐、伊予の3方面から四国へ侵攻させた。四国発祥以来、空前絶後の上陸作戦である。

〈阿波方面〉
- 大将の羽柴秀長が3万の兵を率い、堺より出帆。淡路洲本を経由し、土佐泊(徳島県鳴門市)へ上陸。
- 副将の羽柴(三好)秀次が3万の兵を率い、明石より出帆。淡路福良(南あわじ市)で秀長軍と合流し、土佐泊へ上陸。

〈讚岐方面〉
- 宇喜多秀家軍が備前より、黒田如水(孝高(よしたか))、蜂須賀小六・家政父子の軍が播磨より出帆。総勢2万3000(1万5000とも)の兵となって、屋島へ上陸。

〈伊予方面〉
- 小早川隆景と吉川元長(きっかわもとなが)率いる毛利軍3万が備後より、新間(愛媛県新居浜市)、氷見(西条市)、今治(今治市)にそれぞれ上陸。

一方、元親は秀吉軍が阿波を主戦場として上陸してくるものと考え、以下の阿波の城に守将を置いていた。

- 白地城(三好市)……長宗我部元親

- 牛岐城(阿南市)……香宗我部親泰
- 渭山城(徳島市)……吉田康俊
- 一宮城(徳島市)……谷忠兵衛、江村孫左衛門
- 木津城(鳴門市)……東条関兵衛
- 岩倉城(美馬市)……比江山親興
- 脇城(美馬市)………長宗我部親吉(元親の叔父)

"四国のヘソ"白地城を戦略の中枢拠点とし、臨機応変に敵と戦おうとする構えである。元親は8000の兵とともに白地に籠もった。岡豊の信親には海部方面まで侵入された場合に備え、出兵させる手はずを整えていた。

もちろん讃岐、伊予方面の手配にも怠りはない。なかでも讃岐には、この日のために植田城(香川県木田郡)という新城を築いていた。この城は南に高い山があるうえ、大手口は深い谷という天然の要害だった。山づたいに援軍も送りやすい。元親が手塩にかけた自慢の要塞である。守将は一門衆の戸波親武に任せた。

伊予方面では引き続き金子元宅が主軸となる。元宅は弟の元春に本城の金子山城を守らせ、自身は高尾城(愛媛県新居浜市)に籠もった。こう

◆秀吉の四国征伐侵攻図

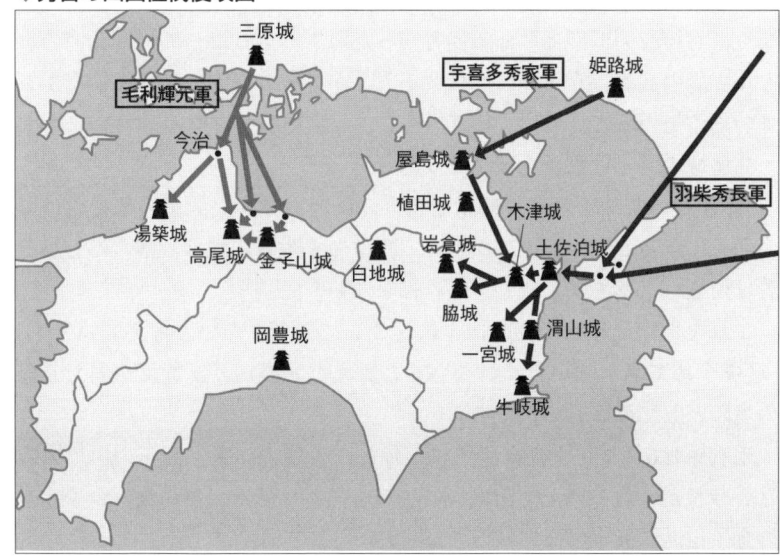

したメンバーを見ると久武親直の名がないのが不思議だが、彼は平定間もない南予、西予方面の守備にあたっていたと見られる。

なお、四国の総兵力は2万～4万であった。圧倒的な兵力差があったが、これが阿波のみの合戦ならば、戦略の立てようがあったのかもしれない。しかし、元親は3方面からの上陸に対して適宜兵力の分散を考えねばならなかった。元親はかつて経験したことのない、厳しい戦(いくさ)を強いられたのである。

領内の混乱も相当なもので、「四国の騒動斜めならず、武士東西に馳せ違い、男女南北に逃げ惑い、上を下へと返しける」(『土佐物語』)という有様であった。

伊予の陣──金子元宅が壮絶な敗死

毛利輝元は三原(広島県三原市)に本営を構え、渡海軍の大将に小早川隆景、副将格として吉川元長を指名。元長は隆景の兄・吉川元春の子である。麾下には福原元俊(ふくはらもととし)、宍戸元秀(ししどもとひで)ら毛利の勇将が顔を揃えている。

東伊予一帯の海岸に上陸した毛利軍は、金子氏が守る金子山と高尾の2城を攻略目標とした。その後は元親本拠の白地へ進軍する計画である。元親は200余騎の援兵を金子元宅(もといえ)へ差し向けた。

金子元宅の兵は2000とも伝わる。彼は厳密には長宗我部家の家来ではなく、対等な同盟関係にある武将だった。こういうケースで、元宅のような立場の武家は真っ先に降伏することが多いのだが、彼はなかなか気骨のある男だった。

高尾城の元宅は家臣を前にこう語った。

「元親との誓約を変じ、降伏を乞うのは道に非ず。天下の勢を受けて討ち死にすることが武士の面目だ。我は命を限りに戦う。落ちんと思う者は何処へも落ちよ。決して恨みはしない」

これを聞いた家来たちは口々に「ここで皆死にたいと考えています」「恥を求めて名を失いたくはない」と訴えた。裏切り、背反が当たり前の当時としては珍しい例である。

毛利軍は6月下旬より東伊予に上陸し、手始めに金子配下の黒川広隆(くろかわひろたか)という将が守っていた丸山城(氷見市)を陥落させた。その後、金子元春の金子山城、元宅の高尾城へと迫った。

金子勢と長宗我部援軍は決死の戦いをしたが、次々に新手を繰り出す毛利軍の前に屍を築いていった。14日に元春以下が討ち死にして金子山城は落城、17日には高尾城も元宅以下13騎を残すまでとなった。
「今は思い残すこともない。さらば自害せん」
　ついに元宅は観念し、家臣らとともに城内で切腹した。首実検を終えた隆景は遺骸を野々市原(西条市)に手厚く葬り、「討つも討たるも皆夢なり。早くも覚めたり汝らが夢」と唱えたという。
　その後、毛利勢は、高峠城(西条市)、霊仙山城(今治市)、重茂城(今治市)など北伊予の諸城を次々に制圧。沿岸部を東上して川之江(四国中央市)に本陣を置き、白地への侵攻をうかがうことになる。
　毛利の外交担当者である安国寺恵瓊は、この模様を大坂の秀吉に報告。秀吉は恵瓊に7月21日付で返書を送っている。
「金子山城を取り巻かれたこと、隆景、元長覚悟を持って一戦に及ばれ、数多討ち取られ両城を乗っ取られたよし、誠に手柄である」
　なお、秀吉は7月11日に関白に任官している。四国征伐の最中に天下人となり、その後9月に"豊臣"の姓を賜ることになったのだ。
　一方、湯築城の河野通直は四国勢として戦うか、毛利につくかで家中をまとめきれず、結局中途半端な籠城策を採択。その後、妻の縁者である小早川隆景の降伏勧告を受け、秀吉に降った。通直は助命はされたが、所領没収をいい渡されてしまう。その後、通直は天正15年(1587)に隆景の本国である竹原(広島県)で病死、伊予の盟主・河野家は滅亡した。秀吉と元親に翻弄された不運な人物である。

讃岐の陣──黒田如水、元親の罠を見破る

　讃岐には、宇喜多秀家、黒田如水、蜂須賀小六ら、備前と播磨の兵2万3000が屋島より上陸してきた。
　同地の守りの要は、戸波親武以下2500の兵が守る新城・植田城である。元親は植田城攻防戦を想定し、周囲に砦を多く築き、後備えの軍も用意していた。植田の狭い山間部に敵を誘き寄せ、城内と城外で挟撃して殲滅させようという計画である。
　白地の元親は「後備えに気づかれるな。早く陣を取らせて、十分引きつけてから攻撃をかけよ」と細かな指示も与えていた。

案の定、上方勢は牟礼、高松といった高松市周辺の諸城を抜いて南下。植田城近くまで押し寄せたが……上方勢はわずかに矢を放ったものの、その後は城下に少しだけ火を放ち、進路を変更して阿波へと向かっていった。親武らにとっては拍子抜けである。

　元親は並外れた軍略家だったが、上には上がいる。讃岐上陸組に戦国一、二を争う鬼謀の持ち主、黒田如水がいたのが元親の不幸だった。秀吉の軍師として鳥取城、高松城を落とした男である。

　如水は植田の城と地形を見分し、即座に元親の作戦を見破っていた。城攻めは時間の無駄と判断した如水は、秀家らにこう告げた。

　「讃岐の痩せ城を攻め落としてもしょうがない。元親は阿波にいるのだから、秀長殿と合流し、阿波を先に攻めましょう。阿波が落ちれば讃岐は戦わずして分散します。植田攻めは無用です」

　こうして備前・播磨グループは、淡路より上陸する秀長・秀次と合流する道を選んだのである。これでは新城を築いた意味が全くない。元親の策は空転した。

阿波の陣――羽柴秀長、木津城を陥落させる

　淡路から大小船舶800艘（大船600、小舟103とも）を連ねて土佐泊に着岸した秀長と秀次の大軍は、如水らと合流を終え、雪崩を打って木津城へ襲いかかった。木津城の守将は、かつて三好方だった阿波豪族・東条関兵衛である。

　木津城は入海や川が取り巻く要塞である。徒歩では近づけず、大軍をもってしても城攻めはなかなか容易でなかった。

　戦況の膠着にしびれを切らした大坂の秀吉は「そんな小城にてこずってどうする」と激怒し、自ら出陣することを決意した。これを聞いた秀長は慌てて、7月2日付で秀吉の側近（細井中務少輔）に宛て、出陣の停止を訴えている。

　「御動座（出陣）の話を聞き驚きました。御出陣は御威光を損ねます。日数がかかっても必ず四国を平定します。この秀長に免じて、このたびの御出陣をお取り止め下さい」（『四国御発向記』）

　秀吉はひとまず了解した。秀長は不退転の決意を持って、再び木津攻めに取り組む。秀長は兵たちを泳ぎ渡らせて木津城を圧迫したほか、城

内の水の手を断って徐々に関兵衛を追い詰めていったのである。
　さて、秀長軍には関兵衛の叔父にあたる東条紀伊守という人物がいた。紀伊守は進退窮まった関兵衛に使者を送り、「我らの味方になれ。もともとお主は長宗我部譜代の家臣でもないだろう」と説得した。
　関兵衛はこの誘いを了解し、秀長に目通りして阿波平定後の協力を確約した。その後、関兵衛は深夜に城を抜け出して土佐へ逃亡し、兵たちも離散、7月8日に木津城は呆気なく落城したのである。
　だが、関兵衛の内応はたちまち元親の知るところとなった。
　「一宮や牟岐、海部にもいかず土佐へ逃げたので、たぶんそんなことと思った。裏切り者を許すことはできない」
　元親は岡豊の信親に急使を飛ばし、浦戸城で関兵衛を切腹させた。
　この木津城落城は思わぬ展開を呼ぶ。海部方面の防衛線を担当していた牛岐城の香宗我部親泰が、木津城の落城を聞いてなんと土佐へ兵を引き揚げてしまったのだ。渭山城の吉田康俊は、この直前に親泰と協議して軍議を行おうとしていたのだが、親泰の撤退を聞いて、こちらも城を捨てて土佐へ戻っていった。
　親泰の"敵前逃亡"はよく非難される話なのだが、彼は決して凡将ではない。谷忠兵衛と同様、外交担当者として親泰は上方の軍事力をよく知る男でもあったのである。木津城の落城で、親泰は改めてこれ以上の戦は無益と判断したものと見られる。
　こうして海部方面の防衛ラインは崩れ去った。

秀長軍、奇策で一宮・岩倉城を追い詰める

　7月15日、秀長は大軍を3手に分け、一宮、岩倉、海部方面へそれぞれ侵攻させることにした。うち、しぶとく抵抗している一宮城へは秀長、岩倉城へは秀次が大将として向かうこととなった。
　秀長は5万の兵を率い、本陣を一宮城と鮎喰川を挟んで対峙する北方の辰ヶ山に置いた。
　これに対し一宮城の守兵は5000だったとされる、北の本丸は江村孫左衛門、南は谷忠兵衛が守りを固めた。
　秀長軍は藤堂高虎、増田長盛、蜂須賀小六らの諸隊で城を包囲し、総攻撃を開始した。城兵は必死で防戦し、激しい戦いが始まった。

◆一宮城跡

阿波の豪族・一宮氏の居城。元親の阿波侵攻後、一宮氏は滅亡。秀吉の四国征伐では谷忠兵衛がこの城で善戦した。八十八箇所の第十三番霊場・大日寺に近い(徳島市)

　忠兵衛らは「"生きんと欲すれば必ず死す、死せんと欲すれば必ず生きる"という。100倍の敵も、ものの数ではない」と兵たちを励ましたという。四国勢は必死で抵抗し、鮎喰川も秀長軍の進軍を阻んだため、城は全く落ちる様子を見せなかった。東側から攻撃しようとした藤堂高虎隊は、忠兵衛らに迎撃され追い立てられるほどだった

　しかし、秀長も並の大将ではない。力攻めの難しさを悟った彼は、大勢の人足を集めて突如城内に向けて坑道を掘り始めた。穴から城内への侵入を図る"土竜作戦"を企てたのだ。武田信玄も使った城攻めの常套手段である。合わせて秀長は木津城と同様に、城中の水の手を断つ作戦も試みた。

　秀長は伊予にいる小早川隆景にこの模様を書状で伝えている。

　「木津を落としたのち、牛岐を乗っ取りました。一宮は塀際まで押し寄せ、これより城中へ掘り入る予定です。水の手も断てそうです。元親が後巻で出てくれば、ことごとく討ち果たしたいところです」(7月19日付)

　その後、秀長は予告通り水路を断ち、本丸と二の丸のあいだを潜入占拠して、城内を分断した。文字通りの決定打である。忠兵衛と孫左衛門は落城を覚悟せざるを得なくなった。

　一方、岩倉城の比江山親興も秀次軍の来襲を受け、危機に瀕していた。秀次は補佐役の黒田如水とともに4万の大軍で城を包囲した。

　岩倉城は広大な城域を擁する天然の要害だったが、城攻め名人の如水は秀次に進言し、思わぬ奇策を講じた。如水は城内を見下ろす高櫓を組

み上げ、その上から五月雨のように鉄砲を撃ち込んだのである。

　この攻撃には親興もたまらず、降伏して城を明け渡した。岩倉城の陥落で脇城も孤立したため、城代の長宗我部親吉は敗走。親興と親吉はともに岡豊へ逃げ戻ることになったのである。

　白地を守る防御線だった岩倉・脇城落城の衝撃は大きく、元親はかつてないピンチを迎えることになった。

秀長からの和議

　"もういいだろう"

　落城寸前となっている一宮城を見た秀長は、全軍に攻撃の停止を命じ、城中へ使いを出した。和議の提案である。

　——秀吉の天下統一の戦略は、"根切り"を専らとした信長とは異なり、基本は懐柔戦略と不殺主義である。秀吉は本能寺の変からわずか8年で天下統一を果たすことになるのだが、のちに彼はそのスピード統一の理由をこう話している。

　「信長公は剛が柔に勝つことは知っていたが、柔が剛を制すことを知らなかった。敵対した者をことごとく滅ぼし、恨みを買った。それが明智の謀叛につながった」(『名将言行録』)

　敵には心を開いて説得し、降ったときには譜代のように接すれば、彼らは忠節を誓い、謀反もしない。秀吉は信長を恩人としながらも反面教師としていたのである。

　この戦略を最も知っていたのが弟の秀長である。諸大名には「元親の首を取る」と喧伝していたものの、この兄弟のあいだには「最後は元親と和議」という方針ができあがっていたのであろう。

　秀長は本陣に赴いてきた谷忠兵衛と会見し、和議を申し出た。

　「方々の武勇、日本無双というものです。元親殿が四国を平定したのも理といえます。このうえは御辺を使いに和議を談じたい」

　事実上の降伏勧告である。忠兵衛は受けるわけにはいかなかった。

　「かたじけないお話ですが、受けられません」

　「元親殿は隠れなき弓取りなので、要所で決戦の準備をされているでしょう。しかし、天下の勢が追い向かううえは、運を開かれることは千にひとつもありません。我々を全滅させても、上方からまた後続軍がく

るでしょう。戦線が国元の土佐近くになればなるほど、交渉は貴方がたに不利になります。今ならば話し合いの余地がある。この秀長にすべてを任せてもらえないでしょうか」

　忠兵衛は、この理を尽くした説得に折れた。もともと非戦論者だっただけに、むしろ秀長の好意はありがたかったのである。

　忠兵衛は城に戻って江村孫左衛門と協議した。孫左衛門も「急ぎ殿のもとへ参られよ」と同意、忠兵衛は急ぎ白地へ向かうこととなった。

元親降伏！　土佐一国の大名に逆戻り

　一宮から白地までは山間を吉野川沿いに走り、約72kmの距離である。いい尽くせぬさまざまな思いを胸に、忠兵衛は白地へと馬を飛ばしたことであろう。

　元親と対面した忠兵衛は、主君に事情を説明するとともに降伏を勧めた。『元親記』はじめ多くの史書は、このときの元親の激高ぶりを伝えている。

　「籠城する者は敵に負ければ腹を切るのが筋だろう。それをお前は大納言（秀長）に誑（たぶら）かされて、わしに意見をするというのか。伊予の金子の死に様を知らないとはいわせない。金子は譜代の家臣ではないというのに、降伏せずに腹を切った。四国で武士の義理を遂げる者は金子だけなのか！」

　続いて元親は、まだ岡豊（おこう）に信親の兵が控えていることを告げ、土佐一国だけになっても降参しないと主張した。

　「このまま決戦をせずに秀吉の軍門に降っては、屍の上に恥を塗るようなものだ。忠兵衛！　お前のような未熟者に一宮を預けたことが悔やまれる。早々に城へ戻って腹を切れ！」

　まさに怒髪天、忠兵衛が気の毒になるほどの逆上ぶりである。恐らく元親も、これ以上の抵抗が無駄であることは誰よりもわかっていただろう。しかし今、若きころから20年以上かけて紡いできた"南海、西海の王"という夢が潰えようとしているのである。忠兵衛にまるで甘えるように当たり散らすのも無理はなかった。

　忠兵衛はいったん退出したのち、家臣たちと再び協議し、彼らを同意させた。「秀長殿のいう通り、一宮が辛うじて持ち堪えている今が潮時であろう」。その後、忠兵衛と家臣団は元親を説得したが、元親は「お主たちがそれほど腰抜けとは思わなかった。このうえは勝手にしろ」と

罵倒するばかりだった。

忠兵衛らは「幾度も諫めるのは臣の道である」とめげず、かくて元親主従は3日3晩の協議を重ねることとなった。

元親はついに折れた。

「わしは怒りのあまり雑言を繰り返してきたが、お前たちはわしのことを心底思って諫言してくれた。嬉しいことである。このうえはお前たちに任せる」

家臣たちは涙を流して喜んだ。忠兵衛は急いで一宮に立ち帰り、孫左衛門ら城兵に和議を告げた。兵たちも大いに喜んだという。

忠兵衛と正式に停戦協定を結んだ秀長は、秀吉に直ちに使いを送った。秀吉は7月12日付で元親に次のような朱印状を与えている。

　いたずらに国に在り、四国の黎民(庶民)を悩乱せしめ、あまつさえ殿下(秀吉)に競望致すの旨叡聞(天皇が聞くこと)により、それがし罷り向かい討伐せしむべきの勅宣を蒙り、一卒を阿、讃両国にさし向け、所々の城郭にたてこもる者即時に踏み落とし、住国に至りて責め伏すべきの刻(時)、降参の旨趣言上致し候条、土佐国宛行いおわんぬ。名字御寛宥成され、かくのごとく仰せ出ださるる事、頗る天道の冥慮(神の意志)に叶うものか。いまより以後二心なく忠節を抽んづべきものなり。

　　　　　　　　　　　　天正十三年七月十二日　　　　　秀吉
長宗我部宮内少輔元親殿

秀吉は元親を助命し、家の存続を許した。そして最初の方針通り、元親に土佐一国を領有することは許し、他の3国は没収することとした。また秀長は7月25日付で長宗我部方に「元親を疎略に扱わない」という誓書を与えている。

こうして秀吉との戦いは終わった。四国平定の夢は虹のようにかき消え、元親は振り出しに戻ったのである。

第八章
戸次川結晶
〜信親討ち死に〜

1585〜1587

四国に打ち立てられた新秩序

　秀吉軍の四国征伐の戦後処理は粛々と進んだ。

　元親は人質として、三男の津野親忠を大坂へ差し出すこととなった。親忠には江村孫左衛門と比江山親興がつき従っている。秀長の軍は8月下旬に兵を引き揚げ、上方へ凱旋した。

　四国では、伊予方面でわずかに抵抗する豪族があったが、小早川隆景に制圧され、天正13年(1585)9月には完全に平定されている。この際、西園寺公広も隆景の軍門に降っている。公広は居城の黒瀬城を安堵されたが2年後に謀殺され、西園寺家は河野家と同様に呆気なく滅亡することとなった。

　秀吉は新たに四国の国割りを別表のように定めた。

　阿波は当初、父親の小六(正勝)に与えられたが、小六が高齢を理由に辞退したため、子の家政が入封された。秀吉の天下取りを初期から助けた木曽川の愚連隊が、堂々一国の主となったのだ。「阿波の殿様　蜂須賀公が　今に残せし　阿波踊り」の文句で知られる徳島蜂須賀藩の礎

◆秀吉の四国の国割り

国名	石高(石)	国主	備考
阿波	18万3500	蜂須賀家政	うち1万石→赤松則房
讃岐	12万6200	仙石秀久	うち3万石→十河存保
伊予	33万6200	小早川隆景	うち2万3000石→安国寺恵瓊、1万4000石→来島通総、3000石→得居通年
土佐	9万8200	長宗我部元親	――

は、ここに築かれたのである。赤松則房は名門赤松氏(旧播磨守護)の嫡流で、住吉(徳島市)の地を得た。

讃岐では仙石秀久が大出世。淡路洲本と合わせて15万石の大名となり、同じ子飼いの石田三成、加藤清正、福島正則を抑えた出世頭である。

十河存保は虎丸城3万石に復帰。しかし立場は秀久の風下である。

伊予は毛利の親秀吉派で知られる小早川隆景に分与された。安国寺恵瓊はこの年1月に毛利が正式に秀吉へ臣従した際の交渉役。その功が認められたものだ。

来島通総は海賊衆・来島村上氏の当主。得居通年はその兄である。元親の伊予平定の際、来島と得居は小島である来島(今治市)の弱小勢力と見なされ無視されていたが、秀吉に重用され、まさかの出世である。

四国中、最も低い石高である土佐は元親に安堵された。こうして見ると、周囲をがっちり親秀吉勢力で固められたことがわかる。元親はまるで檻に入れられたようだ。

『南海通記』の作者で江戸初期の兵法家だった香西成資は「元親かつて10年の成功をもって3か国を攻めなびけ、名家を破り衆命を損なう幾千人ぞや。誠に無益の作業となりぬ」と評している。成資は讃岐の人なので、かなり手厳しい。

とはいえ、天下統一というトーナメント戦で、たったひとりの勝者の下に、何十人、何百人の"無益の作業"をした敗者がいただろうか。武田勝頼、伊達政宗、長宗我部元親……恐らく織田信長、そして、死後に家康に天下を奪われた秀吉自身も、そのひとりかもしれない。

元親上洛、秀吉と対面

岡豊に戻った元親は、秀吉に拝謁するため上洛することになった。戦が終わって3か月、余韻さめやらぬ10月20日のことである。暗殺の恐れもあるため、元親は精鋭50人を連れて浦戸より堺へ向けて出帆した。この際、次男の香川親和が、すでに人質となっている三男・津野親忠との交代要員として同道している。

堺の港では阿波の商人、宍喰屋が元親を出迎えた。宍喰屋は土佐の材木取引で財を成した人物で、各方面に顔の利く、元親の御用商人である。なお、元親の助命は宍喰屋や上ノ坊、四国商人のロビー活動の成

果と見る声もある。

　元親一行は、その日は正法寺(堺市)で宿泊。翌日には藤堂高虎が秀長より世話役として遣わされ、無事到着の祝いを述べている。

　なお、藤堂高虎といえば7度主君を変えた稀代の世渡り上手で、「主(あるじ)が悪ければよい奉公人は暇を取るものなり」(『高山公実録』)とドライな処世訓を語った、ビジネスマン的武士として知られる。それだけに有能な人物だった高虎は、世話役としてはピッタリだった。

　高虎は京の秀吉へ報告するために京へ戻り、大坂と京の真ん中に位置する枚方(大阪府)まで元親が到着したとき、再び出迎えている。

　その後の道中では、八幡(京都府)では上ノ坊、山崎(京都府)では高虎、そして桂(京都府)では豪商・今井宗久(いまいそうきゅう)が、豪華な酒宴を用意して一行を出迎えている。宗久は千利休(せんのりきゅう)と並ぶ茶人で、秀吉に仕えていた当代一級の文化人である。高虎といい、宗久といい、秀吉と秀長の心配りに元親は感謝したことだろう。

　元親一行は東寺(京都市)南門に到着し、同地でも大勢の人に出迎えられ、歓迎の宴が開かれた。四国と縁深い弘法大師の寺と元親の奇妙な遭遇である。その日の宿舎は京の宗久の豪邸となった。

　翌日、元親は上京の秀吉の屋敷に出向くことになるが、この際、大和郡山城(奈良県)から秀長が上京し、元親と同道している。秀長は誠実な仁将として知られるが、「悪いようにはしない」と忠兵衛にいった言葉は嘘ではなかったのである。

　元親は秀吉に謁した。思えば、斎藤利三との縁で光秀方となって以

◆東寺(南門)

教王護国寺。嵯峨天皇が弘法大師・空海に下賜した。真言密教の根本道場に。「お大師様の寺」として親しまれる。現在は世界遺産となっている(京都市)

来、長きにわたって敵対してきた男との対面である。かつて久武親信が有馬温泉で見込んだ男は、関白になっていたのだ。

元親は進物として「国行(くにゆき)」の御太刀1腰、御馬代(馬の代わりに贈った金銀貨)金10枚、糸500斤、沈香(じんこう)のほた木(香木)ふたつ、熊の皮10枚を捧げた。熊の皮は山国の習いとして贈ったとされる。

秀吉は元親のために饗応として座敷能を催した。秀吉は長宗我部家臣たちの緊張をほぐすように「供の者も見物せよ」と声をかけ、皆で能を見物した。また秀長は元親に「今は殿下も私も近江八幡城(滋賀県)の縄張りが忙しくて十分もてなしができません。次の上洛の際、ゆっくりしましょう」と声をかけている。

元親はその後、秀吉より備前金光の名刀、金子100枚、名馬1頭、梨地蒔絵の鞍・鐙(あぶみ)などの馬具を拝領した。元親は大いに感激し、馬を「内記(ないき)黒(ぐろ)」と名づけて、以後大切にしている。

"殺されるかも"と思っていたのに、下へも置かない丁重なもてなしを受けたのだ。元親はこれまで憎悪していた秀吉の人柄に触れ、逆に魅せられる思いになっていたのだろう——秀吉にとっては"人たらし"面目躍如の一幕といえる。

こうして対面は終わった。香川親和は新たな人質として郡山へ向かい、元親は解放された津野親忠を連れて帰国した。このあたりから元親という人は、四国の野心家から忠実な豊臣家臣へと変わっていく。

元親、天下人・秀吉のスケールに白旗

明けて天正14年(1586)1月、元親は比江山親興、本山親茂、桑名太郎左衛門らを伴い、年賀のために大坂城へ出仕した。この際も秀長は元親に同道している。

元親らは秀吉の歓待を受け、大広間で山海の珍味を振る舞われた。さらに有名な「黄金の茶室」で茶を馳走されている。さぞや度肝を抜かれたことだろう。

秀吉は元親に優しく語りかけた。

「大坂城の天守を見せよう、内へおいで候え」

秀吉はなんと元親の手を引いて、自慢の天守に案内した。関白と無官の田舎大名の身分の差を思えば、およそ考えられないことである。秀吉

◆大坂城

豊臣時代は中世最大の城郭。大坂夏の陣で焼亡した。昭和6年(1931)に天守が再建され、現在では大阪のシンボルになっている(大阪市)

はそのうえ、親興たちにも「3人の衆も参り候え」と声をかけた。

　元親たちは5層8重の壮麗な天守閣に連れていかれた。岡豊城(おこう)とはまるで比較にならない、金銀宝物で飾られた別次元の巨大建造物である。のちに天守を見物した大友宗麟が「三国無双の城である」と称えたように、元親にとっても目も眩むような思いであったろう。

　そこでも宴が開かれ、元親らは華美な衣装に身を包んだ女房たちの接待を受けた。秀吉は元親に「これ秀吉が物好きなり」といいながら、伊達染めの羽織と金の緞子(どんす)で包んだ宝刀5本を、親興らにも高価な羽織と脇差をひとりひとり手ずから与えた。

　一度降った相手には、胸襟を開いて心を込めて接する天下人。そして超弩級の大坂城。元親は完全に兜を脱がざるを得なかった。

　元親は拝領した羽織を着込んで秀吉のもとを下がってきた。諸大名衆も秀吉の歓待ぶりを聞いて驚き、元親の宿舎へ次々に祝いに現れるほどだった。その後、元親が帰国の挨拶にきた際、秀吉は元親に予想外の好意を示した。

「人質・親和を返し遣わす。伴って下国せよ」

戦が終わってわずか半年。秀吉の懐の深さを示す措置である。
「誠にありがたきお志。広大の御恩恵なり」
元親は涙を流して、ただただ平伏するばかりであったという。
——帰国後、元親は岡豊に祝いのため出仕してきた家臣たちの前で「親和を返してくだされたこと、言葉がないほどありがたいと思っている」と心境を述べたあと、こう語っている。
「わしは近年の合戦で、家中で手柄を立てた者に郡県を与え、その妻子らも心安く扶助させてやろうと思っていたが、ただの一国の主となり、思うようにならなくなった。生前の報謝はできなくなったが、せめて戦死者を弔い、安らかに成仏させてやりたい。近いうちに諸宗の寺で2夜3日の法事をすることにしよう」
四国平定戦の総括であり、事実上の敗北宣言といえる。
城を失った将たち、給地を失った一領具足たちは、どんな思いだったろうか。無念の一語であろう。だが家来たちは皆、恨み言ひとついわず、涙を流し、「ありがたき仰せ、（我々が）申すも愚かなり」と述べている。振り出しに戻った元親は、豊臣家臣として新たな土佐の国造りを始めることになる。

◎秀吉の人間的魅力

秀吉は死ぬまで、家中でただひとりの謀反人も出していない。信長、家康、信玄、謙信ら名立たる戦国大名が絶えず内乱に苦しんだことを考えれば、驚異的なことである。

安国寺恵瓊は織田家臣時代の秀吉を評し、「つぶさに世の辛酸をなめ、物乞いや小者までやり終えた人物だから、口先などでごまかせる男ではない。日本を手の内にまわす名人だから、毛利は決して秀吉を敵に回すべきではない」（『吉川家文書』）と予言している。恐らく、久武親信も同意見であっただろう。信長、家康、元親ら"世襲"大名と秀吉は、根本から違う人物だったのである。

秀吉研究の第一人者だった故桑田忠親氏は「秀吉は、なにをさしおいても、人間的な、うるわしい感情の持ち主だった。うれしいときには心から喜び、悲しいときには心から泣ける男だった」（『豊臣秀吉』）と評す。苦労人だけに周囲への思いやりも温かいものだった。大名も平民も、そんな秀吉の人間的魅力に惹かれたのである。

久武親直と吉良親実の対立

　天正14年(1586)、秀吉は京に政庁兼邸宅となる聚楽第を着工する一方、東山に大仏殿の造営を始めた。これが方広寺である。漆を塗り金箔を置いて彩色し、奈良東大寺を凌ぐ、高さ18mもの木造大仏を作ろうとしたのだ。

　秀吉は資材として第一に土佐の木材を指名し(ほかに木曽、熊野など)、元親に淀と鳥羽への運搬を命じたのである。いかに土佐の材木が重視されていたかがわかるだろう。

　元親は初めての公務に張り切り、長宗我部家の総力を動員することを決めた。そして信親を伴って自ら安芸奈半利の山奥に入り、切り出し業務に乗り出したのである。切り倒された大木は数百人の人夫により川へ引き下ろされ、そのまま奈半利の港へ送られた。

　奈半利には数百艘の船が用意され、大量の木材を上方へと運んだ。元親はかねてから竹、杉、松などを御用木とするなど、材木行政に力を入れていたことから、手際よく大量の材木を調達できたという。喜んだ秀吉は褒美として元親に米2000石を支給している。

　切り出しは安芸だけでなく、仁淀川沿い、高岡郡の奥山でも行われていた。同所を仕切っていたのは久武親直で、数千本の木材を仁淀川へ流していた。ここでちょっとしたトラブルが勃発したのである。

　親直は笠を被り、杖を手に指揮を執っていた。このとき、蓮池城主だった吉良親実(親貞の子)が、猟をするためにぶらぶら通りがかったのである。親実は一門衆の有力者だったが、筆頭家老の親直を元親にへつらう佞臣、悪宰相として嫌っていた。親直の人望は兄・親信の予想通り、芳しくない。

　親直は親実が近づいているのに、気づかぬふりをして無視した。親直も、仕事をせずにのんきに猟をしている親実が疎ましかったのだろう。

　親実はこの態度にカッとなり、近くから弓で親直の笠を討ったのである。矢は笠をかすめたが、それでも親直は知らん顔をしていた。

　親直は周りの者に促されてようやく笠を取った。そして親実に使いをやり、こう伝えさせた。「大勢の人がいますので、親実殿が矢を放っていることに気づきませんでした。そちらへいきたいのですが、忙しいので失礼します」。とぼけた挨拶である。事態はそれで収まったが、ふた

りのあいだには遺恨が残ってしまったのである。

　本来、親実は土佐武士らしい、開けっ広げな男だ。それだけに策謀家の親直とはウマが合わなかったのだろう。ふたりの対立は、のちに長宗我部家に大問題を引き起こすことになる。

　なお、大仏殿は文禄4年（1595）に完成したが、慶長元年（1596）に地震で倒壊。のちに秀頼が再建しようとしたが、出火で焼失した。

九州征伐、仙石・長宗我部・十河の四国軍結成

　四国から九州へ――秀吉による天下一統の矛先は、薩摩、大隅、日向を領する九州の王者・島津氏に向けられようとしていた。

　九州の戦国時代は島津に加え、豊後の大友、肥前の龍造寺による三国鼎立が続いていた。しかし、島津は天正12年（1584）に「沖田畷の戦い」で龍造寺隆信を破り盟主の座を獲得。その後は大友宗麟を圧迫し、九州制覇を目前としていた。島津は九州の長宗我部だったのである。

　島津は鎌倉時代から南九州に君臨していた守護大名。当時は当主の長

◆大友宗麟像

大友宗麟はキリスト教に帰依し、天正遣欧使節を派遣したことでも著名（大分市）

男・義久を支え、3人の弟が脇を固めて勢力を拡大していた。有名な武略の義弘、智謀の歳久、兵術の家久である。

宗麟の救援要請を受けた秀吉は、関白として天皇の勅定を盾に取り、島津に停戦を命じた。しかし島津は「羽柴はまことに由来なき仁と世上の沙汰もあり、島津家は源頼朝以来の名門であるから関白扱いの返書は笑止」(『上井覚兼日記』)とこれを拒絶している。この上井覚兼とは義久の老中である。

『上井覚兼日記』は義久と元親のかかわりも記している。それによれば、両者は以前から音信を交わしており、義久と秀吉が敵対している最中に、元親が大船(商用船とも)1隻を義久に贈呈したことも記載されている。一見不可解な元親の行動だが、外交家として多くの大名と誼を結んでいた元親の基本姿勢を考えれば、うなずけない話ではない。要するに、長宗我部と島津は知らぬ仲ではなかったのだ。

島津征伐を決意した秀吉は、天正14年(1586)8月に、仙石秀久と長宗我部信親を大坂城に呼び、宗麟への加勢を命じた。四国勢を九州征伐の先陣にしようと考えたのである。虎丸城の十河存保にもこの命は伝えられた。

──このころ、長宗我部家は元親・信親の緩やかな二頭政治体制に移行していたことが、近年の研究で明らかになっている。天正11年(1583)の知行宛行状など、重要文書の連署状が複数確認されているためだ。もちろん政治的実権は元親が保持し続けているわけだが、元親が体調面での不安を抱えるようになったころから、二頭体制を試みていた可能性があると見られている。信親の大坂城伺候は、こうした背景があってのことだろう。

信親の報告を聞いた元親は「お前は若輩だが、討っ手に選ばれたことは武門の面目、生涯の大慶である。ただし義久は隠れなき強者。仙石は軍慮乏しい知恵なき男だから、わしも後見役として従軍することにしよう」と語っている。

身の丈6尺1寸(約1m85cm)、色白の若武者に成長した信親はこの年、22歳。高跳びをすれば7尺(約2m12cm)の屏風を軽々と飛び、幅跳びをすれば3間(約5m40cm)の堀を越えた。さらに太刀を抜きながらこの軽業をやってのける武者となっていた。それでいて連歌も蹴鞠もこなす一流の文人。元親にとっては理想的な後継者に育っていた。

Truth In History 長宗我部元親

　四国平定という夢を失った元親にとって、信親は最後に残された希望といっていい。その信親をひとりで九州へいかせるわけにはいかなかったのだろう。
　こうして、仙石秀久を総指揮官(軍監)に、元親・信親父子、十河存保の九州遠征軍が結成された。かつて血なまぐさい戦いを繰り返してきた仇敵同士が一堂に会し、豊後へ向かうことになったのである。

秀久独断専行、元親・信親と対立

　この豊後の陣(戸次川の戦い)の模様は、史料によって細かな違いが見られるが、『豊薩軍記』『南海通記』『土佐物語』『元親記』によれば、以下のようなものだった。
　四国勢は今治から豊後水道を渡り、沖ノ浜(大分市)に上陸した。元親の渡海は11月22日だったともいう。土佐勢の顔触れは元親・信親父子を筆頭に、谷忠兵衛・彦十郎父子、石谷頼辰、本山親茂、桑名太郎左衛門、福留隼人、吉良播磨守(親実の弟)らだった。

◆臼杵城跡

永禄6年(1563)に大友宗麟が臼杵湾に浮かぶ丹生島(現在では周囲は埋め立てられている)に築いた海城。南蛮貿易の拠点とした。3層4階の天守が築かれていたが、江戸時代に破却された(大分県臼杵市)

物語 第八章　戸次川結晶〜信親討ち死に〜

四国軍の兵力は土佐勢3000、讃岐勢2000～3000で、大友の本拠である府内へ進駐した。秀久、存保、元親、信親はここで宗麟・義統父子と対面し、軍議を持つようになる。

　なお、秀吉は軍監の秀久に「敵の襲来があっても堅く守り、援兵を待て」と指示を与えていた。豊前には黒田如水や毛利輝元らを進駐させていたが、秀吉はこちらにも長期戦に持ち込むよう命じている。秀吉は、島津勢を薩摩に帰れぬよう疲弊させ、翌年になってから自ら大軍を率いて出馬し、叩き伏せようと考えていたのである。

　一方、島津軍は家久を総大将に2万の大軍で進軍。日向と豊後の国境である梓峠から大友領に攻め入った。

　大友領の重要防衛拠点が鶴賀城（大分市）で、ここを突破されれば大友の本拠である府内、宗麟が守る臼杵城（臼杵市）が危うくなる。鶴賀城は島津勢の先鋒、新納忠元の軍に大苦戦。12月7日には利光宗魚が流れ弾に当たって戦死し、落城寸前に陥っていた。

　府内の四国勢と大友義統は、秀吉の命もあって後詰めに出るか躊躇していたが、「鶴賀城を救うべし」とする秀久の熱心な主張により、出陣を決定する。

　12月12日早暁、四国・大友連合軍6000は府内を発し、白滝台付近へ進出。その後、鶴賀城の対岸に位置する鏡城跡に陣を敷いた。一方、援軍の到来を知った島津家久は鶴賀城の囲みを解いて、坂原山に本陣を据えた。坂原山は鶴賀城を見下ろし、連合軍と戸次川を挟んで向かい合う場所である。

　連合軍と島津軍が相対したこの一帯は、戸次平野と呼ばれる。この平野を流れる戸次川（大野川）は、豊後と肥後の境にある祖母山を水源とし、鶴崎で別府湾に注ぐ北流の川である。

　連合軍は軍議を開いた。決戦を主張したのは仙石秀久である。
「島津勢恐るるに足らず。一気に渡河して勝負を決めよう」
　元親は反対し、このまま対陣を続けるべしと唱えた。
「渡河などもってのほか。敵は川の端を引き退いて備えている。堤の陰に伏兵がいることは疑いない。渡河の途中で鉄砲を撃たれればどうする。まして島津は大敵である。この少勢では勝てない」
　しかし、秀久は持論を変えようとしなかった。
「伏兵を恐れては戦はできない。とにかく川を越そう」

第八章　戸次川結晶 ～信親討ち死に～

強気の姿勢を崩さない秀久に、十河存保(そごう)も同意した。
「古より川を渡ったほうが勝ち、渡されたほうが負けの例もあります。急いで渡りましょう」
ここで長宗我部信親は秀久に苦言を呈している。
「関白殿のいいつけをお忘れか。衆議をまとめて出陣すべきです」
秀久は信親を嘲笑い、この若武者に無礼な言葉を放った。
「若輩未練の方なれば、覚悟もできていないのでしょう。御辺は後陣で御諚(ごじょう)(主君の命)を守り、我が軍を見物なされ」
信親は呆れた。秀久はかつて引田の戦いで長宗我部軍に惨敗し、幟を奪われて敗走した男。その強気は滑稽なものにしか見えなかった。
「仰せのごとく私は若輩未練の者です。御辺が敗れた際、後陣にあって殿軍(しんがり)を務めることに致しましょう。急いで打ち立ち給え」
こうして長宗我部父子も秀久に引きずられるように渡河することになる。
――軍議は決した。結果論からいけば、この蛮勇ぶりで秀久は歴史に名を残し、後世まで無能の誹(そし)りを受けることになる。戦場の高揚感、元親・信親父子に対する劣等感が、この豊臣の出世頭の磁場を狂わせ、無謀な会戦に踏み切らせたのだろうか。

戸次川の戦い！　島津、「釣り野伏せ」で連合軍を圧倒

連合軍6000は戸次川・園田の渡しを渡河、無事に対岸の中津留河原へ到着した。その後、秀久は軍を2手に分けた。左翼が讃岐勢、右翼が土佐勢という布陣である。
左翼隊3000は、第1陣十河存保(そごうまさやす)隊、第2陣仙石秀久隊、第3陣大友義統(よし)・戸次統常(むねつね)(べっきむねつね)(大友家臣)隊。兵力は十河隊と仙石隊がそれぞれ約1000、大友隊は数百だったと見られる。
右翼隊3000は、第1陣桑名太郎左衛門隊、第2陣信親隊、第3陣元親隊、兵力は各1000である。連合軍は鶴賀城を南に臨む山崎付近に土佐勢、迫ノ口付近に讃岐勢が布陣し、狭い中津留河原一帯で野営の準備を始めた。
一方、島津の陣立ては、第1陣伊集院久宣(いじゅういんひさのぶ)隊5000、第2陣新納忠元(にいろ)隊3000余、第3陣本庄主税助(ほんじょうちからのすけ)隊2000余、家久本隊8000余という布陣であった。

ここで島津勢は仕かけた。
　用意していた伏兵で仙石隊の先鋒に攻撃を仕かけたうえ、竹中の渡し方面より伊集院隊に長宗我部隊と仙石隊を急襲させたのである。
　だが、長宗我部・仙石隊はこれを迎撃し、逆に伊集院隊を敗走させることに成功した。仙石秀久は調子に乗って追撃を命じる。
　兵法に長けた十河存保は「これは島津の計略なり！　敵は後陣を備えているうえ、伏兵を用意しているに違いありません！　深追いは禁物です！」と秀久に進言した。しかし秀久は「この機を逃してどうするのか」と怒り、聞く耳を持たなかった。
　こうして仙石隊は、竹中の渡しを逃げる伊集院隊を追ってしまった。
　直後、轟音が轟き、仙石隊の兵が次々に倒れた。案の定、伏せていた島津の鉄砲隊が仙石隊の側面に一斉射撃を加えてきたのだ。さらに後陣より、家久の本隊が混乱する仙石隊を押し包むように攻撃した。秀久はまんまと島津の計略にかかったのである。
　大打撃を受けた仙石隊は、あっという間に潰乱してしまった。秀久は這々の体で戦場から逃げ、そのまま小倉城（福岡県北九州市）へ敗走、さらに自領の讃岐、淡路洲本へ逃げ帰るという醜態を演じている。
　『豊薩軍記』には、「仙石は四国をさして逃げにけり、三国一の臆病の者」と記されている。大友義統も戸次統常を失った末、竜王城（大分県宇佐市）へ逃げていった。
　讃岐の兵たちは指揮官を失い、置き去りにされた格好である。そこに島津の諸隊が襲いかかった。迫ノ口の南東の山から本庄隊、中央利光方

◆戸次川古戦場

大分市街中心から離れた戸次にたたずむ（大分市）

Truth In History 長宗我部元親

物語 第八章 戸次川結晶〜信親討ち死に〜

面から新納隊が突撃してきたのである。本庄隊は連合軍に気取られぬよう、わざわざ鶴賀城の裏手を迂回するという念の入れようである。

「あますな！　漏らすな！」

戦場に島津勢の声が響きわたる。中津留河原は阿鼻叫喚の地獄と化し、戸次川は見る見る讃岐勢の血で染まっていった。

これは島津の「釣り野伏せ」作戦と呼ばれるものである。釣り野伏せとは全軍を3隊に分け、敵を3方面から包囲する作戦である。1部隊が攻撃、敗走を装って後退し（釣り）、前進する敵を伏兵で襲撃（野伏せ）するものである。龍造寺や大友を圧倒してきた戦術が、戸次川でも使われたのだ。

十河存保は退くこともできたが踏みとどまって力戦し、"鬼十河"の面目躍如の戦いをしたのち、玉砕した。享年33歳。

追い詰められた土佐勢、自害を決意する元親

乱戦の最中、後陣にあった元親と信親は兵たちに下知を与えた。

「鉄砲を伏せ、10間（約18m）まで引きつけて放て」

そこへ新納忠元(にいろ)の騎馬隊が押し寄せてきた。槍先が迫ってきたところで、土佐勢は下知通りに一斉射撃を行った。新納の先陣が将棋倒しとなったところへ、長宗我部父子は揃って突撃を加えた。土佐勢は大奮戦し、新納勢を利光まで押し返してみせたのである。

新納、長宗我部隊とも兵力は各3000だったが、土佐勢は圧倒的な強さ

◆十河一族慰霊碑

信親の墓の横に立てられている。阿波三好の勇者は九州の地で最期を迎えた（大分市）

179

◆戸次川の戦い①

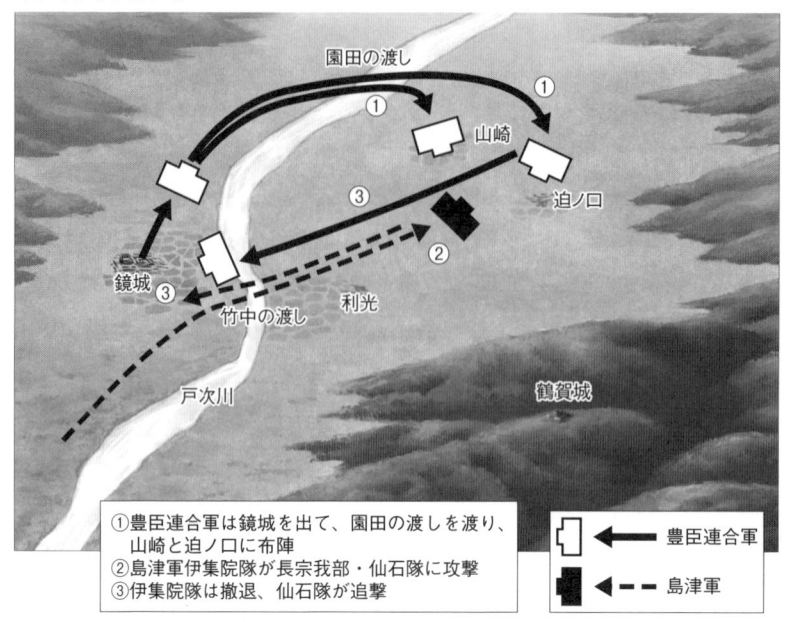

①豊臣連合軍は鏡城を出て、園田の渡しを渡り、山崎と迫ノ口に布陣
②島津軍伊集院隊が長宗我部・仙石隊に攻撃
③伊集院隊は撤退、仙石隊が追撃

□ ← 豊臣連合軍
■ ←-- 島津軍

◆戸次川の戦い②

④家久隊、新納隊が追撃してきた仙石隊を攻撃、伊集院隊も再攻撃を開始
⑤仙石隊は敗走
⑥本庄隊が山間から出撃して、土佐勢は完全に包囲される。長宗我部信親、十河存保が討ち死に

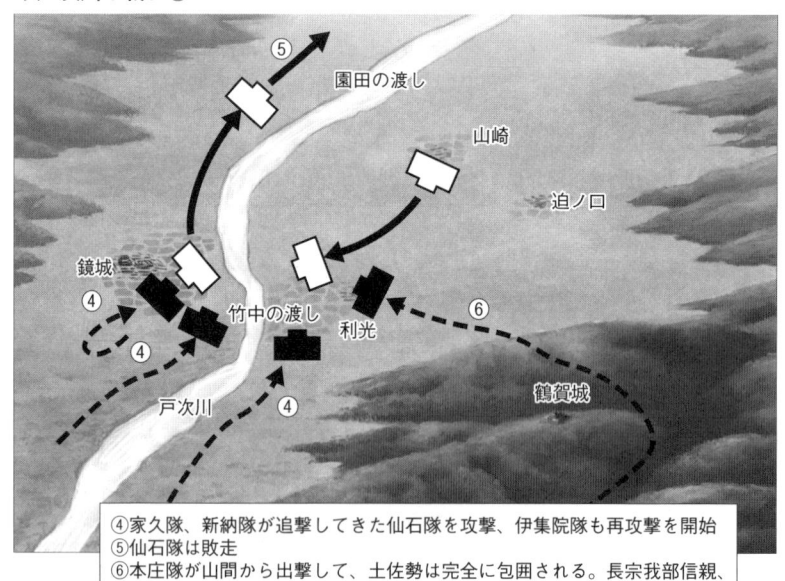

を見せた。なかでも信親は、4尺3寸（約1m30cm）の長刀を打ち振るい、獅子奮迅の働きを示した。

激怒した新納忠元は「見苦しき負けを喫したものだな。命を惜しむな、ただ切り死にせよ」といい放った。忠元は"鬼武蔵"の異名で恐れられた猛将である。自ら真っ先に遮二無二突撃してきた。

土佐勢も応戦し、再び新納隊を押しまくった。しかし、長宗我部父子の善戦もここまでであった。伊集院、本庄、家久ら島津勢が雲霞のように押し寄せてきたのである。

元親・信親父子は四方から押し寄せる島津勢の猛攻を受け、離ればなれとなった。これが元親父子の今生の別れとなった。

土佐勢は乱戦のなかで総崩れとなり、戦死する者が続出。福留隼人、細川源左衛門（ほそかわげんざえもん）は元親に暇を乞うてから信親のもとへ向かい、壮烈な討ち死にを遂げている。気がつけば元親の従者は谷忠兵衛を筆頭に、桑名弥次兵衛、中島与市兵衛、江村孫左衛門、吉田康俊、桑名将監（くわなしょうげん）、十市新右衛門（とおちしんえもん）ら21名を数えるのみになっていた。

「我が運命これまでなり」

覚悟を決めた元親は、秀吉から拝領した名馬・内記黒から降り、刀を抜いた。内記黒はその場を走り去った。これを見た十市新右衛門は慌てて元親を制止し、自分の馬に乗せて逃げさせようとした。すると、そこへ内記黒が再び走り戻ってきたのである。

新右衛門は「家運尽きざる証です」と喜び、素早く内記黒の口を取って元親を無理矢理鞍へ乗せた。その後、新右衛門は忠兵衛らと協力して敵中を突破し、元親を沖ノ浜近くの上ノ原城（うえのばる）（大分市）へ落ち延びさせたのである。

一方、信親は――。

信親、戸次川に死す。土佐勢700も玉砕

信親は中津留河原に踏みとどまり、700の兵をまとめて最後の戦いに臨もうとしていた。

桑名太郎左衛門は馬前にひざまずき「急ぎ引き給え」と撤退を勧めたが、信親はこれをきっぱりと拒んだ。

「逃げることはたやすいだろう。しかし、父上の生死もわからない。

また、仙石殿の指図とはいえ、関白殿下の軍令に背いた以上、この見苦しき敗北を、殿下の前でどうやって申し開くことができるのか。我はここを最期の戦場と決めた」
　この言葉に太郎左衛門、信親につき従っていた吉良播磨守、本山親茂、石谷頼辰らは打たれた。"源氏の子"は、こんな武士に成長していたのである。
「よくぞ申された。物の数ではないが、我々も死出の御供仕る」
　兵たちも口々に「御供仕る」と叫んだ。ここに土佐勢700は一塊の結晶となって、島津の大軍に立ち向かったのである。
　やがて怒濤の勢いで、2000を超す新納勢が襲いかかってきた。土佐勢は2手に分れてこれを迎え撃った。土佐勢は決死の覚悟で信親を支え、入り乱れ、わめき叫んで3倍の新納勢と切り結んだ。だが多勢に無勢、土佐勢は次々に屍を築いていく。
　信親は長刀を振り回し次々に敵を切り伏せていたが、馬を切られてそのまま激しく地面に叩きつけられた。これを見た新納忠元は「あれこそ敵の大将だ」と叫んだ。新納勢が信親を押し包もうとしたところ、信親

◆**長宗我部信親の墓**

戸次川を見下ろす小山に建立。墓の前には鉄製の鳥居が立てられている（大分市）

は起き上がり、長刀を手に敵勢のなかへ割って入った。

激しい戦いで長刀が折れたため、信親は太刀を抜いた。かつて烏帽子親だった織田信長から拝領した左文字の太刀である。信親は敵と切り合い、多数の兵を討ち取った。信親は体中に深傷、浅傷を負いながら、阿修羅のような戦いぶりを見せたのである。

だが、さすがの信親も、次々に繰り出される新手の前に疲労困憊となってしまった。やがて信親は島津の軍奉行・鈴木内膳と激しく切り合った末、ついに討ち取られた。享年22歳。

石谷頼辰、本山親茂、桑名太郎左衛門、吉良播磨守、谷彦十郎ら重臣たちも「なんのために惜しむべき命ぞや」とわめき、敵へ打ちかかって次々に討ち死にしていった。残った兵たちも新納勢に壮烈な突撃を敢行し、命を破裂させるかのように死んだ。

700の土佐武士は一騎も残らず、すべて戸次川に散ったのである。

悲嘆の元親、信親の亡骸を求める

上ノ原城の元親は信親の安否を思い、気が気でなかったが、このまま抗戦することも不可能と判断し、そのまま沖ノ浜へと敗走した。

沖ノ浜には連合軍の落武者が次々に逃げ延びてきた。そしてついに元親は、落武者たちから、信親と700の土佐勢が枕を並べて討ち死にしたことを聞く。

このときの元親の様子は「東西暮れたる心地して(東も西もわからなくなって)、行く先も覚えねども、駒に任せて船津(船着き場)に着き」(『土佐物語』)という有様だったという。

元親に従っていた谷忠兵衛も長子・彦十郎の死を知ったが、気丈に振る舞い、元親を急き立てるようにして船に乗せ、伊予日振島(愛媛県宇和島市)へ落ち延びさせた。

日振島は豊後と伊予のあいだにある小島で、宇和島港から西方約28km。かつては承平・天慶の乱(935～940)の海賊、藤原純友の本拠地だったことで知られている。

一方、島津家久は大勝利の勢いを駆って鶴賀城を制圧。翌12月13日には南蛮都市府内を焼亡させ、臼杵城の大友宗麟を包囲していた。宗麟は大砲「国崩し」で辛くも島津勢の撃退に成功している。

さて、日振島に着いた元親は忠兵衛を呼び寄せ、この忠臣に後生一生の願いを託した。
「弥三郎(信親)の亡骸を島津よりもらい請けてほしい」
この場合の亡骸とは、信親の首級を指している。
先刻まで争っていた敵に亡骸を譲渡してもらう。戦国時代としては珍しい例である。ただし中世では、足利尊氏が討ち取った楠正成の首を遺族に届けるなど、武家階級にこうした"礼"は存在した。武田信玄の重臣・板垣信方が村上義清に討たれた際、上杉謙信は「信方ほどの将であれば、義清は首級を信玄に返すべきだった」といったほどだ。
また、島津と長宗我部は旧知の仲でもあり、元親としてはそこに一縷の望みを託したのであろう。
忠兵衛は従軍僧だった恵日寺の僧とともに舟で豊後へ戻り、使者として新納忠元の陣を訪れた。
忠元は忠兵衛から話を聞き、涙を流したという。島津も長宗我部と同じく、鎌倉以来のもののふの道、武家の礼を残す家柄であった。
「御子息・弥三郎殿を討ちましたのは軍の習いとはいえ、本意ではあ

◆**長宗我部信親の墓（雪蹊寺）**

高知・雪蹊寺境内にも信親の墓が立てられている(高知市)

りませんでした。本来ならこちらから（亡骸を）お返しすべきところ、誠に面目ありません。宮内少輔殿の御心底お察しします。弥三郎殿の戦いぶりは大変立派なものであり、我が兵の評判となっています。これぞ武門の誉れ、御心をお慰めしたい」

忠兵衛は忠元に案内され、変わり果てた信親の首級と対面した。「若殿」。一目見て忠兵衛はただ涙をこぼした。

忠兵衛は元親に「亡骸はそのまま具して参れ」といわれていたが、（とてもこのまま殿にお見せすることはできない）と判断した。

「御勘気をこうむってもよい。若殿をここにて煙にし成し奉らん」

忠兵衛と僧は信親を荼毘に付し、遺骨を首にかけて日振へ戻った。新納忠元は弔いの使者を添え、信親の太刀と甲冑を元親に送った。

……元親は二目と見ず、涙にむせんだ。近習たちは慌てて遺品を取り下げたが、改めて太刀と甲冑を見て驚いた。太刀は鍔元から切っ先まで刃こぼれでぼろぼろになっており、原形をとどめていなかった。甲冑は槍、矢、太刀の傷が無数にあり、袖も草摺（胴の下に垂れて大腿部を守るもの）も千切れていたのである。皆は信親の壮烈な最期を思い、ただ男泣きに暮れた。

その後、忠兵衛は高野山に向かい、信親の遺骨を納めた。また元親は、信親と700の兵の菩提を弔うため、浦戸に天甫寺という寺を建立している。長宗我部氏滅亡後に廃寺となり、現在は雪蹊寺に信親の墓と戦死者の供養塔が置かれている。

──長宗我部元親という人は、ある意味、この日振島で"死んだ"といえる。すでに南海、西海の王という夢は潰え、ここに信親という希望も失った。夢と希望をなくした男の後半生は、ただの余禄に過ぎない。

秀吉九州平定、元親は大隅拝領を辞退

「仙石は元親の諫めも聞かず、手に合わざる合戦をして弥三郎や十河を討たせてしまったのか。不憫である」

戸次川敗戦の報告を受けた京の秀吉は激怒し、直ちに仙石秀久に領地没収をいい渡し、高野山へ追放した。元親の生死がわからなかったので、土佐には弔問の使者として藤堂高虎、増田長盛を赴かせた。長盛は尾張の人で、石田三成と並ぶ秀吉子飼いの官僚タイプの武士である。『土

> ### ◎秀吉と新納忠元の対面
> 　九州平定後、秀吉は新納忠元と対面した。
> 　その席で秀吉は忠元に問うた。
> 「また戦がしたいか」
> 　忠元は「島津を敵にされるなら何度でも戦をいたします」と答えた。
> 　忠元の度胸に秀吉は感心し、陣羽織を脱いで与えたのち、自ら傍らの「螻蛄首」(おけらのくび)という名がある名刀を取った。
> 「これもつかわそう」
> 　秀吉は無遠慮に鞘尻のほうを出して忠元に与えた。忠元は身震いしながら、これを進んで受け取った。
> 　帰陣した忠元は、対面の様子を知りたがる若侍たちを前にこういった。
> 「わしが手向かいできる相手ではない。さすがの忠元も腰が抜けたわ」
> 　実は忠元は、謁見の場で秀吉を突き刺そうと考えていたのである。しかし、秀吉は進んでその身をさらしたのだ。怯える敵を刺激せず、まず胸襟を開いてやることが重要だと秀吉は考えていた。その計り知れない器量に豪勇・忠元も打たれたのである。

佐国蠹簡集』では、秀吉は万一の場合に備え、元親の次男・香川親和に跡目相続を許す朱印状を渡したとされている。

　その後、日振より桑名将監が使者として現れ、元親の無事を伝えるとともに、今後の指図を仰いできた。

　安心した秀吉は将監に「さぞ元親は力を落としていよう。帰国して兵馬の疲れを癒し、来年の出馬に備えよと伝えよ」と告げた。

　翌天正15年(1587)3月、秀吉は20万を超える大軍を率いて自ら島津攻めに乗り出した。豊前で元親と対面した秀吉は、信親を悼み、ふたりはともに涙に暮れた。

　圧倒的な豊臣の大軍を前に、島津は敗走に次ぐ敗走。島津義久は5月8日に剃髪して降伏。義弘、歳久、家久も降り、ここに九州平定は完了した。秀吉は島津から大部分の所領を没収したが、例によって4人の命は救ってやっている。

　なお、秀吉は傷心の元親を慰めようとしてか、「信親の戦死は比類なき忠節である」と称え、秀長を通じて大隅一国を与えようとした。しかし元親は「私はなんの働きもしていません」と固辞した。これで島津は薩摩と大隅の2国を安堵されることになったのである。

　なお、府内を焼かれた大友宗麟は失意のうちに病死している。その

子・義統（よしむね）は豊後を安堵されたが、戸次川でいち早く逃亡したことで秀吉ににらまれることとなった。義統は、のちの朝鮮出兵で再び失態を演じ、改易されている。

十河家は存保の戦死により2万石を没収。遺児・千松丸（せんまつまる）は幼少だったので、新たな讃岐領主となった生駒親正（いこまちかまさ）に3000石を与えられて養育されることになった。

しかし、千松丸はほどなく何者かに毒殺され、十河家の嫡流は断絶することになった。元親と縁深い大友、十河の両家は、こうして歴史から姿を消したのである。

明治の文豪、森鴎外を揺さぶった信親

――戸次川の古戦場には現在、国道10号線沿いの川岸にささやかな看板が立てられている。そして戦場を見下ろす東方の小さな山に、信親の墓と十河一族の慰霊碑（そごう）が並ぶように立っている。

信親の墓は土佐にもあるが、昔と今では墓の概念が異なるため（埋め墓と詣り墓（まい）の共存など）、同一人物の墓が複数あるのは珍しくない。

信親の墓のそばには「森林太郎叙事詩（もりりんたろう）　長宗我部信親」という記念碑がある。森林太郎とは明治の文豪・森鴎外（おうがい）のことである。

鴎外は軍医として小倉に赴任した際、信親と戸次川の戦いを知り、大いなる感銘を受けた。取材を重ねた末、明治36年（1903）に発表したのが「長宗我部信親」という長編叙事詩である。

◆森林太郎叙事詩「長宗我部信親」の記念碑

信親の墓のそばに立てられている。松山で暮らした漱石と合わせ、明治の二大文豪は四国と浅からぬ縁がある（大分市）

Truth In History 長宗我部元親

物語　第八章　戸次川結晶～信親討ち死に～

戦国時代は昔から文学者の格好の題材となっており、意外な作家が意外な武将を取り上げている。たとえば坪内逍遙の片桐且元、幸田露伴の蒲生氏郷、坂口安吾の黒田如水、遠藤周作の小西行長などだ。
　このなかで、王者のなかの王者である鴎外が、信親を選択したのは非常に興味深い。
　同書で鴎外は「薩摩琵琶歌として作れるなり」としている。薩摩琵琶は島津の保護で発展した戦記物の琵琶だ。信親の死は島津勢にも感動を与えたからこそ、このスタイルとなったのだろう。"永き嘆きの歌"である唐代の「長恨歌」(白居易作)の系譜にも連なる作品だ。
　碑には叙事詩の冒頭が書かれている。

　頃は天正十四年
　しはす十二日の朝まだき、
　筑紫のはても冬闌けて、
　霊山おろし吹きすさむ
　戸次の川の岸ちかく、

　——作中で信親の最期はこう描かれている。

　鈴木大(内)膳馳せ寄りて、
　おん大将に見参と、
　隙間もなくぞ切りかくる。
　信親につこと打ち笑みて、
　殊勝の敵よ土佐武士の
　最期を見よとわたりあひ、
　思ふ儘に太刀打して、
　二十二歳を一期とし、
　地にもたまらぬ暖国の
　雪より先きに消えにけり。

　——死出の供をした700の将兵たちについては、

その外名ある家の子等
三十余人を始とし、
物数ならぬ雑兵まで
ひとりも残らず討死して、
中津留川原の石原を
韓紅に染めなしゝは
あはれなりける事どもなり。

　——最後に鴎外はギリシアの英雄叙事詩「イリアス」を引用し、こう結んでいる。

異国のむかしTrojaにて
愛子Hectorが屍を
敵の陣所に乞ひ得たる
Priamos王が恨にも
まさる恨は日振なる
假屋の軒に元親が
最愛の子の亡骸を
あだに待ちける恨なり。

　元親の恨とは単純な怨みではなく、もっと深い、人が生きることに対する根源的な嘆き、激しい"憾み"といえる。
　ともあれ、鴎外の手により長宗我部信親と700の土佐武士は、透き通った神話の人になった感がある。

第九章
元親死す
～豊臣家臣としての晩年～

1587〜1599

元親、後継者に四男・千熊丸を指名。親和は病死

　戸次川の戦いののち、元親はこれまでとは別の人生を歩むことになる。それは、豊臣政権下での"忠実な外様大名"としての道である。

　すでに、国を取り天下へ名乗りを上げようとしていた野心家の面影はない。晩年の元親は、まるで長宗我部という会社を一心不乱に守ろうとする中小企業経営者のようでもある。

　家を守るためには秀吉に奉仕せねばならない。秀吉に奉仕するためには、近世大名へ脱皮し、領国経営を強化せねばならない。

　正しく検地を行う。新田開発を進める。法を整備する。身分制度を定める。城下町を作る。兵農分離を果たす。軍役を務める……近世大名としてやらねばならないことは山積していたのである。

　元親はこうした課題を実直に、ドライに遂行するため、専制君主としての色彩を強めていく。かつてのようなのんきな国人一揆の棟梁ではいられないのだ。

　元親は香宗我部親泰、久武親直、谷忠兵衛、外交僧の非有（忠兵衛の弟ともいわれる）らで首脳陣を固め、土佐の構造改革に乗り出していく。

　こうした彼の信念は、慶長2年（1597）に発令される分国法（大名の領国支配のための法律）「長宗我部元親百箇条」（P.202参照）として結実することになるのだ。

　さて、元親にとって戸次川後の最初の課題は、信親に代わる跡目相続の問題だった。元親には正室とのあいだに次男・香川親和（天正15年〈1587〉時21歳）、三男・津野親忠（同16歳）、四男・千熊丸（同13歳）とい

Truth In History 長宗我部元親

第九章 元親死す～豊臣家臣としての晩年～

う3人の男子がいた。

皆は当然、親和が世継ぎになると思っており、秀吉もこれに配慮して朱印状を出したといわれるほどである。

しかし元親の考えは違った。彼の意中の人物は、なんと末っ子の千熊丸だったのである。当時千熊丸は吉良家の養子になっていたが、急遽本家に呼び戻されることになる。信親には忘れ形見の女児がひとりいたため、元親は千熊丸にこの娘を娶(めと)らせて後継者にしようとした。

なぜ、千熊丸だったのか。

ひとつは元親の千熊丸に対する偏愛とされる。千熊丸はどこか信親に似た気性の明るい少年だった。長じては6尺（約1m80cm）の大男になったとされる。ただでさえ末っ子は可愛い。

加えて、元親は信親の血統をどうしても長宗我部家に残したかった。信親の唯一の女児と釣り合うのは、幼い千熊丸しかいなかったのである。

さらに見逃せないのは、久武親直も千熊丸を推したことである。

長宗我部家が大きな変化を遂げるなかで、久武親直は一門衆、とりわけ吉良親実（親貞の子）、比江山親興（長宗我部国親の弟の子）らと深く対立していた。同族会社で、経営者一族と生え抜きのエリート専務がいがみ合う構図にかなり似ている。

親直としては、末っ子可愛さの元親に乗じたとも見られる。一門衆と深い繋がりのある親和と親忠を排除して、手垢のついていない千熊丸を新当主に据えれば、宰相としての権限が強まるためだ。

もちろん、元親の意向を知った吉良親実と比江山親興は大反対した。継嗣(けいし)問題は大もめになったのである。

このころ、次男の親和は謎の病死を遂げている。家督を継承できないことに悩み、鬱病を患ったとも、肺結核になったとも、あるいは毒殺されたともいわれる。真相は定かでないが、哀れとしかいいようがない。

元親、反対派に血の粛清

硬骨漢(こうこつかん)の吉良親実は、元親の前で堂々と持論を展開した。

「長子不幸のときは次男、次男不幸のときは三男。これが道の常です。そのうえ、叔父（千熊丸）に姪（信親の娘）を娶(めと)らせるとは禽獣のなすようなことではありませんか。どうぞお考え直しください」

◆吉良神社

親実を祀るために築かれた。"七人みさき"の怨霊譚は、土佐以外にも全国でさまざまな伝承がある（高知市）

　比江山親興もこれに続き、そばにいた久武親直をも非難した。
「左京進（親実）のいう通りです。孫次郎（親忠）殿が長宗我部の家を継ぐべきでしょう。久武殿ほどの方の考えとも思えません」
　吉良親実と比江山親興は、愛すべき純朴な土佐武士である。元親という主君を信じきっているからこそ、彼らは歯に衣着せずに諫言（かんげん）することができたのであろう。
　長宗我部という家は昔からそうで、本当に風通しのいい家であった。思えば、家来が元親に無断で事を図り、勝手に敵陣へ突撃、元親が尻ぬぐいをしたことさえしばしばだったのである。
　親実らの不幸は、そうしたよき時代が終わったことを全く理解していなかったことに尽きる。目の前の元親は、かつての優しい土佐の親分ではなく、冷徹な管理主義者に変貌していたのだ。
　天正16年（1588）10月、親実と親興のもとに使者が訪れた。元親からの切腹の命を伝える検死役である。このとき親実は碁を打っていたとされる。親実はなんの抗弁もせず、碁を打ち納めて入浴し、その後割腹した。親興もなにもいわず、腹を切っている。元親は四国制覇を支えてき

た甥と従兄弟を、あっさり切って捨てたのだ。
　反対派の粛清はこれだけにとどまらなかった。元親は「親実、親興の縁者らがいかなる野心を起こさぬとも限らない。すべて誅殺せよ」と命じたのである。
　親実の兄弟といわれる僧の如渕、土佐神社の神職・永吉飛騨、親実の家来・勝賀次郎兵衛、親興の妻子ら多くの者が次々に上意討ちされた。
　かつてない凄まじい大虐殺は、土佐に「七人みさき(御先)」という怨霊伝説を生む。親実ら7人の亡霊が出没するという伝説だ。
　土佐の人々は「佞臣久武の仕業である」と親直を憎悪した。真偽は不明だが、親直の子7人が自害、乱心したなど久武家の不幸の伝承も残る。その後人々は怨霊を鎮めるため、親実を御神体とする神社を造った。これが春野(高知市)に現存する吉良神社である。
　——元親の人柄は大きく変わった。敵の人質を救い、1畦ごとの麦薙ぎをした"土佐の出来人"はもうどこにもいない。
　この原因として、よくいわれるのが信親の死である。もちろんその影響もあるだろうが、理由は決してそれだけではない。晩年の元親は、豊臣政権下の冷徹な改革執行者へと変わった。
　生き方が変われば人も変わる。そして久武親直は、その忠実な右腕だったのである。
　なお、元親はこの年4月に叙位任官。従五位下侍従となり、羽柴の姓も受けて正式に豊臣傘下の大名となった。
　また、世継ぎとなった千熊丸は増田長盛を烏帽子親として元服。「盛」の偏諱を受けて長宗我部盛親と名乗った。長盛は秀長の死後、大和郡山20万石の大名、豊臣家五奉行のひとりとなったエリートだが、信親・信

◎元親とヒトラー

　大名の後継者問題が血を見ることはよくある話で、武田信玄の長子殺し、信長、政宗、元就の弟殺しなど枚挙に暇がない。とはいえ、謀反もないというのに、長宗我部クラスの大名家でこれほどの粛清を行った例は少ないだろう。手口、イメージとしては、ヒトラーが1934年に行ったナチス党の反ヒトラー派大粛清、「長いナイフの夜事件」に近い。元親もヒトラーも短期間で不満分子を一掃し、ひとりたりとて生かしておかなかった。そして専制体制を確立したのである。

長の例とは比べものにならない格落ちだ。どこか元親の枯れっぷりと重なって見える処遇である。

土佐一国の総検地と岡豊城の移転

　天正15年(1587)の終わりごろから、元親は領国経営強化の一環として、土佐一国の総検地に乗り出している。

　検地とは、年貢高や諸役(諸々の雑税。城の普請役や河川改修役などさまざま)を定めるため、土地を測量し、収穫量を調査する政策である。この調査により、統治者は実収入のデータを把握し、課税を公平化して"生産増→税収増"のうま味を得ることになる。

　元親は四国平定の過程ですでに検地を行い、軍功があった武士、一領具足に坪付状(大名が家臣に与える知行目録)を発行していた。ただし、この検地は名主の自己申告による不明瞭な「差出検地」が大半で、検地実施地域も限られたものだった。

　新しく始めた土佐の総検地は太閤検地の一環として行われた。太閤検地は秀吉自身、「日本全国、寸土尺を残さず」と豪語した壮大な測量プ

◆浦戸城跡

長宗我部氏最後の城。桂浜北部にある。現在は石碑が立つのみで、遺構はほとんど残っていない(高知市)

ロジェクトである。6尺3寸＝1間、300歩＝1反など、統一的な基準（段歩制）を採用したものだった。

太閤検地は、名目上は全国規模で行われる大々的な"国勢調査"だが、実質的には中世までの複雑な土地制度（荘園制）を一新させる画期的な事業であった。

従来は、ひとつの土地に所有権を持つ土豪、貴族、寺社が多くあり、耕作者の収穫からそれぞれ中間マージンを取ってきた。太閤検地は、この中間搾取をすべて廃止し、領主が農民を直接支配する、つまり領主と農民との1対1の関係を築こうとしたものである。

農民は土地の所有権が認められたが、年貢負担者として土地に固定されてしまう。つまり、検地は武士と農民の身分を完全に分け、兵農分離への移行を促す革命でもあったのだ。

元親は秀吉の威光をバックに、これまで竿入れ（測量）ができなかった地域にも検地を強行した。役人衆にも「ひいきをするな」「贈り物はもらうな」「地検中は酒一切禁止」といった厳正な竿入れを求めている。

元親は一時休止期間を挟んで慶長3年（1598）まで検地を行い、368冊に及ぶ地検帳をまとめ、それまで9万8200石だった土佐の石高を24万8300

◎一領具足、検地役人に復讐する

長宗我部検地は厳正に行われた。しかし、あまりの厳しさに怨嗟の声も少なくなかった。

吾川郡弘岡に籠宗全（かごのそうぜん）という検地の名人がいた。宗全は己の才をひけらかし、浦戸城で重臣を前に「国中を点検しているようですが、どうもやり方が手ぬるい。収納に損失が出ています。私に仰せつけられれば、国中をことごとく改め、1万石あれば1000石余分に打ち出して見せます」と豪語した。

重臣たちは農民たちの負担増を心配し、「民を苦しめるとは憎きことを申す奴だ」と思ったが、収納のためとあっては制することもできず、宗全に任せることにした。

宗全は、まず近辺の弘岡周辺を検地した。宗全のやり方は厳しく、たちまち1000石の地から800石余分に打ち出した。こうして、年貢の大幅増を迫られた農民たちは、大いに苦しむことになった。

ある夜、宗全の館から突然の出火が起こった。火は見る見るうちに燃え上がり、宗全は逃げ遅れて焼け死んだ。

これは近辺の一領具足の仕業であった。宗全は"死生知らず"の荒くれ野武士の怒りまでは計算できなかったのである。

石に確定している。

　徹底的な竿入れの成果といえるが、元親はほかにも浦戸湾の干拓と、これに伴う新田開発を進めたり、山腹や林などを切り開いて畑（切畑）を作ったりなど、生産性を上げようと涙ぐましい努力を行っている。とりわけ浦戸湾干拓は、数万人の人夫を動員した大規模なものだった。この事業は6000町歩もの新田を生み、長宗我部直轄領となっている。

　元親は検地と平行して、天正16年（1588）に長年住み慣れた岡豊城から大高坂（高知市）への居城移転も行っている。大高坂の城は、のちの高知城の前身だ。

　軍役、材木役など豊臣家の奉公を果たすうえで、岡豊はあまりに不便な地だった。土佐の中心地で広い平野を持ち、水陸交通の要となる大高坂は、近世大名への道を模索する元親にとって、非常に魅力的だったのである。

　大高坂城を新たな政庁として新しく城下町を作り、家臣を城下に移住させて兵農分離を徹底する。さらに浦戸湾を整備して、海港を持つ交易都市とする——高知市の原型はここに誕生したのである。

　ただし、大高坂は水はけの悪い低湿地帯だったため、元親は天正19年（1591）に居城を再び浦戸城へ移すことにした。元親は以後死ぬまでの約10年間、浦戸の城下町建設に力を傾けることになる。

　なお大高坂は元親の眼鏡通り、首都として理想の地だったため、江戸時代の山内政権下で復権することになる。

　検地、法整備、居城移転、城下町形成……元親は近世大名国家としての種蒔きはしたが、結局その果実を得るまでには至らなかった。秀吉からの軍役に翻弄されたうえ、彼に残された時間もそう長くはなかったためである。

小田原攻めで水軍を指揮

　天正18年（1590）、秀吉は小田原城（神奈川県小田原市）の北条氏政・氏直父子を攻めるべく、諸大名に出陣を命じた。北条はかつて信玄、謙信を退けた天下の要塞・小田原城を頼み、日本全土を敵に回したのである。思えば北条は中世最後の遺物だった。

　3月、秀吉は京を出立。小田原攻めに向かう兵は総勢21万にまで膨ら

んでいる。その軍容は、東海道をいく本軍が家康ら17万、北陸から関東を進む前田利家、上杉景勝ら北国勢が3万。元親は加藤嘉明、九鬼嘉隆、脇坂安治らとともに水軍1万の一角として出陣した。このとき16歳の盛親も元親に従い、初陣に臨んでいる。

小田原攻めでは数々の北条支城が攻撃目標となったが、元親らは伊豆半島の南端、下田城(静岡県下田市)攻めに参加している。城将は伊豆衆筆頭の清水康英である。

元親は池六右衛門を船大将とする「大黒丸」という大船に乗った。大黒丸は兵200人が乗船し、大砲2門、鉄砲200挺などを搭載した強力な戦艦であった。豊臣水軍は海上から下田城を徹底攻撃、康英らは1か月あまり籠城したが、絶えきれず降伏開城に追い込まれている。

元親はその働きを秀吉に賞賛され、大いに面目を施す。六右衛門には褒美として胴服、小袖、兵たちには金300貫が与えられている。

7月に北条父子は降伏し、小田原城はあっさりと陥落。秀吉の天下統一はここに果たされたのである。

なお、あの仙石秀久も家康の仲介で小田原攻めに参陣。軍功を上げて、ちゃっかり小諸城(長野県小諸市)5万石の大名に復帰している。

元親最後の戦い、文禄・慶長の役

秀吉の野心はここで収束せず、明への侵攻を企図するようになる。朝鮮出兵、「文禄・慶長の役」(1592〜1598)の始まりだ。

文禄元年(1592)2月、元親は3000の兵を率いて浦戸を出陣。阿波の蜂須賀家政、讃岐の生駒親正、そして伊予今治11万石の大名になっていた福島正則らとともに五番隊(四国勢)として大陸へ渡った。留守を香宗我部親泰に預け、元親は盛親、津野親忠、香宗我部親氏(親泰の子)らを従軍させている。

豊臣軍は緒戦こそ快進撃を続けたが、日を経るにしたがい朝鮮の義軍に大苦戦。兵糧や武具も欠乏するようになった。元親ら四国勢も苦しみ抜き、香宗我部親氏は不幸にして陣中で病死している。

翌年2月に一時的に明と和議が成立したため、元親は一部の隊をとどめたまま帰国した。その後、親氏の代わりとして、今度は父の親泰が渡海することになったが、不幸は再び起こる。親泰が遠征の途中、長門の

国で病死してしまったのである。51歳だった。

　長宗我部家の事実上の副将として、創成期より兄の元親を支えてきた親泰。信親に続き、元親はかけがえのない肉親を失ってしまった。

　停戦協定は破れ、慶長2年(1597)に戦闘は再開される。元親は3000の兵を率いて、藤堂高虎や加藤嘉明らとともに六番隊として参戦する。元親は島津義弘が普請していた泗川城(しせん)(泗川市)の造営に協力することになった。ここで残した逸話が、戦場の元親を伝える最後の話となる。

　城壁につける鉄砲狭間(外をうかがい鉄砲を放つための小窓)を作っていた際、目付役の垣見和泉守(かきみいずみのかみ)(家純いえずみ)は人足たちに「上げて切れ」と下知していた。高い部分に窓を作ろうとしたのである。和泉守は秀吉直臣だが、実戦経験に乏しい武将だったとされる。

　これを見ていた元親は「胸から腰のあたりの高さで切らねば射撃には向かない」と苦言を呈した。和泉守は元親に「それでは敵から城の内部が見えてしまう」と反駁した。

　元親は大笑いし、手にした杖で鉄砲を撃つ構えをしていった。

　「城内をのぞかれるほど敵に接近されれば、それはこの城が落ちるときです。あなたはその高さの狭間から敵の頭上を撃とうというのですか」

　和泉守は口をつぐむ以外なかったという。他の諸将は目付役を恐れ和泉守への口出しを憚っていたが、元親はおもねることが全くなかったという。歴戦の勇者としての気骨はいまだ健在だったのである。

◎サン・フェリペ号事件

　慶長元年(1596)8月、元親は奇妙な異国船遭難事件に遭遇する。浦戸にスペイン船「サン・フェリペ号」が漂着したのである。サン・フェリペ号はマニラからメキシコのアカプルコへ向かう途中、嵐に遭って航海不能となったため、修理を求めて寄港したのだ。船には大砲、軍需品など多くの積み荷が乗っていた。元親は船長のランデーチョに酒18樽と牝牛1頭を贈って安全を保証したうえ、船員に浦戸城下で宿を与えた。その後、久武親直の勧めで、元親は京の増田長盛(ました)を通じて秀吉に子細を報告した。秀吉は長盛を浦戸に派遣。船員と会見した長盛は、航海士より世界地図を示され「スペイン国王はまず宣教師を海外に遣わし、布教とともに征服を進める」という意味のことを聞いたとされる。これを知った秀吉は、元親と長盛に船荷の没収を命じた。サン・フェリペ号は修理を受けてマニラに戻されたが、この事件は秀吉の大々的なキリスト教弾圧へ繋がることになる。

Truth In History 長宗我部元親

第九章 元親死す〜豊臣家臣としての晩年〜

——その後も元親は泗川付近の戦闘に参戦し、朝鮮軍と大いに戦った。翌慶長3年(1598)に秀吉から帰国命令が下されたことで、元親は3月に帰国することになる。土佐の姫若子は60歳になっていた。

元親死す

　元親の晩年は、ただひたすら秀吉に奉仕する日々となった。もっとも、元親も秀吉に心から信服していたことから、両者は良好な主従関係を築いている。

　ふたりは「ウマが合う」関係でもあった。

　浦戸湾にクジラが迷い込んだ際に元親はこれを捕らえ、船数十艘を連ねたうえ、人夫700人を動員して大坂城に運び込み、そのまま秀吉に献上したことがある。この豪勢な進物にはさすがの秀吉も目を丸くし、褒美として「丸鯨到来、未曾有の義」という朱印状と米800石を元親に与えている。

　また、小田原攻めのあと、ふたりは聚楽第の酒宴の場でこんな会話を交わしている——。

◆伏見城下

元親が亡くなった長宗我部屋敷は伏見城下にあった。正確な場所ははっきりしていない（京都市）

秀吉は元親と話に興ずるうち、ふと妙な質問をした。
「宮内少輔は四国を望んだのか、それとも天下を望んだのか」
　元親は包み隠さず答えている。
「もちろん天下に心をかけておりました」
　秀吉はカラカラと笑った。おかしくてしょうがなかったのだろう。
「宮内少輔の器量ではそれは難しかろう」
　だが元親は素知らぬ顔でいった。
「悪しき時代に生まれたので天下の主に成り損じました。大慶の君（秀吉）の世に生まれ合わせたことが悔やまれます」
　元親は、太閤という人の前では一切の虚飾は不要、と考えていたのであろう。あの雲辺寺で「四国の蓋になる」と住職に答えた気概は、かすかに残っていたのである。
　感じ入った秀吉は、元親を誘って酒席を立ち、茶を振る舞うことにした。元親にとっては万感の茶であっただろう。
　そして慶長元年（1596）4月に秀吉は伏見城（京都市）西の元親の屋敷に「お成り」を行っている。元親、面目躍如の一大イベントである。この際には家康、小早川隆景、前田利家、毛利輝元ら戦国オールスターといっていい顔触れが秀吉に同道した。
　伏見城から元親の館までの道筋は、1600人もの警備兵で固められたという。元親は文字通り長宗我部家の総力をあげて大々的な宴を催し、秀吉一行を歓待した。
　土佐人は"接待好き"として知られ、現在でも花見の席などで見知らぬ人に「飲め、食え」と勧める風習がある。元親も警備兵や一般庶民にも酒や饅頭を振る舞い、伏見は人々の笑顔であふれかえったとされている。元親にとっては一世一代の晴れ姿であった。
　——元親が朝鮮から帰国した5か月後の慶長3年（1598）8月18日、秀吉は伏見城で逝去した。62歳。元親にとっては大きな衝撃であった。
　翌慶長4年（1599）、浦戸城にあった元親は病を得る。4月に元親は病気療養のため上洛し、伏見の長宗我部屋敷に入った。京の名医らの治療により病は一時平癒し、4月23日に元親は秀吉の遺児・秀頼に接見できるまで回復している。
　しかし、5月に入って病は再び悪化。死期を悟った元親は盛親を呼び、こう遺言した。

Truth In History 長宗我部元親

物語 第九章 元親死す～豊臣家臣としての晩年～

「わが在世のごとくして家を守れ。戦陣にあっては桑名弥次兵衛を先鋒とし、中陣は久武親直、後陣は宿毛甚左衛門とせよ。この布陣は絶対に変更するな」

長宗我部家の先行きに対する不安がうかがえる遺言である。土佐変革の志半ばで寿命を迎えることもさぞ無念であったろう。

5月19日、長宗我部元親は61歳の生涯を閉じた。遺骸は天龍寺で荼毘に付され、土佐へと帰還した。7月8日に盛親は天甫寺山（高知市）中腹に元親の墓を築く。戒名は雪蹊恕三大禅定門。

天甫寺山は雪蹊寺にある信親の墓にほど近い。山からは元親が夢を馳せた土佐の海、太平洋が見える。

◆長宗我部元親の墓

長浜の天甫寺山南斜面に築かれている。周囲を木立で囲まれた静かな場所に元親は眠る（高知市）

Column

🔶「長宗我部元親百箇条」の成り立ち

　戦国時代、大名たちは領国内に「分国法」と呼ばれる法律を競って発布していた。分国とは大名の領国を指しており、分国法はこの領国内でのみ有効な法令である。

　当時の大名たちにとって重要だったのは、一言でいうと国を強くすることである。そのためには、家臣、領民、寺社勢力などの統治を強化しなければならない。秩序を維持し、領国内の治安を守らねばならない。こうした点から法整備は不可欠だったのだ。

　別表のように全国で多くの分国法が制定されているが、ベースはおおむね貞永元年(1232)に鎌倉幕府執権・北条泰時が制定した御成敗式目(貞永式目)にある。御成敗式目は武士の最初の成文法であり、その中心思想は「道理」(武士の一般的な正義感)である。

　分国法は御成敗式目を模範としつつ、一族に対する家訓、さらに家臣の所領問題、領民の年貢収納などに関する規定などが盛り込まれた。

　長宗我部家の分国法「掟書」は慶長元年(1596)11月ごろに完成し、翌年3月24日に浦戸城で元親・盛親の連名で制定発布されたと見られる。戦国時代の分国法としては最も新しい時期に作られたものだ。豊臣家臣となった元親が、近世大名への脱皮を目指して創案したものである。

　元親と盛親のほかに、香宗我部親泰、久武親直、谷忠兵衛、非有ら首脳陣と、有識者である蜷川道標が策定に携わったと見られる。

　「掟書」の条文は百条から成ることから、一般的に「長宗我部元親百箇条」と呼ばれている。元親は多数の写しを作成し、領国内に広く配布して領民に周知徹底させようとした。時期的に第2次朝鮮出兵を見据えたものと考えられる。

　なお『土佐軍記』によれば、元親は天正2年(1574)5月に15か条の式目(天正式目)をすでに制定していたとされる。内容は文武の奨励、士道の心得など家臣を対象としたもの。『土佐軍記』のみの記述のため疑わしい部分もあるが、「百箇条」の雛形的な法令として天正式目が存在していた公算はあると見られる。

🔶百箇条のおもな内容

　百箇条の内容は1、2条に寺社の保護や造営の規定、3〜5条で豊臣家への諸役の勤仕、豊臣家への対応、6条で身分規定、7条以下で国内諸役の勤仕、裁判・刑罰・財産・相続に関する諸規定などが記されている。

　最初に神仏への崇拝、公儀への勤仕が規定されていることは、元親の基本スタンスを示しているといえる。一部を抜粋してみよう。

- 4条　菊（天皇）、桐（豊臣家）の紋を使用することを禁ずる。
- 6条　君臣僧俗貴賤上下において、互いの仁義礼、いささかも乱れがあってはならない。
- 7条　軍役、武具など不断から相嗜むべし。
- 25条　喧嘩、口論は堅く禁ずる。これに背き、互いに勝負に及べば理非によらず成敗する。

ほかには、賭博の禁止、国家への反逆、悪口の禁止などに細かな刑罰が定められている。総じて儒教道徳を基本思想とし、信賞必罰、公儀本位の姿勢が特徴的である。

大酒や浮気の注意

ほかにユニークなのは、酒や女性に対する規定であろう。

- 32条　諸奉行はいうまでもなく、上下ともに大酒を禁ず。酔狂人のことで軽い者には科銭3貫、重き者は成敗すべし。
- 34条　男が留守のときは家に座頭、商人、舞舞（幸若舞を舞う者）、猿楽らは無論、たとえ親類であっても男を門内に入れてはならない。
- 35条　男が留守のとき、女は寺社参詣や物見遊山に出かけてはならない。

土佐は現在でも屈指の大酒飲みの土地柄であり、この件で元親が大いに頭を悩ませたことは想像に難くない。

女性に規定を設けた理由は、長期の遠征を強いられた家臣団への配慮であろう。長宗我部家は九州、小田原、朝鮮と豊臣家の軍役を次々に強いられたため、男は長期にわたって家を留守にした。こうなると男たちは、留守を預かる妻や娘が心配でならなかったのである。

◆戦国時代のおもな分国法

制定年代	分国法	別称	条文数	おもな制定者	制定国
1471〜1481	朝倉孝景条々	朝倉敏景十七箇条	17	朝倉孝景	越前
1439〜1529	大内家壁書	大内氏掟書	181	大内政弘	周防など
1493〜1555	相良氏法度	—	41	相良長毎	肥後
1526	今川仮名目録	—	33	今川氏親	駿河
1553	同追加21条	—	21	今川義元	駿河
1536	塵芥集	—	171	伊達稙宗	陸奥
1547	甲州法度之次第	信玄家法	55	武田信玄	甲斐
1556	結城氏新法度	—	106	結城政勝	下総
1558〜1570	新加制式	—	22	三好長治	阿波
1567	六角氏式目	義治式目	67	六角承禎	南近江
1596〜1597	長宗我部氏掟書	長宗我部元親百箇条	100	長宗我部元親	土佐

終章
盛親とその時代
～滅亡、長宗我部家～

1599～1615

元親のお膳立てで進んだ"当主・盛親"

　慶長4年(1599)5月、長宗我部右衛門太郎盛親は父・元親に代わって、長宗我部家の第22代当主となった。

　時に盛親25歳である。秀吉の死去(慶長3年〈1598〉)と関ヶ原の戦い(慶長5年〈1600〉)の狭間という、嵐が吹きすさぶなかの船出でもあり、タイミング的には恵まれたものであったとはいいがたい。

　生前の元親も、四男坊の相続という無茶を強行したこともあり、政権交代をスムーズに運ばせるよう懸命に心を砕いていた。

　そこで元親は信親のときと同様、「長宗我部元親百箇条」を盛親と連名で発布するなど、"二頭政治"を試みていたのである。当時家臣たちは元親を「大殿様」、盛親を「若殿様」と呼んでおり、イメージとしては元親が会長、盛親が社長のダブル代表取締役体制だった。

　元親在世の文禄4年(1595)6月12日付で、盛親が単独で幡多郡の松尾新兵衛という家臣に土地を給付した書状がある。宛名は、当時中村城代として幡多郡を統治していた谷忠兵衛である。

　「この松尾新兵衛、絶えず奉公を続けてきたので扶持を与える。尋ねたところ無足(所領がない)である。その在所近辺で、7、8反の分を遣わす。早々に引き渡してやってくれ」

　元親は"土地を与える"という国主の特権を、盛親に移譲していたわけである。こうした権限移譲は文禄3年(1594)からスタートし、その後、盛親は知行宛行のほかにも、相続安堵、坪付発給、移転命令、裁許状、諸奉行、庄屋への命令書などを発給するようになった。

実質的には、盛親へのバトンタッチは相当に進んでいたと見られる。元親は自分が朝鮮で不慮の死を遂げることなどを想定し、可愛い盛親に盤石の体制を作ってやりたかったのだろう。

思えば、吉良親実、比江山親興ら反対派粛清もその一環だったといえる。ただ、元親はそれでもなお盛親政権に対する一抹の不安を持っていた。それは三男・津野親忠の存在である。

親忠はなかなかの器量の持ち主だった。高岡の名門・津野家の養子となってから、須崎(高知県須崎市)に屋敷を構え、港の整備など同地の発展に尽くしていた。家臣や領民の評判も高い。また、上方で人質になった際、藤堂高虎と親しくなるなど独自の人脈も持っていた。

つまり、元親の死後にお家騒動を起こす者がいるとすれば、それは親忠以外には考えられなかったのだ。

元親は死の直前の慶長4年(1599)3月に、親忠を香美郡岩村に幽閉している。のちの処遇からして、謀臣・久武親直がこの件を主導していた公算は極めて大きい。一説では、家督相続に不満を持った親忠が京へ逃れ

◎盛親は豊臣家から認められていなかった？

盛親は新当主として対内的、対外的に大きなアキレス腱を抱えていた。それは実質的な土佐の支配者であるにもかかわらず、豊臣家より公的な認可を受けていなかった、という問題である。これは近年の盛親研究の大きなテーマとなっている。

元親は従四位下侍従と、秀吉から土佐大名としての格を保証されていたが、盛親はただの「右衛門太郎」(通称)のままだった。名目上、朝廷勢力をバックとした太閤・関白政権の下では、各大名家は必ず叙位任官を受け、国主の証である領地判物を賜っていた。盛親は無位無官なうえ、近年の研究では、実は長宗我部家は正式に領地判物を受けていなかったというのである。

また、元親と盛親は「土佐守」と呼ばれていたが、これは俗称で正式なものではない。さらに、これは長宗我部家全体にいえることだが(盛親には5人の男子があったとされる)、この時代には常識だった他の大名との縁組が一切ない。豊臣家外様大名としては異常なことである。

現在では「秀吉は元親を一代限りの"大名並み"とするつもりだったのでは」との声すら出ている。この時代、蒲生氏や十河(そごう)氏のように、当主の死後に減封、改易される大名家の例は少なからずあった。つまり、盛親の当主の座は非常に不安定なものだったといえる。盛親としては、早急に豊臣秀頼を通じて官位と領地判物を得る必要があったのだが、その交渉も進まぬまま、関ヶ原の戦いが始まってしまったのである。

ようとしたため、こうした措置が行われたともされている。いずれにしても、そこまで親忠を追い込んだのは元親であった。

元親は親忠を幽閉はしたが、さすがに殺すことはできなかった。この詰めの甘さはのちのち尾を引く問題となる。こうした反盛親派に対する厳しい処断は、吉良、比江山、津野家の縁者、家臣、兵らに大きな不満の種を残すことになった。

なお、元親には盛親の下に長宗我部右近大夫という子がいたが、側室腹だったため、盛親政権に深いかかわりを持つ存在ではなかった。もうひとり、長宗我部康豊という子もいたとされるが、彼については不明な点が多いため、「六男」として認知されづらくなっている。

家臣団の統制に苦慮した盛親

さらに、この時期から香宗我部家が長宗我部宗家と距離を置くようになったのも見逃せない。

親泰・親氏死後の香宗我部家は、次男の貞親が継承した。ただし、当時の香宗我部家を実質的に切り盛りしていたのは、中山田泰吉という家臣だった。泰吉は中山田氏を称しているが、実は香宗我部家の元当主・秀通（親秀の弟）の子である。つまり香宗我部本流の人物だ。

泰吉は優れた武将で、かつて親泰が跡継ぎにしようとしたほどである。泰吉はこれを辞退したが、香宗我部家臣団に圧倒的な影響を持つ存在であることは確かだった。

元親と親泰の死後、泰吉は香宗我部家独自の生き残り策を探るようになる。津野親忠が藤堂高虎とパイプを持ったように、泰吉も徳川家臣の井伊直政らと密かに通じるようになっていたのだ。

こうなると、長宗我部家はかつての一枚岩ではなくなってきている。

当然、盛親もこうした不穏な動きを察した。家臣団の実態を正しく把握する必要性を感じた盛親は、腹心の久武親直に「直臣で功名智勇のある者を調べよ」と命じている。親直は、直ちに長宗我部家直臣9376人の名簿を作るとともに、そのなかから優秀な武士61人を報告している。親直は長宗我部家を分裂に招いた男でもあるのだが、行政手腕に長けた宰相だったことは間違いない。

こうして親直、非有、蜷川道標ら側近がサポートする盛親新政権は、

> ◎キレやすい？　盛親の素顔
> 　盛親という人は「天資穎悟(てんしえいご)」(生まれつき才知が優れて賢い)との評がある。このへんは元親や信親に似ていたのかもしれない。ただし、残された文書を見ると、やや首をかしげる面もある。かなり短気な言葉が目立つのだ。材木の搬出責任者に「とにかくどんどん木材を流せ」といったり、庄屋たちに船の整備を急がせて「怠ければ首を切るぞ」と恫喝したり、家来の移転に関して遅滞があると「明日にも成敗するぞ」と怒鳴り散らしている。かなりせっかちな主君だったようである。

なんとか体制を立て直そうと努力し、求心力の回復を図ろうとしていたのだが、時代がこれを許さなかった。徳川家康が天下取りの狼煙(のろし)を上げたのである。大乱の雲は日本全土を覆い、長宗我部家を丸ごと飲み込もうとしていた。

天下に大乱を起こした家康

　天下を奪うには戦乱を起こさねばならない——この単純明快な理屈を最も知る男が、伏見城に居を構えていた徳川家康である。
　家康は、秀吉の喪が明けぬうちから豊臣家への挑発をスタートする。諸大名同士の勝手な婚姻・同盟を禁じた「御掟」を破って、伊達、福島、蜂須賀家らと次々に縁組を結んだのである。大坂城の石田三成ら豊臣重臣は、家康の傍若無人な振る舞いに激怒。上方に緊張が走った。
　このころから藤堂高虎は豊臣家をさっさと見限り、家康の優秀なブレーンとなっている。三成が家康の暗殺を企てていることを知った高虎は、直ちに家康に注進。「密に東照宮(家康)に告げ奉り(略)夜ごとに御座に候して密議にあづかる」(『徳川実紀』)。以後、高虎は家康の手足となって、豊臣方の諸将を離反させることに成功している。
　さて、家康は自分が新しい天下の主(あるじ)であることを満天下に示すために、大物の"敵"を必要としていた。当初、家康はこの敵を加賀100万石の前田利家と想定していたと見られる。しかし、利家は慶長4年(1599)閏3月に死去。家康は標的を利家の嫡子・利長(としなが)に変更したが、利長はあっさり恭順した。これでは大乱は起こせない。
　そこで家康が目をつけたのが、豊臣家の文治派(石田三成、小西行長、

◆伏見城

秀吉の隠居後の城として築かれた。当初は指月山に築かれたが地震で倒壊。その後木幡山に築かれた。秀吉の死後は家康が預かり、政務を執った。江戸時代に廃城。写真は昭和に入って花畑跡に築かれた模擬天守（京都市）

増田長盛ら）と武断派（福島正則、加藤清正、黒田長政ら）の対立であった。

　巨大コングロマリット・豊臣家を分裂させ、戦雲を呼んでくれるポスト利家は、武断派の目の敵にされていた石田三成以外なかったのだ。三成に利用価値を見出した家康は、武断派に殺されそうになった三成の命を救い、引退させて「泳がせる」ことにしたのである。

　慶長5年（1600）6月18日、家康は会津の上杉景勝に対し「動向に不審あり」と難癖をつけて上杉討伐の軍を起こし、上方を留守にして東へと向かった。三成に挙兵を促す誘い水である。家康は7月2日に江戸城に到着、そこで三成の挙兵を待つ時間稼ぎをしていた。

　「逆徒家康を討つべし」。7月に入ってから三成は家康の期待通り動いた。毛利輝元、宇喜多秀家、小早川秀秋、増田長盛、島津義弘、安国寺恵瓊、長束正家、大谷吉継ら西国の諸大名に呼びかけ"反家康同盟＝西軍"を結成したのである。家康につくか、三成につくか。ここに東西両軍の対立の図式は完成した。

　もちろん、三成の思惑通りに事を運ばせる家康ではない。家康は早々に西軍諸将の切り崩しを行っていた。

　西軍最大勢力である毛利家には、参謀格の吉川広家を内通させ、無力化させることに成功。宇喜多家に対してはお家騒動を煽ることで、戦う前から家中をバラバラにしていた。小早川秀秋からも裏切りの確約を取りつけている。また、西軍の首脳だった増田長盛も家康に接近し、三成の挙兵を家康に報告していた。

　戦う前から西軍は内部崩壊していたのである。関ヶ原の戦いは日本史

上最大の戦いとなるが、その内情は陰惨な策謀と裏切りにまみれ、正々堂々の合戦とはいいがたいものとなっていく。

　——そして三成の参戦要請は、豊臣秀頼からの命令として浦戸城の盛親にも届いた……。

"運を天に任せ" 大坂方となる盛親

　盛親の腹は決まっていた。それは家康への加担である。
　『古城伝承記』や『土佐物語』によれば、盛親は久武親直、非有ら家臣たちを前に、その意思を表明している。
　「わずか8歳の秀頼公が内府(家康)を亡ぼせと仰せられるわけがない。これは三成らの私意だ。亡き父は、かつて小牧山合戦のときに内府と親密だった。わしは内府に属して父への孝行にするつもりだ」
　三成と家康なら分は明らかに家康にあることを、盛親は十分理解していたのであろう。さらに烏帽子親の増田長盛の動きに同調したとも考えられる。
　親直らもこれに同意したことで、盛親は江戸城の家康に東軍参陣を伝える使者を送ることにした。選ばれたのは十市新右衛門と町三郎右衛門の2名である。
　しかし、十市らは失敗した。西軍の長束正家が守る近江水口(滋賀県甲賀市)で関所に阻まれ、関東へ向かうことができなかったのだ。結果論からいえば、このつまらないミスが秦能俊の土佐入部以来400年以上続いてきた長宗我部氏の運命を変えることになる。
　なお、大坂方に与しながら家康へ使者を送った大名は何人もいたが、皆、近江水口を突破して役目を果たしたとされている。
　空しく帰ってきた十市らを迎えた盛親は愕然となった。
　一方、大坂城の三成のもとには、毛利、宇喜多、小早川ら西国の大名が続々と集結していた。土佐にも矢のように出兵を督促する使者がきていたと思われる。このまま浦戸に座しているわけにもいかなくなった盛親は、とうとう腹をくくる。西軍参陣を決めたのだ。
　「このうえは仕方ない。運を天に任せよう」
　……盛親の土壇場の心境は"ケ・セラ・セラ"(なるようになる)だったのだ。あまりに楽天的だが、これこそが土佐武士の姿であり、盛親と

いう人を象徴する言葉なのかもしれない。

　8月、盛親は浦戸城の留守居役を非有に任せ、1800（2000とも）の兵を率いて上方へ向かった。従うは久武親直、桑名弥次兵衛ら。

　22万石の大名としては、あまりに少ない兵数である。裏を返せば、それほど当時の長宗我部の家中はまとまっていなかったのだ。

　事実、香宗我部家を牛耳っていた中山田泰吉は、この時点で密かに家康と内通。すでに「香宗我部は盛親には従わない」と家康に伝えている。

　なお長宗我部滅亡後、香宗我部当主の貞親は縁者である春日局の斡旋で堀田氏の家臣に、中山田氏は土佐に残り、それぞれ香宗我部の血脈を伝えていくことになる。

山内一豊、値千金の提案

　三成の挙兵を知った家康は、下野小山（栃木県小山市）で上杉討伐軍全軍を一挙に配下とすることに成功していた。

　決め手は、秀吉の子飼い中の子飼いだった福島正則や細川忠興を自陣に引き入れたことだった。正則は三成に対する憎悪で凝り固まるあまり、事実上豊臣家を裏切ったのである。

　諸将は「豊臣恩顧の正則が東軍につくなら」と免罪符を得た思いになり、続々と家康に忠誠を誓ったのである。このなかに遠州掛川城（静岡県掛川市）5万石の小大名・山内一豊がいた。

　一豊は尾張の人。信長に仕えて頭角を現し、その後は秀吉に仕えて活躍した武将だ。妻・千代の金で名馬を買い、馬揃えに臨んだ逸話でよく知られる男でもある。

　小山軍議の席で一豊は、家康の歓心を買うべく「（上方への進路にあたる）掛川城も兵糧も兵も家康殿に献上します」と申し出た。この忠誠心に家康は大いに喜んだ。

　これで他の大名たちも、競って城を献上することを申し出ることになる。関ヶ原の本戦で一豊はろくな手柄を立てていないのだが、この一声は彼の運命を劇的に好転させることになった。

　また、関東出征中の一豊には、もうひとつ注目される話がある。大坂の妻子の身を案じ、家臣を上方へ送っているのだ。家臣は神官に変装し、例の近江水口の関所をやすやすと越えている（妻の千代が大坂の危

Truth In History 長宗我部元親

終章　盛親とその時代〜滅亡、長宗我部家〜

◆山内一豊像

高知城の大手門近くにある一豊像。妻・千代の内助の功で大名に出世した(高知市)

急を知らせるため笠の緒に密書を縒り込み、一豊に使者を送ったという話もある)。どうやら近江水口は、長宗我部家と山内家の運命の分かれ目になったようだ。

　なお一豊の城献上のアイデアは、事前に協議をしていた浜松城(浜松市)主・堀尾忠氏の発案だったとされる。のちに江戸時代の学者・新井白石は、一豊がアイデアを盗み、忠氏に先んじて家康に申し出たと記している。あとで忠氏は一豊に「日頃の律儀に相違している。いうべき言葉もない」と大いに笑ったというが、内心腸は煮えくり返っていたのではないか。

　こうして東軍は矛先を上方へ転じ、西へと駒を返した。8月2日に家康は江戸城へ戻り、9月1日まで1か月間城に引き籠もっている。家康は東軍諸将の向背を見定めるとともに、西軍諸将への誘降工作を展開し、実に155通に上る書状を書いていたのだ。

　その後の合戦の推移を見れば、この江戸城でのデスクワークが家康の実質的な"関ヶ原"だったのかもしれない。なお、家康は使者を寄越さなかった盛親には書状を書いていない。

東西両軍、関ヶ原へ集結

　挙兵した西軍は8月1日に伏見城を攻略し、大いに気勢を上げていた。三成は大垣城(岐阜県大垣市)に前線基地を置く一方、北陸・丹後・伊勢

方面に兵を送り、畿内周辺の東軍勢力を駆逐しようとした。

　盛親は毛利秀元らとともに伊勢へ侵攻。8月5日より富田信高が守る安濃津城(三重県津市)攻めに加わった。安濃津は交通の要衝であるとともに"日本三津"(ほかに坊津、博多津)と呼ばれる大きな港を持っていたことから、真っ先に西軍の標的となったのである。富田勢は1700余、西軍は3万だったとされる。

　大手門攻略を担当した長宗我部軍は、桑名弥次兵衛を先鋒に一斉に突撃を開始した。富田勢も必死で抵抗し、大激闘が繰り広げられた。信高夫人までもが槍を取って戦い、奮戦したという。

　その後、兵力で勝る西軍が優勢となり、結局8月25日に高野山の木食上人の仲介により、富田信高は降伏開城することになる。この戦いで長宗我部軍は桑名内蔵允、黒岩隼人ら13の将、98の兵を失ったが、富田勢163を討ち取ったとされる。

　西軍は松坂城も陥落させ、続いて長島城をも攻撃しようとしたが、ここで石田三成から大垣城に集結するよう連絡が入った。東軍が23日に岐阜城を陥落させ、予想外のスピードで西上してきたためだ。こうして盛親らは伊勢平定を途中で断念し、大垣城へ向かうことになる。北陸、丹後方面に分散していた軍も次々に大垣へ集結した。

　一方、福島正則、黒田長政ら東軍主力は、大垣城北西4kmの赤坂という地に陣を構え、家康の到着を待った。この時点で両軍の頭にあったのは、大垣城攻防戦だったのである。

　西軍は大垣城西10数kmの関ヶ原に後詰(援軍)陣地として、南宮山に

◆関ヶ原古戦場

関ヶ原開戦地。西軍は足並みが揃わず敗れてしまう(岐阜県不破郡)

毛利隊、松尾山に小早川隊が中心となって陣を構えた。盛親は、長束正家や安国寺恵瓊らとともに南宮山東南の麓に陣を敷いた。

関ヶ原は伊吹・鈴鹿両山地に挟まれた小盆地。中山道、北国街道、伊勢街道の分岐点にあたり、現在も交通の要地として知られる。

しかし、9月14日に満を持して赤坂に到着した家康は、大垣城攻めを嫌った。佐和山城（滋賀県彦根市）を抜いて、そののち大坂城に進撃するという方針を示したのである。この知らせは西軍陣中にももたらされ、三成は城を出て戦わざるを得なくなった。短期決戦となる野戦に持ち込むための、家康の陽動作戦であったともいわれる。

蚊帳の外の関ヶ原

関ヶ原で東軍の進撃を食い止めるべく、西軍は三成が笹尾山、周辺に小西、島津、天満山に宇喜多隊がそれぞれ陣を構えた。小早川の松尾山を含めると一直線に並ぶ布陣である。

東方の南宮山には毛利があり、東軍の進行ルートに対して翼を広げて包み込む"鶴翼の陣形"となる。すでに布陣していた松尾山と南宮山の配置を考えて、三成ら主力部隊はこの陣を決定したのであろう。

三成は盛親らに、①西上する東軍を石田、宇喜多、小西隊で迎撃する、②東軍の側面を小早川隊が襲う、③混乱する東軍を、後方から南宮山の毛利、吉川、長宗我部らが挟撃する——という作戦を伝えていた。三成は完璧な陣を敷いたのである。

「西軍動く」の報に接した家康は、全軍を直ちに濃霧立ち籠める関ヶ原へ進軍させた。

9月15日早朝、東軍先鋒の福島正則隊が宇喜多隊に接触したことを知った家康は、進軍を停止させた。霧が晴れ、東軍の陣形があらわとなるが、三成の読み通り、鶴翼が東軍を包む形となっていた。

——長宗我部軍は、南宮山最南端の栗原という地に布陣していた。両軍の布陣図を見れば、まるで蚊帳の外であり、今戦局がどうなっているのかが非常に見極めにくい場所にいたといえる。

合戦は午前8時ごろより始まったが、緒戦は西軍が優勢に戦いを進めた。苛立つ家康は笹尾山の三成本陣から数百mの陣場野という地に本陣を移した。小早川と毛利が兵を動かして家康を襲えば、勝負は決まった

も同然だったのである。

　しかし、すでに家康と気脈を通じていた吉川広家と毛利秀元は動かない。秀元隊の前にいた広家は、すでに黒田長政を通じて家康に毛利領の安堵と戦闘不参加の密約を交わしていた。広家は秀元の補佐役だったことから、秀元の戦闘参加も阻止している。

　盛親、安国寺、長束らは、毛利が前面で進路を遮断していたため動くに動けない位置にいた。

　焦った盛親が秀元に出陣要請をしたところ、動けない秀元は苦しまぎれに「今弁当を使っている」と答えたという。これが「毛利の空弁当」「宰相（秀元の官位）殿の空弁当」の由来になった。毛利と長宗我部はとことん相性が悪いようだ。

　戦場で西軍として戦っているのは、石田、宇喜多、小西、大谷隊のみだった。島津義弘・義久が指揮する島津隊は不満を持ち、傍観を決め込んでいた。これでは鶴翼の陣は機能していないも同然である。

　そして、正午過ぎに運命の瞬間がやってくる。松尾山の小早川秀秋がついに寝返り、大谷隊を襲ったのだ。1万5000もの大軍の裏切りは、西

◆関ヶ原布陣図

Truth In History 長宗我部元親

物語 終章 盛親とその時代〜滅亡、長宗我部家〜

> ◎松尾山に築かれていた新城
>
> 　松尾山に三成は"松尾新城"という巨大要塞を築いていた。西上する東軍防衛の要と想定していたのであろう。なにせ両軍合わせて15万とも18万ともいわれる未曾有の大合戦だ。三成を含めた多くの武将が長期戦を想定していたのである。三成が城将として考えていたのは、大坂城にいた西軍総大将・毛利輝元と見られる。
> 　大垣城で持久戦を展開し、輝元が仮に豊臣秀頼を奉じて松尾新城に到着すれば、東軍諸将の動揺は必至だったろう。だが、頼みの輝元はついに出陣できなかった。大坂城内で輝元に家康の調略活動が行われていたうえ、同じく在番していた増田長盛の謀反の風評が流れてしまったためだ。完成途上の松尾新城は小早川隊が占拠。そのまま合戦が始まってしまい、新城構想は幻と消えた。

軍に凄まじい衝撃を与える。続いて脇坂、朽木、赤座ら西軍諸将も手はず通り離反。大谷隊は壊滅し、西軍は総崩れとなった。石田、小西、宇喜多ら西軍主力は、たまらず敗走したのである。

　——盛親のもとに、物見にいかせていた吉田康俊が戻ってきた。午後2時ごろのこととされている。康俊はひどく慌てていた。
「味方敗軍に候！　敵が今にも押し寄せてきます！」
　盛親はあ然とするほかなかった。ついに長宗我部軍は一兵も動かさないまま、天下分け目の決戦に敗れたのである。

盛親敗走、土佐へ逃げ延びる

　島津隊、南宮山の毛利、長宗我部、長束、安国寺ら、これまで動かなかった西軍に東軍は追撃を加えてきた。盛親は、敵中を突破して戦場を脱出してきた島津隊からも、敗戦の報告を受けている。
　長宗我部、安国寺、長束隊は、東軍の池田輝政、浅野幸長隊と交戦したが、もとより勝ち目のない戦である。盛親は敗走を決意し、南宮山から逃げた。ほかの南宮山の諸隊も皆、散り散りになって落ちた。この過程で長宗我部軍は、113の騎兵と数多の雑兵を失っている。
　毛利隊は、最初は様子見だったが、諸隊の混乱に巻き込まれて戦場を離脱。広家と秀元は散々な追撃を受け、大坂城へ逃げた。
　盛親は、桑名弥次兵衛や吉田猪兵衛ら屈強の兵に守られ、近江、伊

賀、山城の境にあたる多羅尾山(滋賀県甲賀市)へ逃げた。伊賀、和泉を経て大坂城へ逃げようとしたのである。

盛親は東軍の落武者狩りに散々苦しめられたが、弥次兵衛や立石助兵衛らの活躍でなんとか虎口を脱し、天満(大阪市)の長宗我部屋敷に戻ることができた。

この時点で盛親は"大坂城でもう一合戦"を考えていたと思われる。しかし、すでに大坂城は事実上降伏していたのである。西軍総大将だった毛利輝元は、福島正則や黒田長政らと開城交渉を行っていた。こうなると盛親も家康に降参するほかない。

盛親は家康家臣の井伊直政に、立石助兵衛と横山新兵衛を使者にやった。直政に取り成してもらおうと考えたのである。交渉がうまくいくかどうかはわからない。しかし、こうなっては直政を頼りに、ひたすら謝罪するしか道はなかった。

盛親は使者を送ると直ちに浦戸城へ逃げ戻った。家康が許さねば土佐で一戦。許せば徳川に臣従。盛親は再び運を天に任せたのである。盛親はいざというときに備え、非有に命じて浦戸城に兵糧を集め、籠城の準備に取りかかることにした。

この間、石田三成、小西行長、安国寺恵瓊らは捕縛され、長束正家は本国の近江水口城で自刃した。

9月24日に毛利輝元は大坂城西の丸を退去し、代わって27日に家康が西の丸へ入った。新しい天下人の誕生である。

家康は秀頼・淀殿母子に型通りの挨拶をすませ、いよいよ戦後処理と論功行賞に入った。

迷走盛親、兄を自刃に追い込む

井伊直政が、立石助兵衛に使者ふたりを添えて返答を寄越してきた。「粗略にはしないつもりだ。だが、国にあって謝罪するというのでは仲介しづらい。急ぎ上洛し給え」

直政のいうことはもっともだったが、捕縛されて討たれる可能性もあるだけに、さすがの盛親も躊躇した。

上洛するか、それとも籠城して一戦交えるか。盛親は浦戸城に久武親直や非有ら家臣たちを集め、対策を協議することにした。なお、中村城

の谷忠兵衛はこのころ病に伏せており、ほどなく死去している。忠兵衛の不在は盛親にとって大きな痛手であった。

重臣の大黒主計(吉良親貞の娘婿)は「井伊殿の取り持ちは心強いが、公儀の心は計りがたい。敵の虜となってあとで臍を噛む可能性もある。もとより内府を敵に回したのが不運でした。このうえは籠城して戦うべきと存ずる」と述べた。久武親直が「籠城の手立ては？」と聞くと、主計は戦略を述べた。

「浦戸城は大軍を相手に戦うにはやや心許ない。だが、土佐の国は山林、険阻と要害が数多くある。妻子は山間に隠し、皆で一丸となって戦えば活路は開ける。古来、土佐は他国から攻められたことがなく、源平合戦の折、平氏が逃げてきても源氏は手出しできなかったほどです。5年、10年戦えば上方も攻めあぐみ、本領安堵されるはず」

あまりに楽天的な主戦論だった。一門衆の戸波親武は主計に「今は源平の時代ではない。天下を敵に受ければ、山林、険阻に立て籠もっても無意味であろう。このうえはこの城を墓所として、潔く討ち死にし、武名を末代に残すよりほかありません」と述べた。熱血漢揃いの土佐武士たちが手を叩いて同意したのはいうまでもない。

しかし、久武親直は満座の熱を冷ますようにいった。

「右兵衛(親武)殿の仰せはごもっとも。しかし、このたびはやむを得ず石田殿に与したが、御当家は家康公とは大殿(元親)の代から昵懇である。井伊殿に任せ、大坂で理由を話せば、家康公も旧交を思し召され、本領安堵は相違ないはずである」

3日間の協議の末、結局は親直の意見が通り、盛親は大坂に上り、直接家康に釈明することとなった。

さらに久武親直は、出発直前の盛親にこう具申した。

「津野(親忠)殿をお切りなされ」――。

この土壇場で盛親は〝兄殺し〞を迫られたのだ。

「津野殿は藤堂高虎と通じ、東軍と気脈を通じた形跡があります。家康公は土佐半国を津野殿に与えるやもしれません」

長宗我部家が存亡の危機を迎えるなかで、親直は元親さえためらった盛親政権の〝膿〞を出してしまおうと考えたのだ。岩村に幽閉中の親忠が高虎と連携を取れたかどうかは不明だが、親忠の存在のために、津野、香宗我部、吉良、比江山といった不満を持つグループが、家をふた

つに割る危険性は大いにあったと思われる。

盛親はこの提案を拒否したとも、同意したともいわれるが、これも真偽は不明だ。いずれにしても、幽閉中の親忠は自刃に追い込まれた。29歳。手を下したのは親直といわれる。

土佐一国没収！　盛親は京で謹慎に

11月、盛親は吉田康俊や江村孫左衛門らを伴って浦戸を出帆した。これが彼と土佐の永遠の別れになったのである。

大坂に着いた盛親は、長宗我部屋敷で家康に呼ばれる日を待った（伏見で待たされたとも）。しかし、大坂城で始まっていた長宗我部家の詮議は思わぬ事態となっていたのである。

家康の前で井伊直政は約束通り盛親をかばった。

「土佐守（盛親）は心底から敵になったのではありません。三成が秀頼公の命と称して欺いたため、やむなく兵を出したまでです」

◆おもな西軍武将の処罰

武将名	石高	刑
石田三成	近江佐和山19万石	斬首
小西行長	肥後宇土20万石	斬首
安国寺恵瓊	伊予のうち6万石	斬首
赤松則秀	阿波住吉1万石	切腹
九鬼嘉隆	伊勢のうち5000石	自刃
宇喜多秀家	備前岡山57万石	八丈島に流罪
織田秀信	美濃岐阜12万石	高野山で蟄居
真田昌幸・幸村	信濃上田3万石	九度山で蟄居
増田長盛	大和郡山20万石	高野山で蟄居
長宗我部盛親	土佐浦戸22万石	京で蟄居
上杉景勝	会津120万石	米沢30万石に減封
佐竹義宣	常陸水戸54万石	出羽久保田20万石に減封
毛利輝元	安芸広島120万石	長門萩37万石に減封
吉川広家	出雲富田14万石	岩国6万石に減封
毛利秀元	周防山口20万石	長門府中5万石に減封
島津義弘	薩摩鹿児島60万石	本領安堵（忠恒が相続）
豊臣秀頼	全国222万石	処罰はないが65万石に減封

※□□□は没収されたもの

その後家康は、傍らの藤堂高虎に「津野はなんとしたるぞ」と聞いた。高虎が「盛親は兄・親忠が東国へ志を寄せたと聞いて切腹させました」と伝えると、家康の顔色が見る見る変わった。

「元親の子には似合わしからぬ不義者である。重罪なり。急ぎ誅せよ！」

直政が慌てて弁明に努めたことで、盛親はなんとか死罪を免れたが、土佐一国没収、お家断絶の命が下された。

直政は盛親と対面し「しばらく領国を預かるべし」と告げた。盛親にとっては青天の霹靂だったろう。

盛親は京に送られ、蟄居を命ぜられた。長い長い謹慎生活の始まりである。

──果たして、盛親が親忠を殺していなかったら、長宗我部家は救われていたのだろうか。

別表は関ヶ原後のおもな西軍武将の処分である。本戦に参陣した将はことごとく重い罰を受けている。毛利にしても、吉川広家との約束を反故にして取り潰そうとしたほどだ。結局、広家に与えられるはずだった周防と長門の2か国を安堵して一件落着となったが、毛利はまんまと解体された形になっている。

こうした容赦ない仕打ちを見ていると、盛親の兄殺しが長宗我部改易の絶好の口実になったことは間違いないだろう。家康は最初から領地没収、あるいは盛親引退、親忠相続を条件とした大減封を考えていたのではないかと思われる。

こんななか、島津の安堵は全くの謎だ。関ヶ原からの勇猛な撤退ぶり

> ### ◎関ヶ原戦後処理の意味
> 家康が戦後に取り潰した西軍武将は盛親はじめ88人で、所領高は計416万1084石。減封は輝元ら5人で、召し上げた所領高は216万3110石。名目上は東西両軍とも豊臣家を守るための戦いだったが、家康は豊臣家を無視し、計632万4194石を自分ひとりの意向で再分配した。この結果、新たに知行を受けた福島正則ら東軍諸将は、秀頼に代わって家康と新たな主従関係を結ぶことになってしまった。慶長8年（1603）の征夷大将軍就任の布石は、ここに完了したのだ。豊臣家には直接的な処罰こそ下さなかったものの、大名預け地や生野銀山をはじめとするドル箱の「蔵入地」（直轄地）を奪い、摂津の一大名に転落させた。家康は、戦前の250万石から400万石へ躍進。徳川家臣を次々に大名とし、圧倒的な勢力を持ったのである。

や、薩摩が遠国であることから、あえて家康は戦いを避けたとも、また日明貿易再開を目論む家康が、琉球を抱える島津に利用価値があると判断したともいわれる。真相は不明だ。ただし、盛親と同じく井伊直政を交渉の窓口にしていた点を考えると、島津の外交戦略が長宗我部に比べて一枚も二枚も上だったことは確かだろう。

家康は土佐の新たな国主に、掛川5万石の小大名・山内一豊を任命した。一豊は小山での「城献上」の一声で、元親が営々と築いてきた土佐22万石を手に入れたのである。

なお、東軍だった阿波の蜂須賀氏と讃岐の生駒氏はそのまま加増、伊予は加藤嘉明と藤堂高虎に分与されている。

浦戸城接収の任にあたった井伊直政は、家臣の鈴木平兵衛と松井武大夫を城受け取り役とする。11月17日、平兵衛たちは長宗我部家臣の立石助兵衛を随行し、8艘の船団を連ねて土佐へと向かった。この際、一豊の弟・康豊も兵を引き連れて土佐へ出帆している。

怒れる一領具足、"浦戸一揆"で抵抗

久武親直、非有、桑名弥次兵衛、蜷川道標ら留守居組は、今か今かと盛親の帰りを待っていた。

そこへ、浦戸沖に船が見えたという知らせが入った。

「おお、無事にお帰りになったか」

家中の者や一領具足ら土佐武士は皆喜んで港に集まった。

船団はゆっくりと接近してきたが……どうも様子がおかしい。明らかに長宗我部家の船ではなかったのだ。

そこへ船から小舟に乗って、立石助兵衛が一足先に陸へ上がってきた。助兵衛は無念の表情で、親直らに事の次第を告げた。

一同はただただ呆然とした。盛親も長宗我部の家も、これまでの自分たちの苦労もいっぺんに消えてなくなってしまったのだ。

「やはりお止めすればよかった」「敵の虜になり給うとは」

親直も非有も重臣たちも、ただただ後悔した。が、すべてはあとの祭りである。やがて興奮した一領具足の面々が騒ぎ始めた。

「主君を虜にされ城をやすやすと渡せとは！」「そんな理不尽なことがあるか。ひとりも残らず撃ち殺せ！」

なにせ"死生知らず"の荒くれたちである。我先に浜辺へ駆け出し、井伊船団に向けて鉄砲をぶっ放した。

井伊勢は思わぬ被害を受けた。受け取り役の鈴木平兵衛は慌てたが、彼は下手に土佐勢を刺激することを避けた。火に油を注いでは大切な役目は務まらない。平兵衛は船を退かせて大声でいった。

「御下知の趣旨を申し聞かせる。船を1艘ずつこちらへ寄越せ」

平兵衛の呼びかけで話し合いがもたれることになった。この説明会は午後8時から午前10時まで夜通し行われた。もちろん一朝一夕で片がつくような問題ではない。

浦戸には土佐中から300艘もの船が集結し、国を揺るがす大騒動に発展した。主（あるじ）を失った一領具足は久武親直や弥次兵衛ら家老重臣の手を離れ、"浦戸一揆"へと変貌する。

事態を見かねた雪蹊寺の月峰（げっぽう）和尚が、興奮する一領具足たちをなだめた。

「まずは（井伊方の）上使を上陸させよ。そこで陳情せよ」

こうして鈴木平兵衛は上陸して雪蹊寺に迎え入れられ、一揆勢の中心人物だった竹ノ内惣左衛門（たけのうちそうざえもん）らと対面することになった。雪蹊寺は鉄砲や弓を持った土佐勢が取り巻き、一触即発の雰囲気だった。

「盛親公の処分は今さら是非もないが、せめて土佐半国を与え、長宗我部を残されよ。この儀かなわずば城は渡せない」

鈴木平兵衛は惣左衛門らの無茶な要求に困り果て、井伊直政に使者を送り、指示を仰いだ。直政は平兵衛に重ねて説得するよう命じた。

「受け取りに土佐の士が狼藉するなら、盛親のためよろしからず。その地で討ち果てる覚悟で一揆を鎮めよ」

しかし、平兵衛と一揆勢の話し合いは平行線をたどるばかりだった。直政もほとほと困ったが、こうなれば武力解決しか方法はない。直政は伊予の大名となった加藤・藤堂軍、及び蜂須賀・生駒軍を土佐へ差し向ける準備を始めたのである。

土佐侍、悲劇の同士討ち

一揆は総勢1万7000人に膨れ上がり、浦戸城に立て籠もった。

一方、意気上がる一領具足らとは対照的に、桑名弥次兵衛、宿毛甚左衛門、立石助兵衛、十市新右衛門（とおちしんえもん）、蜷川道標ら長宗我部重臣たちは、進

退を決めかねていた。桑名弥次兵衛は、一揆とともに徳川勢と戦うか、それとも上意に従うか、皆に意見を聞いた。なお、久武親直はこのころより土佐から姿を消していたと見られる。

　城明け渡しを主張したのは吉田次郎左衛門(孝頼の子)である。
「一領具足どもが一揆を成すこと、忠に似て忠に非ず、義に似て義に非ず。井伊殿の使いは盛親公の内意であり、これに違背してはならない。また、津野殿の件は罪軽からず。国の召し上げは自業自得ともいえる。また、我ら家臣、物頭が一揆に与せず、御下知に従えば、盛親公に御哀憐の沙汰が下されるやもしれない」

　議論を重ねた末、結局、次郎左衛門の意見が通った。弥次兵衛たちは鈴木平兵衛のもとを訪れ、全員平兵衛の指揮下に入ることを約束したのである。一揆と弥次兵衛たち、どちらも忠義の道であることに変わりはない。しかし、土佐侍の道はここに真っぷたつに分かれた。
「家老どもは腰を抜かしたようだ。もはや主君の敵である」
　竹ノ内惣左衛門を頭とする一領具足たちは、弥次兵衛らの離反に気づき、鈴木平兵衛もろとも家老たちを討とうと協議した。しかし、一揆のなかに弥次兵衛らに内通する者がいたため、この計画はあっさり漏れた。弥次兵衛らは非情の鬼となり、浦戸城に夜襲をかけることを決意する。

　11月30日深夜、かくて長宗我部同士の悲惨な同士討ちが始まった。

　弥次兵衛らは兵を率い、城と雪蹊寺を急襲したのである。雪蹊寺に集まっていた8人の幹部は不意を衝かれて瞬く間に殺された。竹ノ内惣左衛門らも必死で抵抗したが、弥次兵衛ら歴戦の強者の敵ではなく、ことごとく討ち取られることとなった。

　この浦戸一揆では273人もの一領具足が討たれ、その後浦戸の辻に首をさらされている。亡き元親がこの光景を見たら、なんといっただろうか。首は塩漬けにされ、井伊直政のもとへ送られている。

　一領具足は無条件降伏の証となったのだ。同胞を討たざるを得なかった弥次兵衛らにとっては、非常に後味の悪い戦いとなった。

　12月5日、鈴木平兵衛は長宗我部の家老たちから武器や兵糧米などを受け取り、滞りなく浦戸城の接収を終えた。この日をもって土佐から長宗我部家は消え、遺臣たちは牢人となる。

　――浦戸一揆は一領具足なりの"主従一致"の戦いであった。昭和の時代になってから、浦戸一揆で死んだ人々の霊を弔うため、石丸神社

Truth In History 長宗我部元親

物語 終章 盛親とその時代～滅亡、長宗我部家～

◆六体地蔵一領具足の碑

昭和に入って、浦戸一揆で散った一領具足の供養のために築かれた(高知市)

(高知市)に6体の地蔵と「一領具足供養の碑」が立てられた。神社は浦戸城があった桂浜とは目と鼻の先の場所にある。

進駐軍！　山内家の土佐入部と遺臣たちの再就職

　慶長6年(1601)1月8日、山内一豊は約1000の兵を率いて浦戸城に入城した。のちに一豊は初めて見た土佐の印象を、家康にこう語っている。
　「長宗我部が天下を望んだ国ですので、大国かと思っていましたが、思いのほか小さな国でした」
　見渡せば山ばかり。少ない平野に人がひしめき合って生きる様子を見て、一豊はさぞ驚いたことだろう。
　一方、土佐の人々にとって山内軍はまるで"進駐軍"だった。いってみれば、土佐は開闢以来、初めて異国からの征服者を迎えたのである。多くの者が山内軍を恐れ、なかには山間部に逃げたり、伊予や阿波へ立ち退いたりする者も出たという。
　多くの津野家臣は伊予の竜沢寺(愛媛県西予市)に逃げ、出家したというから、その混乱ぶりがうかがえる。一豊は長宗我部家の遺臣を多く召

223

し抱えるつもりだったので、使者を送って彼らを呼び戻している。一豊はほかに、吉田康俊、黒岩掃部(くろいわかもん)、高島孫右衛門(『元親記』の作者)らを迎えている。

一方、弥次兵衛をはじめとする上・中級家臣は山内家を避け、他家へ仕官する者が多く見られた。

◎山内一豊対一領具足

山内一豊が新国主となってからも、浦戸一揆の残党たちの抵抗は終わらなかった。一豊は徹底的な武力弾圧でこれに対抗した。慶長6年(1601)3月、一豊は一計を案じる。入城祝いと称し、桂浜の対岸、種崎浜で相撲の興行を催したのである。お祭り好きの土佐人の気質を利用し、抵抗する一領具足を一網打尽にしようと考えたのである。案の定、残党たちは、のこのこ見物にやってきた。手はず通り、一豊は用意していた兵で抵抗派を捕縛する。楽しい興行は阿鼻叫喚のるつぼと化し、捕らえられた者は見せしめとして浜辺で磔にされた。慶長8年(1603)に本山で起こった一揆を最後に、一領具足の反乱は収束していく。

多くの一領具足層は農民となったが、一豊はその一部を「郷士」として取り立てた。郷士とは一般的に農村で暮らし、農業を営む武士を指す。城下の武士より身分は劣る。土佐藩の郷士は特にこの差別が著しかった。近年の研究では、長宗我部家の遺臣の一領具足は生活苦から大半が郷士株を売り払い、帰農、あるいは転出したとする説が大勢になっている。このため、幕末の坂本龍馬をはじめとする土佐郷士と長宗我部家の関連性は、非常に乏しいとされている。

また一豊は、浦戸に城下町を築くのは手狭と判断し、元親が断念していた大高坂山に本拠を置くことを決断。大高坂城に大規模な改築を行うとともに、周辺の治水工事を行った。この城が高知城で、城下町の発展で近世の高知市繁栄の礎が築かれた。

◆高知城

高知のシンボル。一豊時代の天守は享保12年(1727)に焼亡。現在の天守は延享4年(1747)に再建されたもの(高知市)

Truth In History 長宗我部元親

終章　盛親とその時代〜滅亡、長宗我部家〜

　とりわけ長宗我部家の遺臣を多く迎えたのが藤堂高虎で、弥次兵衛を2000石、宿毛甚左衛門を1500石と高禄でスカウトしている（ほかに中島与市兵衛）。元親に「合戦の先陣は必ず弥次兵衛、後陣は甚左衛門」とまで信頼されたふたりの心境はどうだったろうか。

　蜷川道標は全国区の文化人だったので、大坂に赴いて家康に謁見。500石を与えられ、ちゃっかり旗本になっている。

　ほかに肥後細川家に立石助兵衛が1500石、時間をおいて紀伊徳川家に十市縫殿助（細川宗桃の曾孫）が2000石で仕官している。ほかには福島家、生駒家、水野家、森家などに迎えられ、遺臣団は日本全国に散らばった。なお、盛親の弟・長宗我部右近大夫は、元親と交流があった肥後の加藤清正に引き取られている。

　中内惣右衛門、戸波親清、吉田政重ら牢人する者も少なくなかったが、長宗我部家はきれいさっぱり解散となった。

　そして、家を潰した張本人ともいえる〝悪役〟久武親直は……。

「姦臣」ではなかった！　久武親直の忠義

　盛親は上立売の柳ヶ図子（京都市上京区）で蟄居し、剃髪して「大岩祐夢」と名を変えていた。信親の娘である盛親夫人や子も土佐から呼び寄せられ、ともに暮らしていた。彼の家は相国寺（上京区）門前の竹林のなかにあったという。

　盛親の身分は放し囚人扱いで、京都所司代の厳しい監視下に置かれていた。

　「大岩祐夢」は、京でどんな生活をしていたか。

　なんと、彼は寺子屋の師匠をして生計を立てていたというのだ。無論、弥次兵衛ら旧臣らからの援助もあったのだが、従者や家族を抱えた大所帯では、それだけでは暮らしていけなかったのであろう。

　村の子供に字を教えていたというのだが……22万石の大名としては凄まじい落ちぶれようである。家康は盛親をそこまでの境遇に追い込んだのだ。およそ、かつての土佐国主に対する扱い方ではない。

　さて、盛親のもとには中内惣右衛門、江村孫左衛門、明神源八らわずかな従者がいた。そして近年の研究により、あの久武親直も従者として仕えていたことがわかったのである。

これまで親直は、お家断絶後に肥後熊本へ赴き、加藤清正に1000石、200人扶持で仕えたと伝えられてきた。これは事実である。このため長年彼は「家を潰してさっさと他家へ仕官した悪党」のレッテルが貼られていた。
　しかし、親直は清正に仕官する以前に、一牢人として盛親を助けていたのだ。これが判明したのは『蜷川家古文書』に残されていた盛親の書状である。
　書状は、家康の旗本となった旧臣・蜷川道標に宛てたものである。内容は、盛親と親直が道標を介して家康への取り成しを懇願するものだった。つまり、親直はお家を再興させるよう、京で精一杯の努力をしていたのである。
　しかし、道標はなにかと理由を作って盛親と親直に会うことを避けた。すでに再仕官した道標にとっては、迷惑千万な話だったのである。結局、この画策は失敗した。親直が加藤家へ仕官したのは、このあとの話である。
　ほぼ同時期に盛親は、香宗我部貞親の後見人・中山田政氏(なかやまだまさうじ)(泰吉の弟の子)に「生活のため他家へ仕官してください。もし長宗我部家が再興されたら帰参してください」との書状を出している。盛親が遺臣たちの生活を心配していたことがわかる内容である。
　恐らく、お家再興の夢破れた盛親は、親直にも他家への仕官を勧めたのであろう。他の宿老クラスは早々に他家へ再就職しており、親直ほどの者が牢人暮らしをしていることのほうが異常だったのである。
　また、加藤清正は名君中の名君である。清正ほどの大名が1000石、200人扶持という破格の待遇を示したのは、親直が世にいわれる"姦臣"でないことの証でもあろう。
　こうして親直は熊本へ去った。彼の没年は不明だが、大坂の陣が始まるころにはすでに死んでいた公算が大きい。清正死後、寛永(かんえい)9年(1632)に加藤家は改易となるが、親直の子孫は細川家臣となり、幕末まで続いている。

14年の牢人暮らしに耐え、晴れて大坂入城へ

　──長宗我部家断絶から幾星霜。

Truth In History 長宗我部元親

物語 終章 盛親とその時代〜滅亡、長宗我部家〜

　盛親はまるで巌窟王モンテ・クリスト伯のように、14年の歳月を耐え抜いていた。この間、妻を亡くし、かつての旧臣からの音信も途絶え、身は老いさらばえていったが、盛親はただ歯を食いしばって生きた。彼を支えていたのは、長宗我部家の再興と家康への復讐である。

　慶長19年(1614)秋、そんな盛親に願ってもないチャンスが巡ってきた。大坂城の豊臣秀頼から、来援を要請する使者がやってきたのである。長宗我部盛親は40歳になっていた。

　この年、徳川家康は最後の大仕事として、豊臣家の討伐に動いていた。家康はまず、豊臣家が行った京都方広寺大仏殿の鐘銘に難癖をつけて秀頼・淀殿母子を挑発した。刻まれた「国家安康」が家康の名を分断している、「君臣豊楽」が豊臣の繁栄を願い、徳川を呪詛している、とするという理不尽ないいがかりである。

　家康にとって口実はなんでもよかった。とにかく自分の目の黒いうちに、なんとしても禍の種である豊臣家を滅ぼす必要があったのだ。両家のあいだには一気に緊張が高まる。

　当時豊臣方の中心人物だった家老の大野治長(おおのはるなが)や木村重成(きむらしげなり)らは、全国の豊臣ゆかりの大名や牢人に檄を飛ばし、大坂城入城を要請した。

　もっとも、福島正則、前田利長、浅野長晟(あさのながあきら)らかつての豊臣恩顧の大名は、ひとりも大坂城に馳せ参じようとしなかった。すでに時代は徳川の世。誰も時の流れが後戻りするとは思っていなかったのである。

　しかし、盛親、真田幸村(さなだゆきむら)、後藤又兵衛(ごとうまたべえ)、毛利勝永(もうりかつなが)、明石全登(あかしたけのり)ら牢人衆は、喜んで豊臣家の呼びかけに応じた。

◆大坂城

家康の陰謀により堀は埋められ、大坂方は万事休す。『徳川実紀』によれば、生前の秀吉が戯れに大坂城を落とす作戦として、家康らに堀埋め立てのアイデアを披露したという(大阪市)

もう一度身を立てられる。もう一度武士として戦える。屈辱の日々を忍んできた盛親や幸村らには、願ってもないことだった。
　盛親は隠密裡に、かつての旧臣に帰参するよう呼びかけた。『大坂陣山口休庵咄(おおさかのじんやまぐちきゅうあんばなし)』によれば、豊臣家は盛親に土佐一国を与えるという約束をしていたとされる。
　一方、監視役の京都所司代・板倉勝重(いたくらかつしげ)は盛親を怪しみ、直接会って、大坂方へ入城する意思があるかどうか問うた。盛親は「関東に味方して微禄を得たい」ととぼけて答えたという。
　勝重の監視が緩んだのを見た盛親は深夜、甲冑を着込んで上立売(かみだちうり)の居宅を出た。目指すは大坂城である。中内惣右衛門らもこれに従った。寺町今出川の辻で、盛親は用意していた馬に乗った。続々と兵が集まり、寺町二条で一行は200〜300騎に増えたという。長宗我部家の"七鳩酢草(かたばみ)"の旗の下に、旧臣や行き場を失っていた牢人が参集したのだ。
　伏見に着いたときには、盛親の兵は1000騎に膨れ上がったという。すでに軍勢の様相である。こうして盛親は夜明け前に京を脱出。あとからこの話を聞いた板倉勝重は「討っておけばよかった」と大いに後悔したが、すべてあとの祭りだった。
　10月6日、大坂城に入城した盛親は秀頼と対面した。秀頼は大いに喜び、盛親に元親と同じ"宮内少輔"の名を与え、一手の大将に任じた。豊臣軍の総兵力は10万人に上ったという。
　盛親は、幸村、又兵衛、勝永、全登とともに大坂城の"五人衆"と呼ばれる。風雪を堪え忍んだ盛親、一世一代の晴れ姿だった。
　一方、家康も諸大名に出陣の号令をかけ、10月11日に本拠の駿府城(すんぷ)(静岡市)を出立する。徳川勢は11月には"神武以来"と称される20〜30万人の大軍で大坂城を包囲した。大坂冬の陣の戦端は、ここに開かれたのである。

徳川方の桑名弥次兵衛、苦悩の決断

　盛親の入城を知って、バラバラになっていた旧臣たちが日本各地から集まってきた。元親の娘婿である佐竹親直(さたけちかなお)をはじめ、中島与市兵衛、豊永藤五郎(ながとうごろう)、吉田政重、吉田康俊(よしだしげちか)、吉田重親、久万俊朝(くまとしとも)、五百蔵左馬進(いおろいさまのしん)……彼らもこの日を待ちに待っていたのである。

福島家に仕官していた吉田猪兵衛も正則に暇を乞い、大坂城へ駆けつけた。しかし、包囲陣の守備が堅かったので、猪兵衛はなかなか城に入れなかった。入口を探してうろうろしていたところ、彼は思わぬ人物と邂逅した。藤堂家の家臣となっていた桑名弥次兵衛である。元親に「長宗我部の先鋒は必ず弥次兵衛」とまで遺言された男は今、包囲陣の一角として陣を構えていた。弥次兵衛はすでに64歳の老武者となっていた。

猪兵衛と弥次兵衛は、14年ぶりの再会に抱き合って涙を流した。

猪兵衛は弥次兵衛に、ともに城へいこうと誘った。しかし弥次兵衛は、思い詰めたような顔をしてこれを断った。

「殿のもとへいきたいのは山々だ。しかし、わしは和泉守殿(高虎)に厚恩を受けてしまったので、籠城すれば不義不忠の罪人になる。無論このまま戦えば譜代相伝の当主(盛親)に敵する大罪人となる。我が進退はここに窮まり申した。吉田殿はなんとしても入城し、殿に忠勤されよ」

苦悩する弥次兵衛に、猪兵衛はかける言葉もなかった。

「吉田殿、もしわしが盛親公と戦うことになれば、是非お願いしたいことがある。わしは手を上げたまま大勢のなかへ駆け入ろうと思うので、ぜひ御辺たちの手にかけてくだされ。そうすれば当主に不忠を成さず、旧主に不義を成すこともない。今生の暇乞いでござる」――。

猪兵衛は目をつぶり、ゆっくりとうなずいた。そしてふたりは誓いの盃を差し交わし、涙ながらに別れたのである。

猪兵衛はなんとか入城に成功し、盛親や遺臣たちを喜ばせた。しかし弥次兵衛との約束は、盛親らに堅く秘密にしていたのである。

冬の陣、家康和議と偽って大坂城の堀を埋める

冬の陣は11月19日に木津川口で開戦。鴫野、今福、伯労ヶ淵、真田の出丸などで激しい戦いが繰り広げられた。さすがに秀吉が手がけた大坂城の守りは堅かったうえ、出城の真田丸を守る真田幸村が獅子奮迅の活躍をしたことから、家康は大いに攻めあぐんだ。大坂城を取り巻く深い堀も、徳川方の侵攻を阻んでいた。

力攻めの愚を悟った家康は、方針を和議へ切り替える。しかし秀頼と淀殿がこれを拒んだため、家康は当時としては新兵器である大砲を使い、天守閣へ向けて砲撃を開始した。弾丸は淀殿の居間の柱にも命中

し、侍女数名が即死。さすがの淀殿も、これには参った。

　これで淀殿、秀頼、治長ら首脳は、牢人衆の反対を押し切り、急転和議に傾くことになる。両家のあいだで幾度かの折衝が行われたあと、12月22日に徳川と豊臣の和議は成立した。

　なお、盛親は三ノ丸の八丁目口の守備を担当し、井伊直孝(いいなおたか)(直政の子)の軍と対峙していたが、戦線膠着のまま和議となった。

　おもな和議の条件は以下の通りである。

・大坂城は本丸のみを残存させ、二の丸、三の丸は棄却する。
・淀殿は人質とせず、大野治長、織田有楽斎(おだうらくさい)より徳川へ人質を出す。
・秀頼の身の安全と本領安堵を保証する。
・城中の将士の罪は問わない。

◆大坂冬の陣

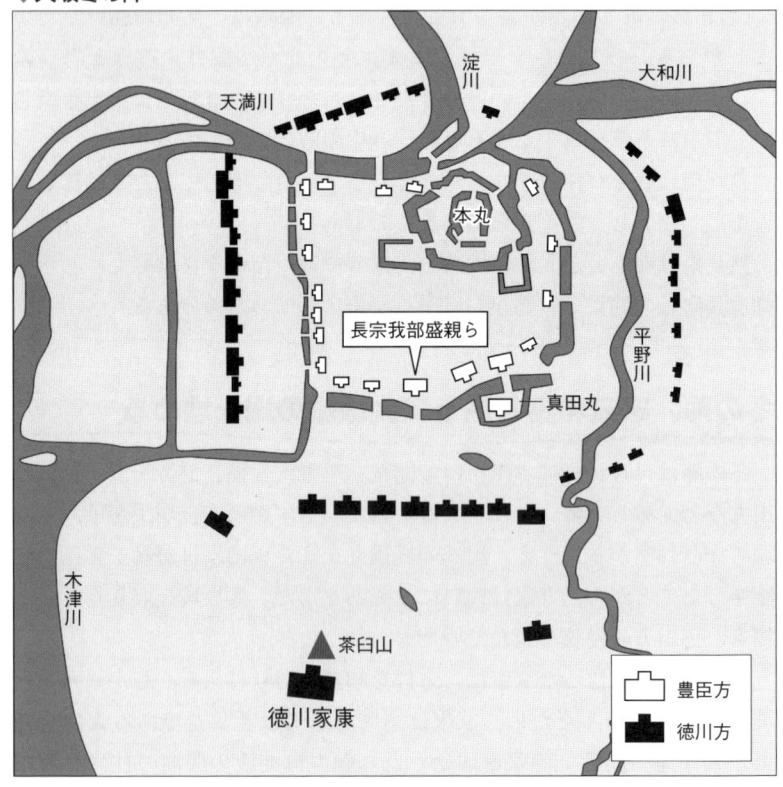

また、徳川方は口頭で「惣堀（外堀）を埋める」ということも了解させた。かくて冬の陣は終わりを告げたが……家康の最大の狙いは、この口頭の了解事項にあった。

家康は直ちに惣堀だけでなく二の丸、三の丸の内堀までも埋め始めたのだ。続いて真田丸、土塁、石垣も崩され、堀のなかに埋められていった。治長らは「約束が違う」と抗議したが、すべてはあとの祭りである。大坂城は見る見る丸裸にされた。

家康の側近・金地院崇伝は、「大坂の城堀埋まり、本丸ばかりにてあさましくなり、見苦しき体にて御座候」（『本光国師日記』）と記録している。盛親や幸村らが頼みとしていた最強の砦は、無残に鎧をはぎ取られてしまったのである。

夏の陣、豊臣家は牢人衆の戦略を取り上げず

翌慶長20年（1615）3月、家康は豊臣征伐の総仕上げに入るべく、大坂城の豊臣秀頼・淀殿母子に理不尽な要求を叩きつける。

「秀頼は大和か伊勢へ国替えせよ」「城内の牢人をすべて追放せよ」「これを承知せねば、恭順は認めない」

これでは話が違う。屈辱に震える秀頼と淀殿は、ようやく家康の真意を知った。和睦は単なる戦の駆け引きに過ぎなかったのである。大坂の陣は正々堂々の合戦ではなく、家康による単なる"犯罪"といっていいのかもしれない。

大坂方は、家康の挑発に乗って再び挙兵した。家康も軍勢を大坂城へ発向。両家の和平は消え、夏の陣が始まることになる。

すでに豊臣方には事実上拠るべき城がなく、野戦しか戦う道は残されていなかった。大坂城はすでに戦を飾る添え物に過ぎなかったのだ。

また、徳川方の全兵力は約15万と前回とほぼ同規模であったのに対し、豊臣方の兵は約5万に半減していた。どう見ても戦の勝敗が明らかだったため、思うように兵が集まらなかったのだ。

だが、絶望的ともいえる戦を前に、盛親、幸村、又兵衛、そして兵たちの士気は高かった。仮に城から逃げて生き残ったとしても、徳川政権下では仕官もできず、生きていけない男たちである。最後に思うざま太刀を振るい、華々しく討ち死にを遂げることこそが、彼らに残された希

望といえた。

『常山紀談』では、大坂城最後の軍議の様子が綴られている。同書によれば、出席者は秀頼、大野治長、盛親、幸村、又兵衛、毛利勝永というメンバーであった。

秀頼が治長に各々の所存を聞いたところ、幸村が「まず長宗我部殿が申され候え」と述べている。牢人衆のなかでは、盛親が首席として立てられていたようだ。幸村の手腕に感服していた盛親は「真田殿を置いて謀を申される人はござらん。まず申され候え」と述べている。

幸村は「それでは」といって戦略を述べた。

「堀が埋められたうえは、もはや大坂城を守って戦うことはできません。このうえは君（秀頼）御出馬されて伏見城を攻略しましょう。御上洛して洛外を焼き払い、宇治橋（京都府宇治市）、瀬田の唐橋（滋賀県大津市）を落とし、所々の要害を堅く守り、天下の主として洛中の政務を取られるべきです。後代の名聞これに過ぎることはないでしょう」

宇治・瀬田の橋は、関東からの進軍に備える京の防衛ラインである。幸村は秀頼を上洛させることで、豊臣家に最後の一花を咲かせようとしたのだ。盛親らはこの作戦に同意した。

折しも伏見城には駿府から家康が着陣していた。幸村は徳川勢が行軍で疲れきっていると判断し、夜討ちを進言した。しかし、治長は「軽々しく秀頼公の御旗を出すわけにはいかない」と反対。治長はこの期に及んで豊臣家の面子を重んじ、すでに落城同然の城を守って戦おうとしていたのである。

結局、幸村の献策は採用されなかった。牢人衆と治長ら豊臣首脳の意見はことごとく対立、最後まで迷走を続けた。

八尾・若江の戦い──盛親、藤堂隊と激突！

5月5日、徳川勢は大坂城へ向け、軍勢を2手に分けて出撃した。京にあった家康、秀忠、藤堂高虎、井伊直孝らの本隊は京街道を進み、水野勝成、松平忠輝、伊達政宗ら別働隊は、大和を迂回して大和路を進んだ。家康は出陣に際し、賄い方に「兵糧は3日分でいい」といったという。すでに赤子の手をひねるようなものだったのか。

家康は道明寺（大阪府藤井寺市）で2軍を合流させ、平野、住吉（大阪

市)あたりで大坂方を誘き出し、一気に野戦で殲滅させようと考えていたのである。

　徳川方の動きを知った大坂方は、全員城を出て出撃した。幸村、又兵衛、勝永らは大和方面の敵を迎撃すべく道明寺口へ。盛親は家康の本軍をにらみ、豊臣重臣の木村重成と増田長盛の子・盛次の軍とともに八尾、若江(大阪府八尾市)へと向かった。

　八尾、若江は大坂城から東方に8kmほど離れた場所。長瀬川と玉串川というふたつの川が南北を流れる低湿地帯である。

◆大坂夏の陣

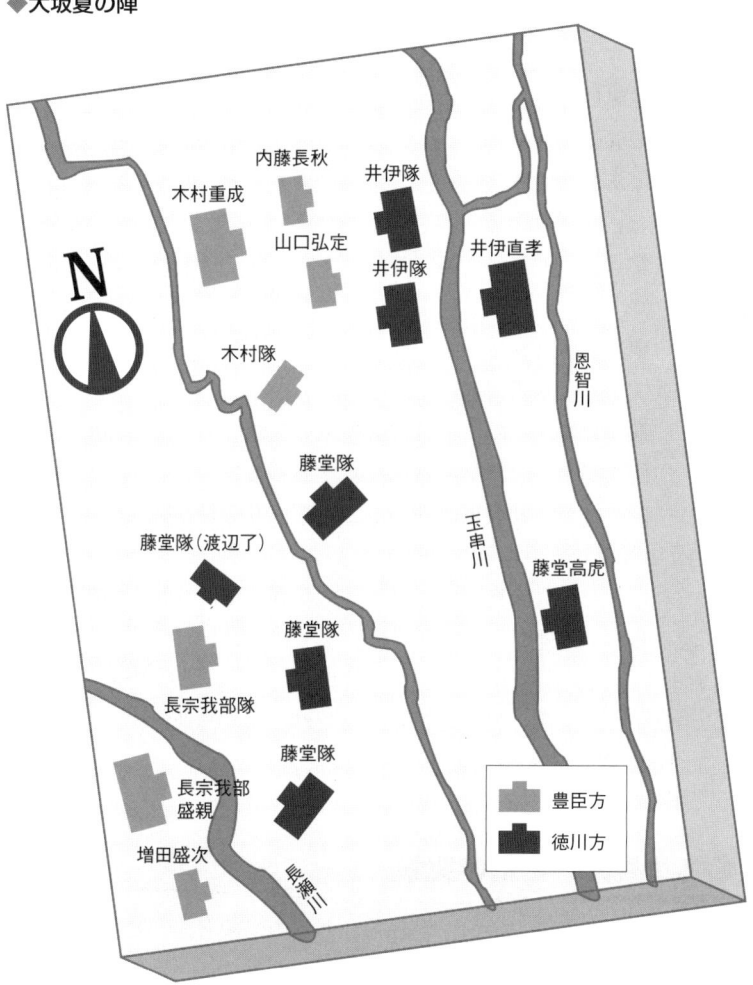

終章　盛親とその時代〜滅亡、長宗我部家〜

八尾に進んだ盛親の兵は約5000だったとされる。増田盛次の兵300とともに長瀬川付近に布陣した。一方、木村重成ら6000の兵は玉串川西方に陣を敷いた。
　これに対し、徳川本軍の先鋒である藤堂高虎は5000、井伊直孝は3000、ほかに榊原康勝ら5000の兵が従っていた。さらに雲霞のような大軍が続き、さらに後方には家康と秀忠の軍があった。盛親と重成は、側面から家康の本隊を突こうと考えていたのである。
　藤堂・井伊隊は東高野街道を南下中、大坂方の動きを知り、西に進路を変えて長宗我部・木村隊との戦いに臨んだ。
　翌6日早朝、玉串川西方で藤堂隊と大坂方が遭遇。盛親最後の戦いとなる八尾・若江の戦いは幕を開けたのである。
　盛親は、長瀬川の東岸にある萱振村に先行して進んでいた吉田重親より、藤堂隊来襲の伝令を受ける。このとき盛親の本隊は、長瀬川西岸の八尾久宝寺にあった。
　吉田重親は、藤堂隊の藤堂高吉や藤堂式部らと激しく交戦。しかし、戦力に勝る藤堂勢が押しまくり、重親は戦死。残兵は盛親のいる本陣まで引き返している。一方、木村重成隊は藤堂良勝・良重、井伊直孝の軍を相手に力戦。良勝と良重を討ち取る大活躍を示していた。
　盛親は久宝寺で藤堂隊の進撃を待ち構えていた。
　こちらに進撃してきたのは、藤堂勢の主力部隊である藤堂高刑、藤堂勘解由、山岡兵部、そして桑名弥次兵衛であった。
　盛親は一計を案じ、長瀬川の堤の上で迎撃部隊全員を降り敷かせた。
　「合図するまでひとりも立ち上がるな」
　地形を利用した伏兵戦術である。やがて殺到してくる藤堂勢を見た盛親は、敵が10数mに近づいた時点で号令を下した。「今だ！」
　「えい！　えい！」。長宗我部勢は一斉に槍を並べ、群がる敵に突撃した。この奇策に藤堂隊の先陣は次々に討たれ、藤堂高刑、山岡兵部はじめ将63、歩兵300余人が戦死するという大被害を受けたのである。

桑名弥次兵衛、覚悟の突撃

　総崩れとなる藤堂隊。そのなかからひとりの老武者が、長宗我部の軍へ向かってひた走ってきた。桑名弥次兵衛である。

長宗我部勢は色めき立った。
「おのれ裏切り者が」「憎し弥次兵衛」
頭に血を上らせた盛親は全軍に命じた。
「譜代の主に弓を引く曲者が。誰でもいいぞ！　弥次兵衛を討ち取った者を一の功名にする！」
長宗我部隊のなかでも吉田、中島、和食(わじき)勢らは桑名家と浅からぬ縁だったため、一斉に弥次兵衛のもとへ向かった。ほかの者に弥次兵衛を討たせたくなかったのである。弥次兵衛と男の約束を結んでいた吉田猪兵衛は、この様子をただ静かに見ていた。
――弥次兵衛はそのまま真一文字に土佐勢のなかへ駆け入った。たちまち槍衾が弥次兵衛の身体を刺し貫いた。
土佐勢は血まみれとなった弥次兵衛を、槍の穂先で高々と差し上げて見せた。その後、近藤長兵衛という者が首をかき切り、盛親のもとへ届けたのだが……誰もが弥次兵衛の最期を不審に思った。槍をも持たず、太刀をも抜かず、まるで自殺するような突撃だったためである。
弥次兵衛の白髪首を見つめる盛親の前に、涙をたたえた吉田猪兵衛が現れた。猪兵衛から事のあらましを聞いた盛親は嗚咽した。
「さては討ち死にと思い極めたな。不憫である」
弥次兵衛65歳。これもまた土佐武士の"主従一致"の姿だった。
藤堂家では、ほかに藤堂勘解由もこの戦いで戦死している。先陣を務めたすべての武将が討ち果たされたのだから、勘解由の最期はひとりで力戦するという勇壮なものだった。感じ入った盛親は、家臣のひとりに勘解由の兜を持たせている。

大坂城炎上、逃走する盛親

その後も長宗我部隊は藤堂勢を押しまくり、大将の藤堂高虎をあと一歩のところまで追い詰める。しかし、盛親の善戦もそこまでだった。若江の木村重成隊が井伊直孝に敗れ、壊滅してしまったのである。
八尾の堤防に現れた井伊隊は、長宗我部隊を側面から襲った。土佐勢は井伊隊と藤堂隊の2隊を一度に相手としてしまったのである。ここに形勢は逆転した。
盛親は大坂城への撤退を決意する。土佐勢は総崩れとなり、佐竹親直

や五百蔵左馬進（いおろい）ら、屈強の士が次々に討たれていった。

そのころ、道明寺口では後藤隊が敗退し、又兵衛は戦死。幸村と勝永も兵をまとめて大坂へ退却していた。盛親も大坂城に戻ったが、もはや長宗我部隊は壊滅的な状況に陥っていた。

——もはや豊臣家の滅亡は時間の問題となったのである。

盛親は京橋口、勝永は四天王寺、幸村は城南の茶臼山にそれぞれ陣を敷き、徳川勢の来襲を待つことにした。

すでに彼らの関心は落城の段取りに移っている。幸村は再び秀頼の出馬を願い、大野治長も賛同した。しかし、今度は淀殿が反対し、最後の提案も空振りに終わっている。

5月7日、最後の戦いが始まった。徳川方は天王寺口に集結し、真田、毛利隊に総攻撃を仕かけた。幸村と勝永は大善戦。とりわけ幸村は家康を散々に翻弄したが、結局は多勢に無勢で、茶臼山北の安井天神（大阪市天王寺区）で討ち死にしてしまう。

豊臣方の大半の兵士が戦死した夕方になって、ついに城から火の手が上がり、黄金の天守を焼いた。城を焼く紅蓮の炎は、遠く京からも見えたという。

京橋口で抗戦していた盛親は、この炎を見て「今は防ぐともかなうまい」と観念し、敗走を決意した。盛親は自決するよりも生き延びる道を選んだのだ。運は天にある。その運が定まらぬうちは、彼は死んでも死にきれなかったのである。

多くの者が討たれるなか、盛親は京街道を北へ逃げ、八幡（京都府八幡市（やわたし））の方角へ落ちていった。従う者は、中内惣右衛門と羽山左八郎（はやまさはちろう）の2名だけであった。

翌日、秀頼と淀殿は焼け残った山里郭の一角に立つ蔵に籠もり、家康に助命を乞うたが許されず、自害した。この際、毛利勝永や大野治長らもあとを追っている。治長は死ぬ前に火薬を仕かけて蔵に火を放ち、死骸をことごとく灰にした。

ここに大坂の陣は終結したのである。

捕らわれの盛親、決して悪びれず

家康の豊臣残党狩りは執拗、凄惨を極めた。

京から伏見に至る街道には大坂方の落武者の首をさらす台が設けられ、実に1000余りの首が並べられたという。秀頼の遺児で8歳だった国松も京で捕らえられ、斬首された。大野治長の子・治胤は、堺で火あぶりの刑に処されている。

——盛親が徳川方の網にかかったのは5月11日のことだった。

阿波蜂須賀家の家臣・長坂三郎左衛門が八幡橋本の茶屋で「このへんに大坂方の落人はいないか」と尋ねたところ、主の老婆が「夜な夜な食物を買い、近くの葦原のなかへ戻っていく人がいる」と密告したのである。

果たして、三郎左衛門が手勢を連れて葦原を探ってみたところ、逃亡生活で疲弊し切っていた盛親と中内惣右衛門が潜んでいた。主従は直ちに捕縛された。別行動を取っていた羽山左八郎は盛親が捕まったことを知り、三郎左衛門のもとへ自ら名乗り出て、からめ取られた。

こうして盛親らは伏見城へ護送された。徳川秀忠は大物の捕縛に喜び、三郎左衛門に褒美として黄金100両を与えている。

秀忠は盛親を白州に引き出して尋ねた。

「一手の大将なのに、なぜ討ち死にも自刃もしなかったのか」

盛親は少しも悪びれずに答えた。

「大将なれば葉武者のように軽々しく討ち死にすべきに候ず」

盛親はこうも豪語したと伝わる。

「もし運さえよければ、天下は大坂たるよ」

秀忠らには、盛親がいまだに再起しようという心を失っていないことが見て取れた。この精神力があったからこそ、盛親は14年の幽閉にも耐えられたのである。

詮議がすんだ盛親は、警護の士にある頼みごとをしている。

「藤堂高虎の家士に送りたいものがある。我が軍は八尾で藤堂勘解由を討ったが、勘解由の最期は見事なものだった。家臣に兜を持たせているので、連絡してどうにか勘解由の子に送ってやりたい」

こうしたさりげない優しさは、元親譲りであろうか。戸次川で島津が信親の遺品を届けたことも思い出される。警護の士は大いに感銘を受け、勘解由の遺族に兜を届ける手助けをしてやった。

Truth In History 長宗我部元親

物語・終章　盛親とその時代〜滅亡、長宗我部家〜

盛親の死と長宗我部家の滅亡

　続いて盛親は、二条城の家康のもとへ送られた。京都所司代の板倉勝重を奏者（取り次ぎ役）として、家康は盛親に問うた。
「このたびの合戦は東国勢のいずれが軍功優れていたか。大坂の敗戦はなにが理由だったか」
　盛親は胸を張り、臆せずに答えている。
「東国の第一の手柄は井伊掃部頭（直孝）。大坂の落城はこの盛親に始まるもの。高虎を討とうとしたところ掃部頭に横合いからかかられ、味方はついに打ち負けた。ゆえに大坂落城の第一の原因はこの盛親にあり」
　堂々とした態度に家康は感服したとされる。
　しかし、関ヶ原、大坂と2度にわたって家康に弓を引いた大罪人が許されるわけはない。直ちに斬首されることが決まった。なお、従者の中内惣右衛門と羽山左八郎は主人とともに死ぬことを嘆願したが、放免されて土佐へ戻されている。
　その後、盛親は二条城門前で縛り上げられるという辱めを与えられている。家康の見せしめには容赦がなかった。たとえ元国主という身分であっても、家康好みの古武士であっても、幕府に逆らった者は徹底して責め苛むべし。滅ぼすべし。こうした非情の殺戮の末に徳川300年の礎は築かれていったのである。
　5月15日、盛親は京の大路を引き回された末、六条河原で切られた。享年41。

◆六条河原

盛親が切られた場所。古くから多くの政治的敗北者や罪人がここで斬首された（京都市）

Truth In History 長宗我部元親

物語 終章 盛親とその時代～滅亡、長宗我部家～

　盛親の遺骸は処刑場近くの蓮光寺の僧に引き取られ、源翁宗本の戒名をつけられて葬られた。現在も蓮光寺の奥に盛親の墓は残る。

　盛親の5人の男子は京と土佐で捕まり、全員殺されたと伝わっている。肥後加藤家にあった異母弟の長宗我部右近大夫も連座して召し捕られ、伏見で切腹を命じられた。

　切腹の場で、右近大夫の従者だった宮崎久兵衛は「切腹の手本をお見せします」といって、主君に先んじて腹をかき切っている。久兵衛が「どうぞこのように」というと、右近大夫も「心得たり」と爽やかに笑って潔く切腹した。長宗我部の主従は折り重なるようにして死んだのである。

　——土佐に戻った中内惣右衛門は出家して惣入と号し、盛親の菩提を弔い続けた。阿波の蜂須賀家政は惣右衛門の人物を惜しみ、300石を条件に再仕官させようとしたが、惣右衛門は使者にこう伝えた。

　「二君に仕える気はございません。情けは無用です」

　惣右衛門は生涯を主君の追悼に捧げた末、寛永元年（1624）に亡くなっている。長宗我部家最後の"主従一致"を示した侍だった。

◆**長宗我部盛親の墓**

蓮光寺の墓地にたたずむ。土佐から遠く離れた場所で、長宗我部家最後の当主は静かに眠る（京都市）

239

人物

人物ページの見方と索引

●紹介順について

まず、長宗我部家の一門衆、御親族衆といわれた人物たちを紹介し、そのあとに家臣。最後に、同盟を結ぶこともあったが、戦国時代をともに生きた他国の武将たちを、敵将として紹介している。

●データについて

データとして紹介しているのは、以下の3項目。
生没：その人物の生没年を和暦と西暦で明記している。
別名：幼名、通称、諱、道号などを紹介している。名前を変えた人物の場合は、その名も紹介している。
居城：その人物の本拠地を紹介している。基本的には城主や城代となった城で、家臣として城に住んでいた場合などは省略している。

■ 50音順人物索引

あ行

安芸国虎	271
明智光秀	277
石谷氏(元親夫人)	248
石谷頼辰	264
一条兼定	269
一条房家	274
江村親家	259
大西覚養	275
大西上野介	264
織田信長	277

か行

海部宗寿	275
香川親和	251
香川之景	276
春日局	254
金子元宅	266
吉良親貞	249
吉良親実	253
桑名太郎左衛門	261
桑名丹後守	261
桑名弥次兵衛	261
香宗我部親氏	253
香宗我部親泰	250
河野通直	274

さ行

西園寺公広	274
斎藤利三	277
島親益	251
島津家久	278
如渕	265
秦泉寺豊後	266
仙石秀久	273
十河存保	268

た行

谷忠兵衛	256
長宗我部右近大夫	252
長宗我部兼序	251
長宗我部国親	244
長宗我部信親	246
長宗我部元親	245
長宗我部盛親	247
長宗我部康豊	252
津野親忠	252
徳川家康	278
豊臣(羽柴)秀吉	278

な行

中島可之助	263
中内源兵衛	262
中内惣右衛門	262
中山田泰吉	266
蜷川道標	265

は行

波川玄蕃	264
羽床資載	276
比江山親興	254
久武親直	258
久武親信	257
非有	265
福留親政	263
福留隼人	263
戸波親武	253
細川宗桃	262

ま行

丸橋忠弥	254
三好式部少輔	275
三好笑岩	272
毛利輝元	276
本山茂辰	270

や行

吉田次郎左衛門	260
吉田重俊	259
吉田孝頼	259
吉田政重	260
吉田康俊	260

一門

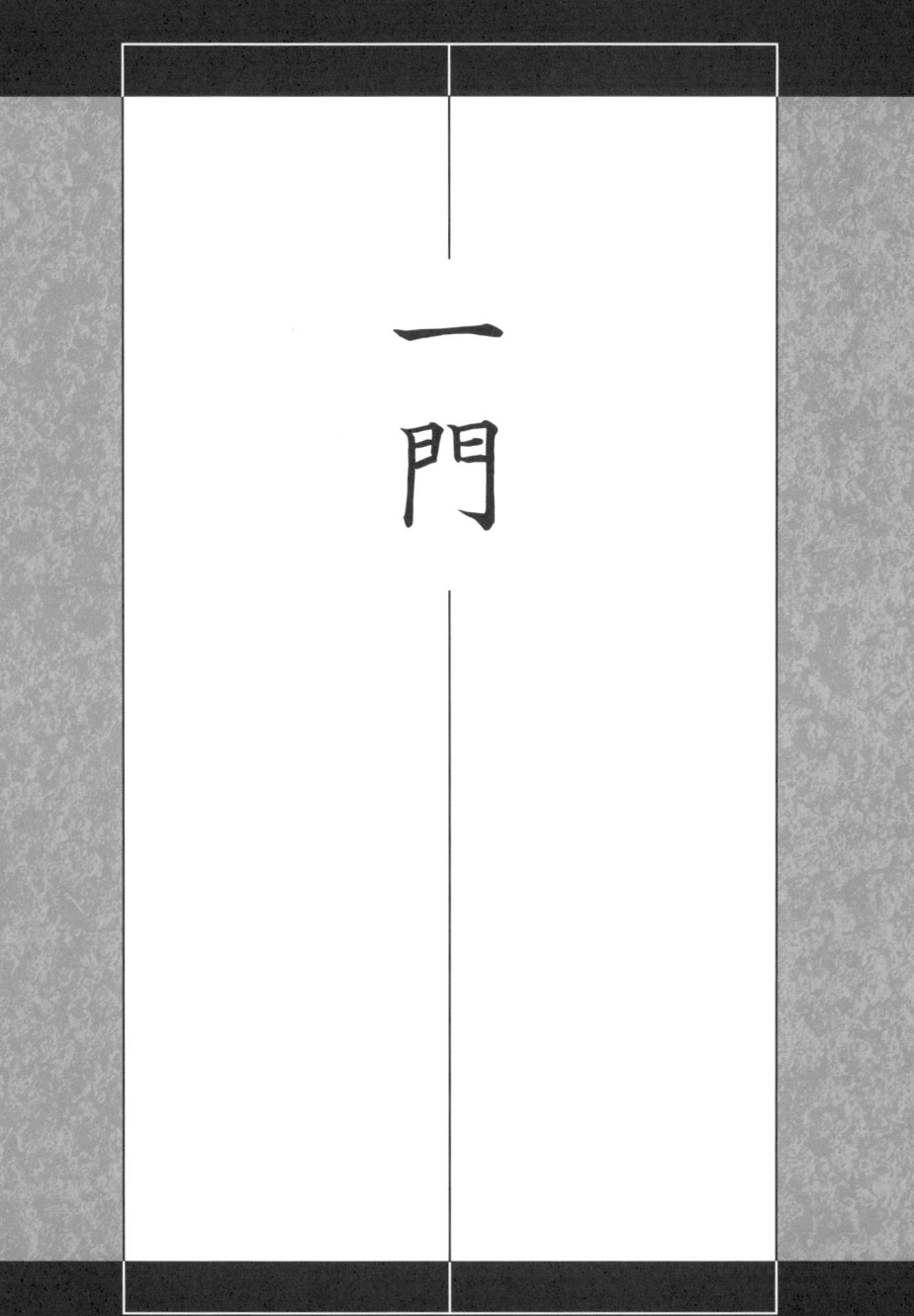

岡豊城落城で復讐の鬼となった元親の父

長宗我部国親
ちょうそかべ　くにちか

生没 永正元年(1504)〜永禄3年(1560)
別名 千翁(雄)丸、信濃守、瑞応覚世
居城 岡豊城

　土佐の豪族で兼序の嫡男。第20代長宗我部家当主。永正5年(1508、永正6年〈1509〉とも)、5歳のときに兼序が本山氏ら豪族連合に攻め滅ぼされ、孤児となる。兼序に長宗我部家の再興と本山氏らへの復讐を託された国親は、家臣に守られて岡豊城を脱出。土佐の国司だった一条房家のもとへ身を寄せる。以後は房家の庇護を受けて成長する。

　岡豊落城の翌年、房家に「この欄干の上から庭に飛び降りれば名跡を取り返してやろう」と戯れでいわれ、1丈(約3m)の高さから飛び降りて、房家を感服させる(『長元物語』など)。

　永正15年(1518)に房家の仲介で本領3000貫を回復し、旧領の岡豊城に復帰。15歳で元服した。国親の子は、元親、吉良親貞、香宗我部親泰、本山茂辰室ら四男三女。

　周囲は本山氏ら敵ばかりだったが、長岡郡の有力豪族だった吉田孝頓と結託し、徐々に勢力を拡大した。土佐国内の緊張を危ぶんだ一条房家は、本山茂辰に国親の娘(元親の姉)を娶わせて両家の和合を図る。しかし、国親は父を滅ぼした本山氏らへの復讐を虎視眈々と狙っていた。

　天文16年(1547)に天竺氏を滅ぼして長岡郡南部、天文18年(1549)には山田氏を倒して香美郡にも進出。なお、天文23年(1554)ごろに思うところあって出家し、瑞応覚世と号している。

　弘治2年(1556)より満を持して宿敵の本山氏討伐に乗り出す。土佐郡に出兵して、本山方の諸豪族を次々に降した。

　永禄3年(1560)、本山方の重要拠点だった長浜城を攻撃。嫡子・元親の奮戦もあって戸ノ本の戦いで大勝利を収め、本山軍を敗走させた。しかし、突如病に倒れ、6月15日に志半ばで岡豊城に死す。享年57歳。打倒本山氏は元親に託された。

Truth In History 長宗我部元親

波瀾万丈の生涯を送った四国の王者
長宗我部元親
ちょうそかべ　もとちか

生没 天文8年(1539)〜慶長4年(1599)
別名 弥三郎、宮内少輔、土佐守、雪蹊恕三、土佐侍従、従四位下
居城 岡豊城、大高坂城、浦戸城

人物一門

　土佐の戦国大名。第21代長宗我部家当主。岡豊城で国親の長男として出生。色白でおとなしい子だったため「姫若子」とあだ名された。永禄3年(1560)、長浜戸ノ本の合戦で初陣。自ら槍を取って奮戦し、勝利に貢献した。しかし、直後に国親が急死したため、22歳で家督を相続。父の遺志を継いで祖父・兼序の仇である本山氏と争い、勝利を収める。続いて、安芸郡の安芸国虎、幡多郡の一条兼定らライバルを倒し、天正3年(1575)に土佐を平定。

　その後は四国統一という野心を持ち、阿波をはじめ讃岐、伊予へも出兵。着々と各地の豪族たちを切り従えていった。この元親軍の中核となったのが「一領具足」と呼ばれる兵農未分離の地侍たちだった。

　天正10年(1582)に信長に討伐されそうになったが、本能寺の変で危機を逃れる。勢いに乗って、宿敵の十河存保を阿波中富川の戦いで撃破。四国平定に向けた決定的勝利を得た。その後は羽柴(豊臣)秀吉と対立し、柴田勝家、徳川家康と同盟を結ぶ。天正13年(1585)に伊予を制圧し、念願の四国統一を果たすが、秀吉の四国征伐開始以降は各所で敗退し、降伏を余儀なくされる。結局、阿波、讃岐、伊予が没収され、土佐一国のみが安堵された。その後は秀吉の忠実な家臣になる。

　天正14年(1586)の九州攻めに従軍し、戸次川の戦いで嫡子の信親を失う。その後、人変わりしたように冷酷となり、四男・盛親への家督相続を強行し、反対派を粛清。晩年には本拠を大高坂、浦戸へ移転。

　小田原攻めや朝鮮出兵にも出陣、またサン・フェリペ号事件に携わるなど豊臣政権で活躍し、慶長2年(1597)には盛親と連名で分国法「長宗我部元親百箇条」を制定する。慶長4年(1599)に病に倒れ、京都伏見で死去。享年61歳。

長宗我部家悲劇のプリンス、戸次川に死す
長宗我部信親
ちょうそかべ　のぶちか

- 生没　永禄8年(1565)〜天正14年(1586)
- 別名　弥三郎
- 居城　—

　元親の長男。母は石谷氏。元親の跡を継ぐべき逸材だった。

　元親が27歳のときに生誕。世継ぎとして大きな期待をかけられ、英才教育を受けて育った。武芸は剣術、弓術、砲術、槍術など、文芸は鼓、囲碁、連歌など、それぞれ専任の師匠を京や堺から招いて指導を受けている。傅役は福留親政で、いわば長宗我部家のサラブレッドであった。

　天正3年(1575)、元親は当時天下を席巻していた織田信長に使者を送り、烏帽子親を依頼。信長より「信」の偏諱を与えられ信親と名乗る。この際「左文字の太刀」と名馬を拝領した。なお、信長から偏諱を受けた者は、信親と関白・近衛前久の子(信輔)のみ。信親の元服は11歳になったこの年とされる。

　初陣は不明だが、翌年の阿波侵攻後間もなくと見られる。天正10年(1582)、本能寺の変を知って、元親が止めるのも聞かずに、わずかの兵を伴って勝瑞城を攻めようとする。結局は諫められてとどまったが、勇ましい面があった。

　成人してからは、身長6尺1寸(約1m85cm)、走り跳びで2間(約4m)を飛び越え、飛びながら刀を抜くという堂々たる武者となる。元親は成長した信親を見て「樊噲(漢の豪傑)にも劣るまい」と期待を寄せていた。そして、元親と二頭政治を行っていた期間もあったと見られる。

　その後、天正14年(1586)に秀吉の九州攻めで元親とともに出陣。戸次川の戦いで島津軍と交戦し、圧倒的な兵力を誇る島津軍相手に大善戦した。しかし、最後は島津勢の新納忠元の臣・鈴木内膳に討たれてしまう。享年22歳。戦後、島津側は元親の求めに応じて信親の遺骸と刀を返還。この時代では異例ともいえる丁寧な対応をしている。信親の勇猛な戦いぶりは、のちの世まで語り種となった。

Truth In History 長宗我部元親

長宗我部家最後の当主、家康に滅ぼされる

長宗我部盛親
ちょうそかべ　もりちか

生没 天正3年(1575)～慶長20年(1615)
別名 千熊丸、右衛門太郎、大岩祐夢、宮内少輔
居城 浦戸城

土佐の戦国大名。第22代長宗我部家当主。元親の四男。母は石谷氏で、当初は吉良家を継いでいた。天正14年(1586)、戸次川の戦いで兄の信親が討ち死にしたため、元親は代わりに盛親を世継ぎにしようとする。しかし、次男・香川親和、三男・津野親忠を差し置いた世継ぎ指名にお家騒動が勃発。盛親を推す重臣・久武親直と元親は反対派を次々に粛清し、天正16年(1588)、半ば強引に14歳の盛親を後継者とする。

元服の際、豊臣重臣・増田長盛を烏帽子親とし、「盛」の偏諱を受けて盛親と名乗った。なお、元親は盛親と亡き信親の娘を娶らせている。

小田原攻めと朝鮮出兵には元親とともに従軍。聡明な人物だったため、主君の秀吉にも気に入られた。元親と盛親は二頭政治を行い、慶長2年(1597)には連名で分国法「長宗我部元親百箇条」を発布している。慶長4年(1599)に元親が死去したため、家督を継いだ。

慶長5年(1600)に関ヶ原の戦いが勃発。盛親は西軍に属したが、決戦場から遠く離れた栗原山で、前に陣取る吉川軍が動かないからか、状況を観望するのみという煮え切らない態度を取った。そして西軍敗戦後は土佐へ敗走し、家康に謝罪しようとした。この際、久武親直の策により、幽閉していた兄の親忠を殺害(親忠に領土を奪われるという懸念があったとも)。これが家康の不興を買い、死罪は免れたが領土没収、改易となる。以後14年にわたり京で蟄居。寺子屋の師匠をした。

慶長19年(1614)、大坂の陣が始まると、秀頼の招聘を受けて大坂城に入城。翌年の大坂夏の陣では八尾の戦いに出陣し、藤堂高虎軍を撃破した。しかし、全軍の劣勢を受けて敗走。八幡で捕縛され、5月15日に京・六条河原で斬首された。享年41歳。

人物一門

元親の美しき妻、斎藤利三の義理の妹

石谷氏（元親夫人）
いしがいし（もとちかふじん）

- **生没** ？〜天正11年（1583）
- **別名** 水心理因
- **居城** 岡豊城

　足利幕臣・石谷兵部大輔光政の娘。母は蜷川氏の娘。誉れ高い美貌の持ち主。京で父とともに暮らしていたところ、元親に請われて永禄6年（1563）に長宗我部家へ輿入れした。

　父の光政は足利義輝の御走衆、御小袖御番衆を務めた近臣だった。『言継卿記』に「土岐石かい」とあることから、美濃土岐氏一族＝清和源氏の出自である。元親は一族に源氏の血を入れ、戦国大名家としての格を望んだのだ。信親、香川親和、津野親忠、盛親、一条内政の妻、吉良親実の妻、佐竹親直の妻、吉松十左衛門の妻の四男四女を生んだ。

　なお、義理の兄・石谷兵部少輔頼辰は美濃斎藤家から石谷家へ養子にきた者。頼辰の弟が明智光秀の家臣として知られる斎藤利三であることから、利三の義理の妹になった。また、足利幕臣で当代一流の文化人だった蜷川道標が頼辰・利三兄弟の妹を娶ったことから、元親夫人を媒介に長宗我部、石谷、斎藤、蜷川の4家は深い縁で結ばれた。

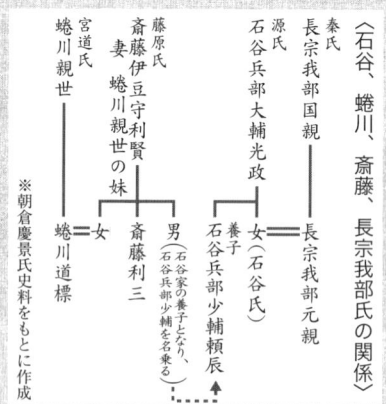

　天正3年（1575）に道標の計らいで京の天龍寺の僧・策彦周良から元親とともに法号を受けた。この際、策彦より「源氏の華族の女丈夫にして、貞操をふみ、婦礼をならう者なり」と賞賛されている。

　天正11年（1583）7月22日に死去。元親は夫人のために岡豊城下に念仏寺という寺を建立し、菩提寺としている。

〈石谷、蜷川、斎藤、長宗我部氏の関係〉

```
秦氏
長宗我部国親
　　長宗我部元親
　　　　　　女（石谷氏）
源氏
石谷兵部大輔光政
　　　養子
　　　石谷兵部少輔頼辰
藤原氏
斎藤伊豆守利賢
妻　蜷川親世の妹
　　　男（石谷家の養子となり、
　　　　石谷兵部少輔を名乗る）
　　　斎藤利三
　　　女
宮道氏
蜷川親世
　　　蜷川道標
```

※朝倉慶景氏史料をもとに作成

Truth In History 長宗我部元親

兄の元親を助け、一条兼定を追い落とす

吉良親貞
きら ちかさだ

生没 天文10年(1541)～天正4年(1576)
別名 左京進、播磨守
居城 浦戸城、吉良峰城、蓮池城、中村城

人物 ― 一門

　国親の次男で、元親の2歳違いの弟。永禄6年(1563)に、土佐の名族だった吉良氏を継承した。
　吉良氏は、源希義(頼朝の弟)の子・希望が吾川郡吉良荘を与えられたことにより発祥し、戦国時代には土佐七豪族のひとつとなった。しかし、同じく有力豪族の本山茂辰が吉良家当主の宣直を討ち、自らが吉良姓に改姓した。その後、元親が本山氏の勢力を土佐中央部から駆逐したことで、宣直の娘を妻にしていた親貞が吉良家の名跡を継いだ。
　土佐制圧にあたって元親は、親貞を西部戦線、同じく弟の香宗我部親泰(国親の三男)を東部戦線の要とした。
　親貞は、幡多郡の一条兼定攻略のキーマンとなる。一条家は長宗我部家にとって恩のある主筋だったが、親貞は一計を案じて一条討伐を画策。永禄12年(1569)、兄の代わりにダーティな役回りを果たし、一条方の蓮池城と戸波城を攻め取った。
　抗議する兼定に対し、元親は「(親貞は)粗忽第一の者」と、親貞が勝手にやったととぼけ、兄弟の縁を切ると偽りの弁明をしている。
　天正3年(1575)、元親の策謀で一条家に内紛が勃発し、兼定は豊後に追放。親貞は一条氏の本拠・中村城主に任ぜられた。
　兼定が再起を期した渡川の戦いでも親貞は長宗我部軍の中心となって活躍し、これを返り討ちにする。親貞の支配は幡多一円に及び、元親の土佐統一の大きな力となった。
　しかし、この翌年に親貞は病を得て36歳の若さで死去する。ちょうど元親が四国統一を目指して伊予、阿波への侵攻を開始した時期だっただけに、頼りになる弟の死は大きな痛手となった。

元親軍団の副将格、文武に優れた弟
香宗我部親泰
こうそかべ　ちかやす

生没 天文12年(1543)～文禄2年(1593)
別名 弥七郎、安芸守、香安
居城 香宗城、安芸城、海部城、牛岐城

　国親の三男で、元親の4歳違いの弟。永禄元年(1558)に香美郡香宗城主の香宗我部親秀の養子となった。妻は香宗我部秀通の娘。兄の元親を補佐し、長宗我部家にとっては副将的存在で、人望も高かった。

　香宗我部家は甲斐源氏(源義家の弟・義光が始祖)の流れを汲み、一条忠頼(土佐一条家とは別流)の遺児・秋通が土佐へ入部し、香美郡宗我部、深淵両郷の地頭職に補任されたことが始まり。香美郡南部に勢力を持った。しかし戦国時代に入って、西に長宗我部氏、東に安芸氏に挟まれ衰運。そこで親泰を養子にすることで、長宗我部・香宗我部の連合体制が築かれる運びとなった。

　元親体制では、親泰は東部方面から阿波への攻略を担当。永禄12年(1569)の安芸国虎の滅亡後は安芸城主に任命され、天正4年(1576)からは阿波侵攻軍の軍代として活躍した。

　天正10年(1582)の中富川の戦いでは最前線で戦い、勇将ぶりを遺憾なく発揮。勝瑞城攻めでも先頭に立って勝利に貢献した。

　外交面でも中心となり、織田信長、柴田勝家、徳川家康らとの交渉を担当している。勇将であり有能な官僚であった親泰は、四国平定になくてはならない存在だったのだ。

　元親が秀吉に降伏してからも懸命にサポート。元親が九州・小田原攻めに参陣していたときは、土佐で留守を守った。

　文禄元年(1592)に、朝鮮出兵に参陣していた嫡男・親氏が陣中で病没。翌年に代わって親泰が出陣しようとしたが、その途上に長門で病死した。享年51歳。土佐の人は親泰を敬慕し、江戸時代でも法要が行われている。香宗我部家は末子の貞親が継承。長宗我部家滅亡後、貞親は流浪の末に春日局の斡旋で堀田家に仕官し、その血統を繋いだ。

Truth In History 長宗我部元親

人物 ―門

土佐の諸豪族に討たれた元親の祖父
長宗我部兼序 ちょうそかべ かねつぐ

生没 ?～永正5年(1508)?
別名 元秀、宮内少輔、覚誉常通
居城 岡豊城

　第19代長宗我部家当主。国親の父で、元親の祖父。武勇、妙術に優れた大将で、土佐鴨社の再建にも尽力する。しかし、後ろ楯だった管領・細川政元が暗殺されたことで、土佐国内で孤立。永正5年(1508、永正6年(1509)とも)に本山、山田、吉良氏ら諸豪族の攻撃を受け自刃した。遺児の国親は逃れたが、長宗我部家は一時的に滅亡する。

元親の末弟、その死が阿波侵攻の引き金に
島親益 しま ちかます

生没 ?～元亀2年(1571)
別名 弥九郎、親房
居城 ―

　国親の四男で、元親の腹違いの弟。武勇に優れ、本山氏との戦いなどで活躍。しかし、病にかかったため、元亀2年(1571)に有馬で湯治しようと(都で養生とも)浦戸から出帆。途中、阿波の海部那佐で停泊していたところ、海部宗寿の軍の奇襲を受けて討ち死に。この親益の死は、元親の阿波侵攻の大きな口実となった。

後継者となれなかった元親の次男
香川親和 かがわ ちかかず

生没 永禄10年(1567)～天正15年(1587)
別名 五郎次郎、親孝、親政
居城 天霧城

　元親の次男。母は石谷氏。天正9年(1581)に、讃岐天霧城主・香川之景の養子となる。元親が秀吉に讃岐を召し上げられてからは、人質として羽柴秀長の大和郡山城へ。翌年に土佐へ戻る。兄・信親の死後、秀吉は長宗我部の家督継承を意味する朱印状を親和に与えたとされる。しかし元親にその気がないことを知り、心労により病死した。

関ヶ原後に殺害された元親の三男
津野親忠 つの ちかただ

- **生没** 元亀3年(1572)～慶長5年(1600)
- **別名** 孫次郎
- **居城** 須崎城

　元親の三男。母は石谷氏。元亀2年(1571)に高岡郡の半山姫野々城主・津野勝興が元親に降伏。親忠は勝興の養子となり、津野家を継いだ。元親が秀吉に敗れてからは、人質として秀吉のもとへ送られる。藤堂高虎と誼がある。兄・信親の死後は家督争いに巻き込まれ、香美郡岩村に幽閉。関ヶ原後、久武親直の策謀で岩村霊岸寺にて殺される。

元親の五男、兄・盛親に連座して切腹
長宗我部右近大夫 ちょうそかべ うこんだいふ

- **生没** ?～慶長20年(1615)
- **別名** ―
- **居城** ―

　元親の五男。名は不詳で、右近大夫という官位で呼ばれる。母は小少将。同腹の妹(小宰相)がいる。また、十河存保、三好長治、細川真之は異父兄にあたる。関ヶ原後は肥後の加藤清正預かりとなる。その後の大坂冬の陣で異母兄の盛親が刑死した際、右近大夫も伏見へ呼び出されて切腹させられた。

元親の六男、長宗我部の落胤として生き抜く
長宗我部康豊 ちょうそかべ やすとよ

- **生没** ?～?
- **別名** 信九郎、民部、足立七左衛門
- **居城** ―

　元親の六男。母は不詳だが、一度伽をした端女とも。長宗我部家改易後、大坂の陣で兄の盛親に従って大坂城に入城し、八尾の戦いで奮戦した。大坂城落城後は脱出して逃走、足立七左衛門と名を変えて駿府に住む。同地で駿府城主・酒井忠利に仕官し、1500石を与えられたとされる。死亡時期は不詳。

世継ぎ問題で誅殺された元親の甥
吉良親実 きら ちかざね

- **生没** 永禄6年(1563)～天正16年(1588)
- **別名** 新十郎、左京進
- **居城** 吉良峰城、蓮池城

　吉良親貞の子で、元親の甥。妻は元親の娘。親貞の死去で吉良家を相続し、その後は一門衆として元親の四国平定に貢献。剛毅で気概のある人物だった。だが天正14年(1586)、秀吉の大仏建立に伴う材木搬出の際、久武親直と確執。信親の死後の継承問題でも親直と対立し、たびたび元親に諫言したところ、逆鱗に触れて切腹を命じられた。

異国で死んだ香宗我部親泰の嫡男
香宗我部親氏 こうそかべ ちかうじ

- **生没** 元亀3年(1572)～文禄元年(1592)
- **別名** 千菊丸、左近、弥七郎
- **居城** 安芸城

　香宗我部親泰の嫡男で、元親の甥。親泰とともに元親を支え、盛親の後継者指名に伴うお家騒動後は、粛清で数少なくなった一族を束ね、元親、盛親の名代として働くことも多かった。文禄元年(1592)に朝鮮出兵が始まると渡海。熊川の海戦で朝鮮海軍と戦闘後、間もなく陣中で没した。

信頼厚い元親の従兄弟
戸波親武 へわ ちかたけ

- **生没** ？～？
- **別名** 長宗右兵衛
- **居城** 戸波城、十河城

　国親の弟・国康の長男。永禄12年(1569)に長宗我部軍は一条方の戸波城を攻略。親武は元親に城主を任じられ、戸波姓を名乗る。以後、元親の四国平定で武功をあげ、天正12年(1584)には、讃岐の十河城主となった。秀吉の四国攻めでは、讃岐植田城で豊臣軍に立ち向かった。没年は不詳だが、天正17年(1589)以前と見られる。

世継ぎ問題で元親に諫言、吉良親実とともに殺される

比江山親興 ひえやま ちかおき

- **生没** ?～天正16年(1588)
- **別名** 掃部助
- **居城** 比江山城、岩倉城

　国親の弟・国康の次男。元親の従兄弟にあたる。元親の四国平定に協力し、阿波平定後は岩倉城を与えられる。秀吉の四国征伐後は、人質となった津野親忠とともに大坂へ赴いた。盛親の家督継承騒動では吉良親実とともに元親、久武親直と対立。元親に誅殺された。妻子らも皆殺しにされ、比江山"七人みさき"という怨霊の伝承を残す。

「由井正雪の乱」に加わった謎の男

丸橋忠弥 まるばし ちゅうや

- **生没** ?～慶安4年(1651)
- **別名** 長宗我部盛澄、忠也、一玄居士
- **居城** ―

　江戸時代の牢人。槍の達人。由井正雪の乱に加担し、捕らえられて磔刑となった。明治初期に成立した歌舞伎「慶安太平記」では、盛親の落胤・長宗我部盛澄とされた。忠弥の出自ははっきりせず、出羽の人とも上野の人とも。無論、盛親の子である確証はないが、虚構にせよ、長宗我部氏が長く大衆に親しまれていた点は注目される。

幼少期には元親夫妻と暮らしていた?

春日局 かすがのつぼね

- **生没** 天正7年(1579)～寛永20年(1643)
- **別名** 斎藤福、従二位
- **居城** ―

　明智光秀の重臣・斎藤利三の娘。母は稲葉一鉄の娘。徳川家光の乳母、大奥の権力者として有名。天正10年(1582)、山崎の戦い後に利三が処刑。4歳だった春日局とその兄は、家臣に助けられて叔母である石谷氏を頼り、岡豊へ向かったとされる。故山本大氏の説では、約10年間、元親夫妻と生活をともにしていた可能性があるという。

家臣

長宗我部家の名参謀、元親に降伏を提言
谷忠兵衛
たに ちゅうべえ

生没 天文3年(1534)～慶長5年(1600)
別名 忠澄
居城 白地城、一宮城、中村城

　もとは土佐一宮神社の神官という変わり種だが、家中一、二を争う智謀の人といえる。元親に見出されて家臣となり、参謀として、特に外交方面で活躍した。同じく元親ブレーンの非有(ひゆう)は忠兵衛の弟ともいわれる。

　天正6年(1578)、元親は四国攻略の拠点として阿波白地城を奪取し、城代として忠兵衛を任命。右腕として絶大な信頼を置いていた。

　天正13年(1585)からの羽柴秀吉軍の襲来に対し、阿波での攻防が最重要と考えた元親は、忠兵衛に阿波一宮城の城将を任せている。しかし、忠兵衛は早くから秀吉との戦いが無謀な戦であることを見切っていた。

　阿波攻めの総大将となった秀吉の弟・羽柴秀長は、忠兵衛に元親を降伏させるよう説得することを勧めた。忠兵衛は白地の元親のもとに赴き必死で説得するが、元親は激怒し、忠兵衛に腹を切れといったという。

　しかし忠兵衛は諦めず、他の重臣たちに根回しして、再度元親に勝ち目がないことを述べた。この際、羽柴軍の立派な武具や馬に比べ、長宗我部軍のそれがいかに劣っているかを細々と話している。こうして元親は折れ、以後忠兵衛は秀長と講和をまとめ、戦後処理でも中心的な役割を果たした。忠兵衛は無謀な合戦をして死を選ぶより、土佐一国に減封されても、長宗我部の家と家臣を救うことが重要だと考えたのだ。

　天正14年(1586)の戸次川の戦いにも従軍。戦後、元親に頼まれて、討ち死にした信親の遺骸を受け取るために、島津の陣への使者となる。遺骸を荼毘(だび)に付し、高野山へ登って信親と戦死者700人の供養も行った。なお、この戦で忠兵衛も長男の彦十郎を失っている。

　天正年間(1573～1592)に土佐の西の要である中村城の城代となる。関ヶ原の合戦後、長宗我部家が大揺れとなるなか、中村城で病没した。享年67歳。

Truth In History 長宗我部元親

伊予方面の総司令官、壮絶な討ち死に

久武親信
ひさたけ　ちかのぶ

- **生没** ?〜天正7年(1579)
- **別名** 内蔵助、親定
- **居城** 佐川城

人物　家臣

　肥後守(久武)昌源の子。親直の兄。武勇高く、誠実で思慮深い将だったことから、元親に頼りにされて家老頭となった。土佐郡久万に所領を与えられ、その後は高岡郡佐川城主に任じられた。

　久武氏は長宗我部氏土佐入部以来の譜代の家臣。中内氏、桑名氏とともに"三家老"と呼ばれた家柄である。なお、親信は有馬温泉に湯治に出かけたことがあり、このときに信長の家臣だった羽柴秀吉と知り合い、秀吉の人柄に傾倒したことがある。

　天正5年(1577)に南伊予の軍代に抜擢される。前年に土佐西方の侵攻を担当していた元親の弟・吉良親貞が死去したため、親信が伊予攻めの中心的役割を果たすようになったと見られる。

　親信は元親の期待に応え、伊予南方の宇和郡に進撃。河原崎氏を討伐したことを皮切りに、宇和・喜多郡を着々と侵攻した。

　もっとも河野氏、西園寺氏ら伊予の豪族の抵抗は激しく、毛利氏の支援もあったため、伊予侵攻は困難を極めた。同時期には信長の勢力も一段と拡大、焦った元親は改めて親信を伊予攻めの総司令官とし、早期の平定を求めた。元親自身も阿波の三好氏、讃岐の羽床氏らの攻略で手一杯の状況だった。

　元親に催促された親信は死を覚悟したのか、「私が戦死しても弟の彦七(親直)には跡目を相続されませんように。彦七は行く末、お家の障りになっても、御用の立つ者ではありません」と元親に告げている。

　天正7年(1579)、親信は7000の兵を率いて南伊予に進撃。宇和郡の岡本城、大森城など5つの城を攻撃したが、岡本城外で狙撃されて討ち死にした。多くの将兵と名将・親信を失った元親の落胆は大きかったという。

257

稀代の策謀家、長宗我部"獅子身中の虫"に

久武親直
ひさたけ　ちかなお

- **生没** ?～?
- **別名** 彦七、内蔵助
- **居城** 佐川城

　肥後守(久武)昌源の子。親信の弟。元親と盛親の2代に仕えた。

　兄の親信とともに伊予攻略の一翼を担っていた。親信の死後、元親は親信の「弟に跡目は相続させないように」という遺言を守ったのか、長く伊予軍代を空席にしていた。しかし、阿波、讃岐の平定が着々と進んだこともあって、天正12年(1584)に約束を破って親直に跡目を継がせ、新たな伊予軍代とした。将として兄に負けない器量が、親直に備わっていたと見られる。

　期待に違わず、親直は北宇和郡に出陣し深田城を攻略。その後も兄に劣らぬ働きで伊予・阿波平定に貢献した。天正13年(1585)春には河野通直も降伏し、残る西伊予の豪族も降り、元親の四国征服は成った。だが、徐々に兄・親信の人物眼が正しかったことが証明されていく。

　元親が秀吉に降伏したあと、親直は秀吉の大仏殿建立のための材木の伐採・搬出の監督に任じられた。このとき、伐採現場で長宗我部一門の吉良親実ともめ事を起こして不和となる。

　戸次川で元親の長男・信親が戦死し、その後に元親の後継者を巡って跡目争いが勃発する。親直は元親が溺愛していた四男の盛親を擁立し、親実や比江山親興らはこれに真っ向から反対した。親直は元親に取り入って讒言し、親実ら多くの長宗我部一門衆を上意討ちしている。

　元親の死後は盛親の側近となる。関ヶ原の戦いで敗れ、家康に謝罪しようとする盛親に対し「津野親忠(盛親の兄)が土佐半国を与えられるかもしれない」とそそのかし、親忠を死に追い込んだ。これが家康の怒りを買い、長宗我部家は改易されてしまう。そのとき親直は全面降伏を唱えて、徹底抗戦しようとする家臣らには与しなかった。その後は肥後に渡り、加藤清正に仕えて1000石を与えられた。

Truth In History 長宗我部元親

国親を支えた長宗我部家の知恵袋
吉田孝頼 よしだ たかより

- **生没** ?～永禄6年(1563)
- **別名** 周孝、備中守、備中入道
- **居城** 吉田城、井口城

　藤原秀郷を始祖とする土佐吉田家中興の祖。妻は国親の妹。妹との姻戚後は国親の参謀として働く。本山・香宗我部両家を巧みに対立させるなど、策謀に優れた。元親にも仕え、武勇もあり、長浜の戦いなどで活躍。土佐井口城主の井口勘解由を破り、井口城を与えられた。子孫に土佐藩家老の吉田東洋がいる。

安芸国虎との戦いで活躍した「大備後」
吉田重俊 よしだ しげとし

- **生没** ?～?
- **別名** 備後守、大備後
- **居城** 上夜須城、穴内城、新庄城

　孝頼の弟で、国親と元親の2代に仕えた。「吉田大備後」と呼ばれる。兄に似て智謀に秀で、天文年間(1532～1555)の大津城攻撃では先手の将として戦功。元親の代では香美郡上夜須城主となり、安芸氏と対立。永禄6年(1563)、安芸国虎の岡豊城攻撃に対し援軍として活躍した。永禄12年(1569)の安芸城攻めでは安芸方諸将の調略を行い、元親を勝利に導いた。

元親と一条兼定に称えられた「小備後」
江村親家 えむら ちかいえ

- **生没** ?～天正年間(1573～1592)
- **別名** 備後守、小備後
- **居城** 江村城、種崎城

　大備後(吉田)重俊の次男。国親と元親の2代に仕えた。江村備後守親政の娘と結婚し、婿養子となる。実父と同じ備後を名乗ったため「江村小備後」と呼ばれる。天文18年(1549)、山田氏との合戦で活躍。永禄8年(1565)には元親の命で一条兼定の援軍を務め、目覚ましい働きを見せて、兼定より鎧と太刀、元親より2日2夜の饗宴を受ける。

高知の繁栄を予言した"せんの次郎左衛門"
吉田次郎左衛門 よしだ じろうざえもん

- **生没** ?～?
- **別名** 貞重、宗性
- **居城** ―

　孝頼の子で、元親と盛親の2代に仕える。父に似て博学、天文の知識が豊富。永禄12年(1569)の安芸城攻めで敵に左の目を突かれたが、槍を奪ってこれを倒した。隻眼となり"せんの次郎左衛門"と呼ばれる。大高坂城への移転の際に高知の繁栄を予言し、関ヶ原後は浦戸城の開城を主張。その後は保科家に250石で仕官した。

"虎退治"で名を馳せる暴れん坊
吉田政重 よしだ まさしげ

- **生没** ?～?
- **別名** 勝五郎、又左衛門、市左衛門、透無
- **居城** ―

　大備後・重俊の曾孫で、元親と盛親の2代に仕える。身長6尺2寸(約1m90cm)と堂々たる体躯を持つ豪傑。中富川の初陣から大坂の陣まで計115の首を取り、21か所の傷を受けたという猛将。朝鮮出兵でも軍功をあげ、同地で虎を退治している。盛親の死後は土佐に戻り、山内一豊の再三の仕官要請を断って、医師として生涯を送った。

数々の合戦に従軍、盛親の再起にも協力
吉田康俊 よしだ やすとし

- **生没** 永禄8年(1565)～寛永11年(1634)
- **別名** 右近、孫左衛門、重年
- **居城** ―

　大備後・重俊の曾孫で、元親と盛親の2代に仕える。天正7年(1579)に阿波小松島の合戦で腕を切られたが、桑名将監親勝の危機を救う。中富川の合戦でも軍功をあげ、秀吉の四国攻めでは徳島城を守り、戸次川の戦いでは元親を守った。関ヶ原では盛親の側近として参戦。改易後に山内家臣となるが、盛親の大坂入城に従軍。戦後は松平忠明に仕えた。

Truth In History 長宗我部元親

人物 家臣

三家老の一角、安芸攻めの主力
桑名丹後守 くわな たんごのかみ

- **生没** ?〜?
- **別名** 重定(?)
- **居城** 奈半利城

　桑名氏は伊勢平氏の後裔とされる。室町中期に伊勢桑名より土佐に入国し、長宗我部家に仕えた。久武氏、中内氏とともに"三家老"と呼ばれる。丹後守は安芸郡での戦いに活躍。永禄12年(1569)に安芸郡奈半利城主となり、野根城、甲浦城攻めに従軍。土佐統一後は安芸郡甲浦城を監督、子の将監親勝が同城の守将となっている。

主君の盛親と八尾で悲劇の再会
桑名弥次兵衛 くわな やじべえ

- **生没** 天文20年(1551)〜慶長20年(1615)
- **別名** 吉成、一孝
- **居城** 中村城

　丹後守の弟・藤蔵人の子。元親と盛親の2代に仕える。四国統一戦で活躍し、幡多郡中村城代となる。戸次川の戦いで殿軍(しんがり)を務め、元親を撤退させた。吉良親実の自刃の際に検使。元親の信任厚く「(有事では)先陣を弥次兵衛」と遺言したという。関ヶ原後の浦戸城明け渡しに尽力後、藤堂家に仕官。八尾の戦いで長宗我部軍に自殺的な突撃をし死す。

小笠原流を学んだ文武両道の将
桑名太郎左衛門 くわな たろうざえもん

- **生没** ?〜天正14年(1586)
- **別名** ―
- **居城** ―

　丹後守の子で、将監親勝の兄。天正初期に上洛し、小笠原流の武家故実や礼儀作法を学び、信親の先生になるなど、長宗我部家に小笠原流を伝授している。伊予北ノ川の戦い、中富川合戦、讃岐引田の戦いなどに従軍して軍功をあげ、元親の四国統一を助けた。天正14年(1586)、戸次川の戦いで信親とともに討ち死にした。

南予勢力と戦った細川一族の将
細川宗桃 ほそかわ そうとう

- **生没** ?～?
- **別名** 定輔、備後守、十市備後守
- **居城** 栗山城、神田城、朝倉城、吉奈城

　管領・細川頼之の後裔とされる。父の国隆が天文18年(1549)に国親に降り、臣となる。宗桃は、娘を香宗我部秀通に嫁がせて姻戚関係を結んだ。元親の信任が厚く数々の戦で重用され、神田城、朝倉城、吉奈城の城主に任じられている。吉奈城主となってからは南伊予の豪族と戦い、北川、高森の戦いに参陣している。

"三家老"の一角、父とともに四国を駆け巡る
中内源兵衛 なかのうち げんべえ

- **生没** ?～慶長20年(1615)
- **別名** 藤吉郎
- **居城** 財田城、本篠城

　中内氏は近江中原氏の支流。父・藤左衛門とともに元親に仕える。久武氏、桑名氏とともに、中内氏は"三家老"の一角を占めていた。天正7年(1579)に、父とともに讃岐財田城を預けられる。天正10年(1582)の中富川の戦いでも活躍した。長宗我部家改易後は、藤堂高虎に仕えたともいわれている。

最後まで盛親に従った忠臣
中内惣右衛門 なかのうち そううえもん

- **生没** ?～寛永元年(1624)
- **別名** 三安、惣入
- **居城** ―

　元親、盛親の家臣。永禄5年(1562)、本山方の吉良峰城攻めに参戦。元親の死後、関ヶ原の戦いでは盛親を守り、兵500人と大坂へ敗走。しかし大坂に着いたときには兵は散り散りとなり、盛親を守る者は7人のみだったという。改易後は牢人となり、大坂の陣で盛親とともに大坂城へ入城。敗れて土佐に戻り、出家して盛親の菩提を弔った。

Truth In History 長宗我部元親

人物 家臣

「福留の荒切り」で名を馳せた猛将
福留親政 ふくどめ ちかまさ

- **生没** ?〜天正5年(1577)
- **別名** 福富親政、飛騨守
- **居城** 田辺島城、秦泉寺城

　福留家は親政の祖父・掃部頭房照の代からの長宗我部家の家臣。勇猛な武将で、永禄元年(1558)の岡豊城下での合戦や、永禄6年(1563)の安芸国虎の同城襲撃の際に活躍。20人を切り「福留の荒切り」と呼ばれた。六つ鳩酢草の紋使用も許される。元親から21度の感状を受け、田辺島、秦泉寺の2城を預けられた。最後は伊予で討ち死に。

元親を諫めた快男児
福留隼人 ふくどめ はやと

- **生没** 天文18年(1549)〜天正14年(1586)
- **別名** 儀重
- **居城** 田辺島城

　親政の子。元親に仕えた。父に似て強い武将で「蛇もハミもそちよれ、隼人様のお通り」と童謡に謡われたほど。神森城の戦い、本山氏との戦いで武功をあげるも、最後は戸次川で死す。田辺島で隼人神社として祀られた。禁酒令を出していた元親が城内に酒を運んでいたのを咎め、諫めて改心させた話も有名。

あの信長を感心させた知恵者
中島可之助 なかじま べくのすけ

- **生没** ?〜?
- **別名** ―
- **居城** ―

　元親の臣。『土佐物語』に登場する。天正3年(1575)、元親は信長に、阿波出兵の了解と信親の烏帽子親を依頼するため、可之助を使者に立てた。可之助と対面した信長が「元親は鳥のない島の蝙蝠」と評したところ、「(信長は)蓬莱宮のカンテン(寛典、寛大な処置)」と返し、信長を感心させ、元親からの頼みを承諾させた。

元親に命を助けられた大西家の人質
大西上野介 おおにし こうずけのすけ

- **生没** ?〜?
- **別名** 頼包、七郎兵衛、道誉
- **居城** 轟城

　大西頼武の子。白地城主で兄の大西覚養の養子となる。大西氏は阿波三好郡の出自。天正4年(1576)、元親に降伏した覚養が人質として送る。が、覚養は裏切り、元親は上野介を許したところ、意気に感じた上野介は長宗我部家の臣となり、白地城攻めを手引きして手柄をあげる。以後、阿波攻め、西讃岐攻略でも活躍し、恩人・元親に報いた。

土佐に逃れてきた石谷氏の兄、もとは光秀の家臣
石谷頼辰 いしがい よりとき

- **生没** ?〜天正14年(1586)
- **別名** 斎藤孫九郎、兵部少輔
- **居城** —

　父は斎藤利賢。斎藤利三の兄で、元親夫人(石谷氏)の異父兄。当初は義父の足利義輝に仕え、その後に明智光秀の臣になる。織田方の使者として土佐に下ったこともある。本能寺の変後は秀吉に山崎で敗れ、元親夫人を頼って土佐に入った。経験豊富なキャリアから元親に重用され、娘は信親の妻となる。戸次川で娘婿の信親とともに死す。

謀反を起こそうとした元親の妹婿
波川玄蕃 はかわ げんば

- **生没** ?〜天正8年(1580)
- **別名** 清宗
- **居城** 波川城、山路城

　元親の妹婿。波川氏は蘇我氏の子孫とも。吾川郡波川城を本拠に、仁淀川流域に勢力を持っていた。一条兼定の追放後、天正2年(1574)に山路城主になる。しかし、酒色に耽るなど行状が芳しくなかったことから波川に蟄居処分となる。これを機に謀反を企てたが露見して逃亡し、香宗我部親泰を頼ったが、結局は元親に自刃させられた。

Truth In History 長宗我部元親

家臣

文書巧みな外交僧
非有 ひゆう

- **生没** ?〜?
- **別名** 滝本寺非有
- **居城** ―

　岡豊城下の真言宗滝本寺の住職。谷忠兵衛の弟とも。高い学識を持つ僧で、元親が帰依。召し出され、庄屋の竹内左衛門とともに長岡郡池之村の代官に任じられた。国政でも優秀なブレーンとなり「長宗我部元親百箇条」など多くの文書を起草。外交も担当し、諸国を回った。毛利の外交僧・安国寺恵瓊とともに「一対坊主」と呼ばれた。

元親の甥？ "七人みさき" に
如渕 じょえん

- **生没** ?〜天正16年(1588)
- **別名** 真西堂如渕、如淵
- **居城** ―

　臨済宗宗安寺の住職。吉良親貞の子ともいわれる。京で修行し、帰国後に吉良親実に招かれて、岡豊城下で儒学(朱子学)を講じた。信親死後のお家騒動に巻き込まれ、吉良親実らとともに切腹させられた(逃亡したとも)。怨霊伝承 "七人みさき" のひとりになったともいわれる。

客分としてやってきた元親夫人の縁者
蜷川道標 にながわ どうひょう

- **生没** 天文3年(1534)〜?
- **別名** 親長、新右衛門
- **居城** 蜷川城

　『一休さん』で有名な蜷川新右衛門のモデル・親当の子孫。元親夫人の縁者。蜷川家は代々室町幕府の幕臣で、故実に通じた家。主の義輝暗殺により所領を追われ、長宗我部家に寄食。岡豊城下の蓮如寺で屋敷を与えられ、元親と盛親のブレーンになる。連歌をはじめとする一流の文化人で、岡豊文化の発展に寄与した。盛親改易後は家康に仕えた。

四国で侍の義理を遂げた唯一の男
金子元宅 かねこ もといえ

- **生没** ？～天正13年（1585）
- **別名** 備後守
- **居城** 金子山城

　金子氏は伊予の豪族で桓武平氏の後裔ともいわれる。元親と誼を通じ、天正13年（1585）の秀吉の四国征伐では、長宗我部方として新居浜に上陸してきた小早川隆景の大軍と戦う。兵力差は明らかだったが元宅は徹底抗戦。氷見高尾城に籠城し、大激戦の末、討ち死に。元親は降伏を勧める家臣を尻目に元宅を「四国で侍の義理を遂げた唯一の者」と称えた。

初陣の元親に槍の使い方を教える
秦泉寺豊後 じんぜんじ ぶんご

- **生没** ？～？
- **別名** 泰惟
- **居城** 秦泉寺城

　土佐の豪族。本山家臣・掃部の子。弘治2年（1556）の国親の土佐中原侵攻より、長宗我部家に仕える。元親の初陣に従い、槍の使い方を教えたことで有名。のちに、土佐郡との農民同士の紛争に巻き込まれる。元親より秦泉寺領の農民引き渡しを要求されたが、これを拒否したため、中島大和に討伐されたとされる。

親泰を助けた香宗我部家の血流
中山田泰吉 なかやまだ やすよし

- **生没** 天文10年（1541）～慶長18年（1613）
- **別名** 左衛門佐
- **居城** ―

　香宗我部秀通の子。姉は親泰の妻。秀通が兄の親秀に殺され、香宗我部家を継いだ親泰・貞親父子の家老。香美郡中山田に居住したため、中山田氏を称した。親泰の信任が厚く、世継ぎを要請されたが、これを固辞。関ヶ原では密かに井伊直政と通じ、盛親への非協力を明言した。長宗我部改易後は家督を弟の秀政に譲って引退した。

敵将

元親の宿敵、中富川の戦いに敗れる
十河存保
そごう　まさやす（ながやす）

生没 天文23年（1554）〜天正14年（1586）
別名 孫六、三好存保、隼人正、河内守、民部大輔
居城 十河城、虎丸城、勝瑞城

　阿波の国人から戦国大名となった三好家の一門衆。一族の中興の祖である三好長慶の弟・三好義賢（実休）の子で、三好長治の弟。元親のライバルとなり、阿波、讃岐で激戦を繰り広げた。

　永禄4年（1561）に讃岐十河城主・十河一存が急死したため、十河家の養子となって家督を継いだ。なお、一存も長慶の弟で"鬼十河"と呼ばれる猛将だった。十河氏は景行天皇の流れを汲む名門で、讃岐山田郡（高松市）を地盤とする豪族だった。

　存保が成長してからは虎丸城を居城とし、兄で阿波の支配者だった長治を助ける。ただし兄の暴政には悩んだようで、天正元年（1573）には直接長治に諫言するなど、阿波の統治に苦慮している。

　天正5年（1577）に長治が元親や細川真之（讃岐守護）に敗死してからは勝瑞城に入り、阿波での三好家の復権に努めて、元親、真之と対立するようになる。存保は同じ三好一族の笑岩（康長）とともに信長に降り、織田家を後ろ楯として勢力を回復。

　天正10年（1582）、本能寺の変で信長が横死したため笑岩は逃亡。存保は阿波で孤立することになる。同年8月に、阿波に攻め込んできた元親と決戦（中富川の戦い）となる。この四国版"天下分け目の決戦"で十河軍は決定的な敗北を喫し、讃岐に後退。天正12年（1584）には元親に虎丸と十河の2城も落とされ、秀吉を頼って大坂へ敗走した。

　翌年の秀吉の四国征伐に協力し、戦後に秀吉から讃岐十河城3万石を安堵された。

　天正14年（1586）の九州征伐では、元親、信親、仙石秀久とともに先鋒となって島津家久と戦うが、戸次川の戦いで敗れ、信親らとともに討ち死にした。享年33歳。

Truth In History 長宗我部元親

貴族の御曹司、元親に敗れ失意のうちに死去

一条兼定
いちじょう　かねさだ

- **生没** 天文12年（1543）～天正13年（1585）？
- **別名** 万千代、康信、宗性、ドン・パウロ
- **居城** 中村御所、中村城

人物　敵将

　土佐一条氏の当主。一条房基の嫡男。母は大友義鑑（宗麟の父）の娘。従三位、左少将、左中将、権中納言。妻は伊予の豪族・宇都宮豊綱の娘、その後離別して宗麟の娘を娶る。

　一条氏は藤原氏北家、五摂家のひとつという超名門で、代々摂政、関白に任じられてきた。応仁の乱のころ、兼良の嫡子・前関白一条教房が戦乱を避けて家領土佐国幡多荘へ下向。以後は中村御所を拠点に、在地領主として子孫の房家、房冬、房基らが権勢を振るうことになった。戦国時代に土佐は七人守護が割拠したが、一条家は土佐国司として別格であり、長宗我部家に対しては房家が諸豪族に父を殺された国親を保護し、その再興を助けている。

　天文18年（1549）に父の死去を受けて家督を相続。幼少だったため、京の関白・一条房通が後見役になっている。永禄7～8年（1564～1565）ごろに伊予の豪族と抗争。この際、国親の時代に助けてもらった恩もあって元親が加勢。その後も伊予の西園寺公広らと激しく争った。

　永禄11年（1568）、西園寺、河野、毛利の連合軍と宇和島で戦うが惨敗し、以後は零落。元親の台頭により蓮池城を失ったほか、妹婿だった安芸国虎も滅ぼされて、土佐でも勢力を失っていく。

　天正元年（1573）、突然出家をして子の内政に家督を譲り、妻の国元である豊後大友家へ隠居した。背景には元親の陰謀説、失政による家臣の反乱説などがあるが、京都一条家の関白・内基の意向という説が現在では有力である。その後、幡多郡は吉良親貞が中村城代となり、元親の勢力下に入る。これを不満とした兼定は、旧領回復のために兵をあげて元親と決戦（渡川の戦い）に及ぶが敗走。豊後水道の戸島に逃れ、約10年のあいだ同地で暮らした末に病没したとも、暗殺されたともいわれる。

国親、元親としのぎを削った本山氏当主
本山茂辰
もとやま　しげとき

生没　大永5年(1525)〜永禄7年(1564)
別名　安政、式部少輔
居城　本山城、朝倉城、浦戸城

　土佐七豪族のひとつ、本山氏当主。本山梅慶(茂宗)の子で、国親、元親の2代と抗争した。

　本山氏は土佐長岡郡の本山に発祥した国人で、領地は大部分が山間部、本城の本山城は土佐で一、二を争う難攻不落の要害だった。戦国時代は養明、梅慶、茂辰の3代で勢力を広げた。養明が他の諸豪族とともに長宗我部兼序(元親の祖父)を謀殺し、土佐中央部への進出に成功。梅慶の代で他の周辺豪族と戦い、吾川郡へも進出し、土佐平野の朝倉城を拠点にして本山氏の最盛期を築いた。一条氏を別格とすれば、本山氏は土佐で最大勢力を誇る土豪となった。

　国親に長宗我部家を再興させた一条房家は、長宗我部氏と本山氏の激突を危ぶんで、茂辰に国親の娘を娶らせている。天文24年／弘治元年(1555)に梅慶が病死。当主となった茂辰は一条氏と対立するようになり、高岡郡へ進出している。

　永禄3年(1560)、部下が長宗我部軍の兵糧船を襲撃するという事件を切っかけに国親と対立。国親は本山氏の支城・長浜城を奇襲、両軍は城下で激しく争う(戸ノ本の戦い)。この戦いは、元親の奮戦もあって茂辰は敗走し朝倉城へ後退。この一戦を境に本山氏の凋落が始まる。

　国親の死後は元親と抗争。永禄5年(1562)の朝倉合戦は一進一退の激しい戦いとなる。結局、翌年になって茂辰は不利を悟って、朝倉城を焼いて本山城へ後退する。

　その後も元親の攻勢は続き、かつて本山氏に敗れた森氏と結んで本山城を圧迫。ついに茂辰は本山城を捨てて永禄7年(1564)に瓜生野へ退く。失意のなか、茂辰は陣中で病死。享年40歳。

　子の親茂(貞茂)が跡を継ぐが、結局永禄11年(1568)に降伏した。

Truth In History 長宗我部元親

土佐東部の大豪族、激戦の末に元親に敗れる

安芸国虎
あき くにとら

生没 天文10年(1541)～永禄12年(1569)
別名 ―
居城 安芸城

人物 敵将

　土佐七豪族のひとつ、土佐東部の安芸郡に勢力を持った安芸氏の当主。安芸元泰の子で、妻は一条兼定の妹。
　安芸氏の先祖は壬申の乱で土佐に配流された蘇我赤兄とされる。安芸郡の国人、凡直伊賀麻呂の子孫ともいわれている。
　安芸氏は香宗我部氏を破って香美郡にも進出し、戦国期には土佐東部の大豪族となっていた。弘治年間(1555～1558)に国親が土佐中央南部を制圧し、安芸領と隣接するようになってから、長宗我部氏と安芸氏の対立が始まった。
　国虎が家督を相続したのは弘治3年(1557)、17歳のころと見られる。国親と元親は国虎が土佐一条氏と姻戚関係にあったことをはばかり、また本山氏との争いが続いていたので、永禄5年(1562)ごろまでの両家は、表面上は小康状態にあった。しかし、国虎と長宗我部家臣・吉田重俊(上夜須城主)が安芸西部の夜須荘で争うようになってから、両家は一触即発の状態となる。永禄6年(1563)、国虎は元親が本山攻めで出陣した隙に留守の岡豊城を攻撃するが、吉田重俊らの抵抗に遭って安芸へ退却。その後は一条兼定の仲介で和睦した。
　本山氏が元親に降伏した永禄11年(1568)の翌年、元親の和議の使者を追い返したことで、両家の決戦は避けられない情勢となる。長宗我部軍は永禄12年(1569)の7月に安芸郡に侵入。両軍は八流で激突したが(八流の戦い)、国虎は敗れて安芸城へと撤退した。安芸城は長宗我部軍の総攻撃を受け、ついに国虎は降伏。城兵の助命を嘆願し、8月11日に城下の浄貞寺で自刃した。享年29歳。
　長男の千寿丸は阿波へ落ち延びたが、その後の行方は定かでない。中富川の戦いで討ち死にしたとも伝えられている。

271

信長に臣従して元親と争った三好家の雄

三好笑岩
みよし しょうがん

生没 ?～?
別名 康長、康慶、孫七郎、咲岩、笑岸
居城 高屋城

　三好長秀の子で元長の弟、長慶の叔父。入道して笑岩と名乗った。興亡を繰り返した三好家で生き残った男である。

　三好氏は阿波三好郡の出自。南北朝期以降に阿波守護・細川氏の家臣となり、勢力を拡大し、長慶の代で全盛時を迎え、細川家と争い、一時は畿内の実権を握った。笑岩は河内高屋城を本拠に長慶を支えていた。

　長慶の死後は三好三人衆を支持し、永禄11年（1568）に信長が上洛してくると本願寺と結託して信長に抵抗。しかし抗しきれず、阿波へと敗走する。

　翌年に再び上陸して京を襲い、三好三人衆とともに信長が支援する将軍・足利義昭と戦ったが、あえなく敗退した。

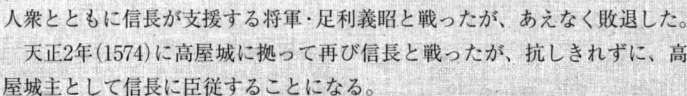

　天正2年（1574）に高屋城に拠って再び信長と戦ったが、抗しきれずに、高屋城主として信長に臣従することになる。

　天正4年（1576）に元親が阿波へ侵攻し、三好一門の三好長治と十河存保を圧迫し、笑岩の子・式部少輔をも降伏させるようになった。元親の勢力拡大を知った信長は、伊予、讃岐の返上を命じる。しかし、元親が拒否したため、天正9年（1581）に笑岩は信長に四国征伐の先鋒に任じられて阿波一国を与えられ、渡海する。

　笑岩は阿波勝瑞城に拠って十河存保とともに長宗我部軍と戦い、信長の援軍を待ったが、天正10年（1582）に本能寺の変が発生したため、後ろ楯を失った笑岩は存保を残して堺へと逃亡した。

　その後は秀吉に取り入り、秀吉の甥・秀次を養子とする。同年の紀州根来討伐には、秀次とともに出陣している。

　天正13年（1585）には、秀吉に降伏した元親を出迎えた。晩年の消息は不詳だが、キリスト教に帰依したとも伝えられている。

Truth In History 長宗我部元親

秀吉の家臣、戸次川の悲劇を巻き起こした張本人

仙石秀久
せんごく　ひでひさ

- **生没** 天文21年(1552)〜慶長19年(1614)
- **別名** 権兵衛、千石権兵衛、秀康、盛長
- **居城** 洲本城、高松城、小諸城

人物　敵将

　秀吉の家臣。美濃の豪族・仙石久盛の子。従五位下、越前守。仙石氏は土岐氏の流れを汲むとされるが不明。

　初めは美濃斎藤家の家臣だったが、永禄10年(1567)に信長に滅ぼされたため、戦後は織田家の家臣だった羽柴秀吉に仕えるようになった。

　有能な武将であり、元亀元年(1570)の姉川の戦いで戦功をあげ、秀吉から近江野洲郡1000石、その後4000石を加増されている。

　中国攻めにも従軍し、本能寺の変後は秀吉の天下取りを助け、淡路・小豆島を平定。このころから秀吉軍の対元親戦線で中心的役割を果たす。元親と戦う十河存保を救援するため四国に入り、讃岐引田などで長宗我部軍と戦うが、敗れて淡路へ後退した。

　賤ヶ岳の戦い後の天正11年(1583)、これまでの功により淡路洲本城(5万石)を得る。秀吉家臣団のなかでは最も早く大名となっている。

　天正13年(1585)、秀吉の四国征伐が始まると、喜岡城・木津城攻略戦で活躍した。元親が降伏したのちは、その功により讃岐高松城10万石を与えられている。

　天正14年(1586)の島津攻めでは、元親、信親、十河存保の軍監となり九州に渡る。ここで秀久は無謀な作戦を強行し、島津勢に散々に打ち破られた(戸次川の戦い)。秀久は諸将を置き去りにして敗走し、讃岐へ逃げ帰った。この戦いで信親、存保ら大勢の戦死者を出してしまい、秀吉の勘気に触れて所領は没収され、高野山に追放される。

　だが、天正18年(1590)の小田原攻めで、家康の斡旋により秀吉軍に復帰。目覚ましい働きをして再び信濃小諸城5万石を与えられた。

　その後の関ヶ原の戦いでは秀忠軍に従い、戦後は信濃小諸藩初代藩主となり、63歳で江戸で死去。

273

元親に降った伊予の名門
河野通直 こうの みちなお

- **生没** 永禄7年(1564)～天正15年(1587)
- **別名** 牛福丸、四郎、伊予守、兵部少輔
- **居城** 湯築城

　伊予の豪族。河野通宣の子。河野氏は湯築城を本拠に鎌倉時代より代々伊予守護を務めた名族。瀬戸内最大規模の河野水軍を擁した。戦国時代には家中の内紛、配下の村上、来島（くるしま）水軍の台頭などにより衰退。毛利氏と結び元親の圧迫を防いでいたが、天正13年(1585)に降伏。秀吉の四国攻めで小早川隆景に降り、死は免れたが所領を没収された。

南予の雄、最後は秀吉家臣に殺される
西園寺公広 さいおんじ きんひろ

- **生没** ?～天正15年(1587)
- **別名** 左衛門太郎
- **居城** 黒瀬城

　西園寺公宣の子。もと来応寺の僧。伊予西園寺氏は藤原氏の流れを汲む西園寺氏の支流。鎌倉時代より宇和郡(愛媛県西予市)周辺に勢力を持ち、戦国期の伊予は河野・宇都宮・西園寺の3強が鼎立（ていりつ）していた。元親と長く争ったが天正12年(1584)に降伏。秀吉の四国征伐で小早川隆景に降り黒瀬城を安堵されたが、秀吉の家臣・戸田勝隆に殺された。

国親を保護して長宗我部家の再興を助ける
一条房家 いちじょう ふさいえ

- **生没** 文明7年(1475)～天文8年(1539)
- **別名** ―
- **居城** 中村御所

　土佐一条家当主。正二位、権大納言。関白・教房（のりふさ）の次男で兼定の曾祖父。土佐国司として諸豪族の盟主的存在であった。中村に"小京都"と呼ばれる街を築き、土佐一条家の最盛期を作る。本山氏らに父・兼序（かねつぐ）を殺された幼い長宗我部国親を保護し、元服してから岡豊城（おこうじょう）に復帰させ、長宗我部家を再興させた。長宗我部家にとっては大恩人である。

元親の弟を殺した阿波の土豪
海部宗寿 かいふ むねとし

- **生没** ?～?
- **別名** 越前守、友光、左近将監
- **居城** 海部城

阿波南部海部地方の豪族。三好方の武将で、三好実休(長慶の弟)の妹婿とも。元亀2年(1571)、海部郡那佐湾に停泊していた島親益(元親の弟)を殺害。元親を憎む安芸氏の遺臣が宗寿に勧めたともいわれるが、これが元親の阿波侵攻の引き金となる。天正3年(1575)、元親の大軍に襲われて海部城は落城、その後の消息は不明。

"四国の鍵"阿波白地城の城主
大西覚養 おおにし かくよう

- **生没** ?～?
- **別名** ―
- **居城** 白地城

阿波三好郡大西村の豪族。十河一存の妹婿で、三好長治の叔父。阿波守護・小笠原長清の後裔ともいわれるが不明。長治に従い、"四国の鍵"とも呼ばれる白地城を守っていた。元親軍の圧迫で降伏し、人質として養子の上野介を差し出すが、十河存保と通じて盟約を反故とする。天正6年(1578)、元親に攻撃されて讃岐へ敗走した。

岩倉城を守った笑岩の子
三好式部少輔 みよし しきぶしょうゆう

- **生没** ?～?
- **別名** 康俊、山城守
- **居城** 岩倉城

笑岩の嫡男。岩倉城主。勇武の将と呼ばれた。天正7年(1579)に侵攻してきた元親に降伏し、実子を人質にして服属。一時は元親方として岩倉城を守り、攻め寄せた三好軍を破った。その後再び三好方に寝返ったが、天正10年(1582)の中富川の戦いに勝利した元親に攻められ、城を捨てて敗走。元親は人質を殺すことなく笑岩父子に返している。

元親の次男に家を譲った西讃の守護代
香川之景　かがわ ゆきかげ

- **生没** ?～?
- **別名** 信景、元景、五郎次郎
- **居城** 天霧城

　細川氏の家臣。香川氏は讃岐西部の守護代。三好氏の傘下に入るが、毛利氏と結び独立色を強める。三好長治と戦い、これを破ったこともある。元親の讃岐侵攻が始まると信長に接近し、その一字を与えられる。天正6年(1578)に支城の藤目城が元親に落とされ、結局は元親と和睦し、元親の次男・親和を娘婿に迎えて家を譲る。

中讃の盟主、実子を差し出し降伏
羽床資載　はゆか すけとし

- **生没** ?～天正10年(1582)
- **別名** 伊豆守
- **居城** 羽床城

　讃岐中部の豪族。「西讃岐に隠れなき武辺者」と称された猛将。天正7年(1579)に元親の侵攻に遭い、中讃の盟主として対抗。羽床城西方の高篠で戦うが敗走。香川之景の仲介で、実子の孫四郎を人質に差し出して降伏した。この戦いで元親は麦薙ぎを行ったが、農民の困窮を思って1畦おきの麦薙ぎにとどめ、讃岐の人々の信頼を得た。

伊予の豪族と連携、四国征伐にも参戦
毛利輝元　もうり てるもと

- **生没** 天文22年(1553)～寛永2年(1625)
- **別名** 幸鶴丸、少輔太郎、宗瑞
- **居城** 吉田郡山城、広島城、萩城

　安芸の戦国大名・毛利家当主。毛利元就の孫で、隆元の子。従三位権中納言。対長宗我部では伊予の河野氏ら諸豪族に協力し、たびたび援軍を繰り出す。信長の死後は秀吉に臣従。四国征伐にも協力し、叔父の小早川隆景が伊予に侵攻。その後120万石の大大名になる。しかし関ヶ原合戦では西軍主将となり、敗れて周防長門37万石に減封。

Truth In History 長宗我部元親

人物 敵将

元親を「鳥なき島の蝙蝠」と呼ぶ
織田信長 おだ のぶなが

- **生没** 天文3年(1534)～天正10年(1582)
- **別名** 吉法師、三郎、上総介
- **居城** 那古屋城、清洲城、小牧山城、岐阜城、安土城

　尾張の戦国大名。織田信秀の子。今川義元を桶狭間に破り、美濃斎藤氏、足利幕府を滅ぼして天下統一を標榜。元親と交流があり、信親への偏諱と阿波出兵に同意。元親を「鳥なき島の蝙蝠」と評す。その後元親に伊予、讃岐の返上を命じ両者は決裂。三男の信孝を総大将に四国征伐を企図するが、その最中に明智光秀に本能寺で討たれて横死。

元親シンパが天下の謀反人に
明智光秀 あけち みつひで

- **生没** 大永6年(1526)・享禄元年(1528)～天正10年(1582)
- **別名** 十兵衛、咲庵、惟任日向守
- **居城** 坂本城、亀山城

　織田家臣。美濃の人。明智光綱の子。信長に重用され、丹波攻めをはじめ数々の戦で軍功をあげる。元親とは家臣の斎藤利三を通じて親交があり、信長との仲介役を務める。元親と信長が決裂した際も、土佐に家臣の石谷頼辰を使者に送り取り成しを図る。信長の四国征伐が始まる寸前に突如謀反、本能寺で信長を討つ。しかし秀吉に敗れ死す。

元親夫人の義兄、本能寺の変の首謀者?
斎藤利三 さいとう としみつ

- **生没** 天文3年(1534)～天正10年(1582)
- **別名** 内蔵助
- **居城** 黒井城

　明智光秀の家老。斎藤利賢の子。元親夫人の石谷氏は義理の妹にあたる。徳川家光の乳母・春日局の父。丹波黒井城主。利三を通じ光秀は親元親派になったとされる。信長の元親討伐に際し「四国の儀を気遣に存ずるによって」(『元親記』)本能寺の変をそそのかしたともいわれるが確証はない。その後山崎の戦いで秀吉に敗れ、斬首された。

277

元親を破った天下人
豊臣(羽柴)秀吉 とよとみ(はしば) ひでよし

- **生没** 天文6年(1537)～慶長3年(1598)
- **別名** 木下藤吉郎、筑前守、藤原秀吉
- **居城** 小谷城、長浜城、姫路城、大坂城、聚楽第、伏見城

　関白太政大臣、のち太閤。出身は尾張中村で木下弥右衛門の子。農民から身を起こし信長に仕え大名になる。元親家臣・久武親信と交流があった。本能寺の変後、光秀を破って信長の後継者になり、柴田勝家、徳川家康と同盟した元親と敵対。四国攻めで元親を破り臣従させ、土佐一国を安堵。九州・小田原攻め、大仏建立、朝鮮出兵に協力させる。

戸次川で豊臣連合軍を打ち破った猛将
島津家久 しまづ いえひさ

- **生没** 天文16年(1547)～天正15年(1587)
- **別名** 米菊丸、又七郎、中務大輔
- **居城** 佐土原城

　島津家当主・島津貴久の四男。義久と義弘の弟。島津指折りの猛将で、大友宗麟との耳川の戦い、龍造寺隆信との沖田畷(おきたなわて)の戦いで活躍。九州制覇を目指し宗麟を追い詰める。天正14年(1586)の戸次川の戦いで、援軍として駆けつけた元親、信親、仙石秀久、十河存保の豊臣連合軍を破り、信親と存保を討ち取り大勝利。秀吉に降ったのち、急死。

最後の勝者、長宗我部家を滅ぼした男
徳川家康 とくがわ いえやす

- **生没** 天文11年(1543)～元和2年(1616)
- **別名** 竹千代、松平元信、元康、東照大権現
- **居城** 岡崎城、浜松城、駿府城、江戸城

　江戸幕府初代将軍。松平広忠の嫡男(ちゃくなん)。今川家の人質だったが、義元の死後に信長と結び勢力を拡大。本能寺の変後、秀吉と対立。元親と同盟し再三出兵を促すが、その後秀吉に従う。秀吉、元親の死後、関ヶ原で勝利して天下の実権をつかみ、西軍の盛親を改易。大坂の陣で豊臣家を滅ぼし、大坂に与した盛親を処刑し長宗我部家を滅亡させた。

情報

◆ **主要武将生没年比較表**

ここでは、主要な武将の生没年と各出来事が起きたときの年齢比較ができる図を掲載。

一五〇〇年　一五〇五年　一五一〇年　一五一五年　一五二〇年　一五二五年　一五三〇年　一五三五年　一五四〇年　一五四五年　一五五〇年　一五五五年

| 誕生 1504 | 長宗我部国親 | 20歳 | 30歳 | 40歳 | 50歳 |

| 誕生 1539 | 長宗我部元親 |

| 誕生 1534 | 織田信長 | 20歳 |

| 誕生 1537 | 豊臣秀吉 | 20歳 |

| 誕生 1543 | 徳川家康 |

| 誕生 1543 | 一条兼定 |

| 誕生 1554 |

| 誕生 1552 |

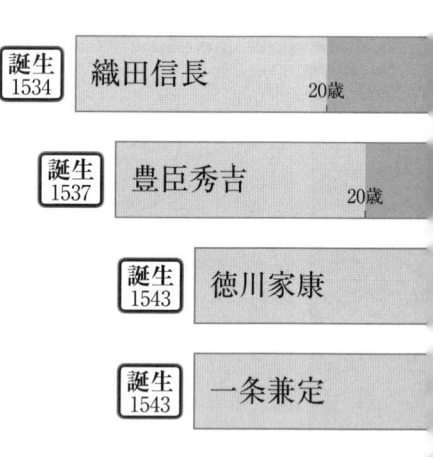

①戸ノ本の合戦（1560年）
②渡川の戦い（1575年）
③戸次川の戦い（1586年）
④関ヶ原の戦い（1600年）
⑤大坂夏の陣（1615年）

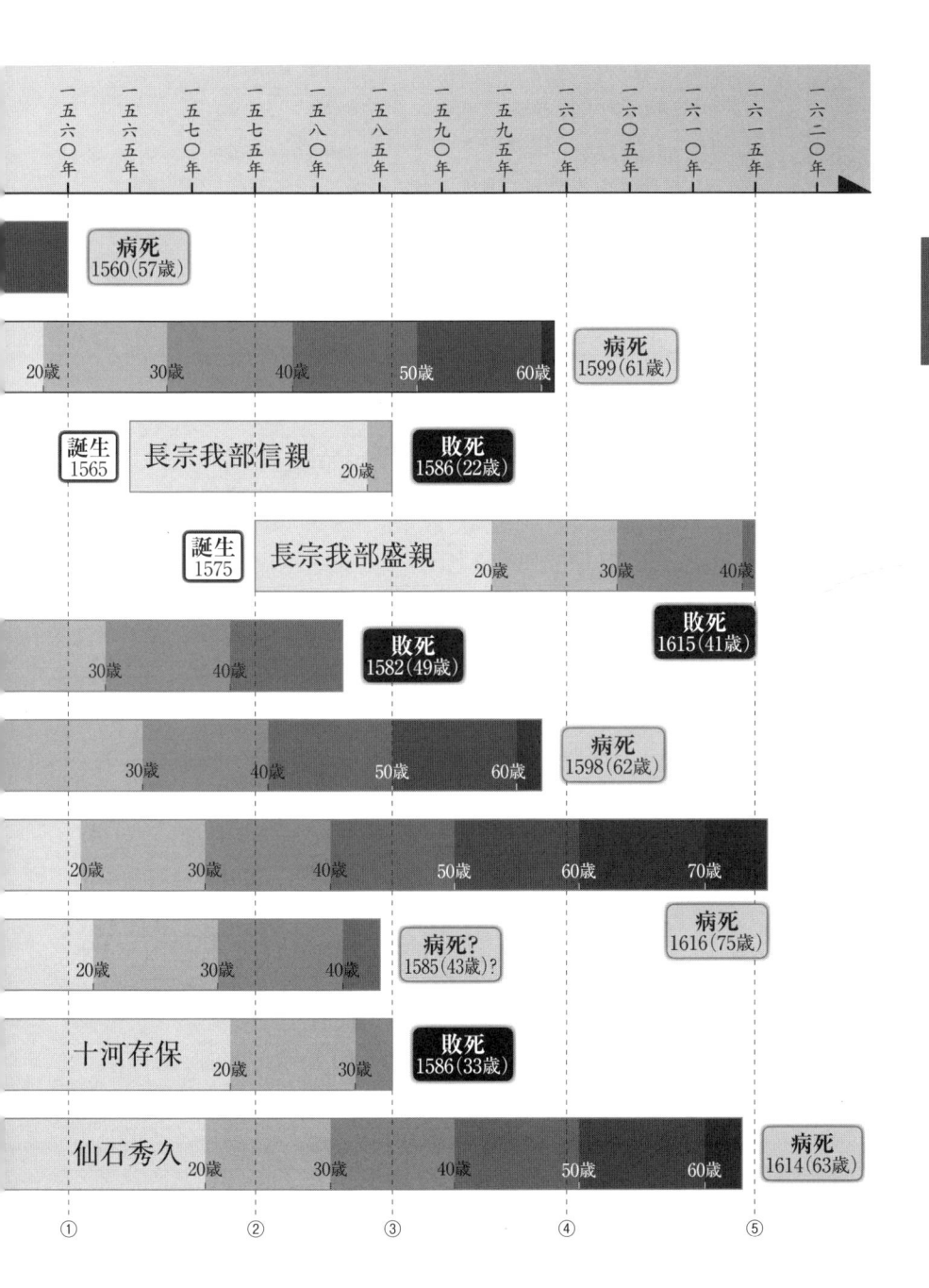

Truth In History 長宗我部元親

情報　主要武将生没年比較表

一五六〇年	一五六五年	一五七〇年	一五七五年	一五八〇年	一五八五年	一五九〇年	一五九五年	一六〇〇年	一六〇五年	一六一〇年	一六一五年	一六二〇年

病死 1560（57歳）

20歳　30歳　40歳　50歳　60歳　病死 1599（61歳）

誕生 1565　長宗我部信親　20歳　敗死 1586（22歳）

誕生 1575　長宗我部盛親　20歳　30歳　40歳　敗死 1615（41歳）

30歳　40歳　敗死 1582（49歳）

30歳　40歳　50歳　60歳　病死 1598（62歳）

20歳　30歳　40歳　50歳　60歳　70歳　病死 1616（75歳）

20歳　30歳　40歳　病死？ 1585（43歳）？

十河存保　20歳　30歳　敗死 1586（33歳）

仙石秀久　20歳　30歳　40歳　50歳　60歳　病死 1614（63歳）

① ② ③ ④ ⑤

281

◆長宗我部家年表

西暦	和暦	元親の年齢	長宗我部氏の動き	同時期の天下の動き
平安～鎌倉初期		—	秦能俊が土佐長岡郡宗部郷に入部。長宗我部姓を称する	源平合戦、鎌倉幕府設立
1345ごろ	興国6・貞和元ごろ	—	長宗我部兼能が土佐吸江庵の寺奉行になる	南北朝鼎立
1508	永正5	—	5月 同6年とも。長宗我部兼序が本山氏ら豪族連合に攻められ死す	室町将軍家の権威失墜期
			岡豊城落城。子の国親は一条房家のもとへ逃走	流浪していた足利義稙が将軍職に復帰
1518	永正15	—	8月 国親が房家の仲介で岡豊城に復帰	豊後の大友義鑑(宗麟の父)が守護職を継ぐ
1539	天文8	1	長宗我部元親が岡豊城にて生まれる	阿波の三好長慶が京で管領・細川晴元と争う
1547	天文16	9	国親が天竺氏を滅ぼし長岡郡南部を平定する	甲斐の武田信玄が分国法「甲州法度之次第」を定める
1556	弘治2	18	11月 国親が本山氏勢力下の諸豪族を下し土佐郡中央に進出	美濃の斎藤道三が息子・義龍に敗れて死す
1558	永禄元	20	元親の弟・親泰が香我美家を相続。長宗我部家は勢力を拡大する	足利義輝が三好長慶と和睦。5年ぶりに入京
1560	永禄3	22	5月 元親が長浜城下の合戦で初陣	桶狭間の戦い。織田信長が今川義元を破る
			6月15日 国親が病で死去(57歳)。元親が家督を相続する	越後の上杉謙信が関東に進出、北条氏と戦う
1561	永禄4	23	元親が本山茂辰と争い、徐々に高知周辺を勢力下とする	信玄と謙信、川中島の戦い(第4次)。大激戦も痛み分け
1563	永禄6	25	春 元親の弟・親貞が吉良家を相続	長崎の横瀬浦に宣教師ルイス・フロイスが上陸
			元親が石谷氏(斎藤利三の妹)と結婚。以後四男四女をもうける	管領・細川氏綱が死去。細川管領体制消滅
1564	永禄7	26	4月7日 本山茂辰が元親に押されて本山城を退去。瓜生野城に撤退	毛利元就と大友宗麟が義輝の仲介で和睦
1565	永禄8	27	元親が一条兼定の伊予西園寺攻めに協力。重臣の江村親家を派遣	足利義輝が松永久秀らに暗殺される
			元親の嫡男・長宗我部信親が誕生	信玄が嫡男の義信を謀反の罪で幽閉
1568	永禄11	30	冬 本山氏降伏。元親は土佐4郡を制圧	信長が足利義昭を奉じて上洛、畿内を制圧
1569	永禄12	31	8月11日 元親が安芸国虎を安芸城に滅ぼし、安芸郡に勢力を広げる	信玄が今川氏と北条氏を降して駿河を攻略
1571	元亀2	33	春 元親が土佐神社を再興	信長が比叡山延暦寺を焼き討ち
			元親の弟・島親益が阿波の海部宗寿に暗殺。阿波侵攻の名分に	毛利元就、北条氏康、島津貴久ら大物が死去
1573	天正元	35	一条兼定が家臣に追放。元親は弟の吉良親貞を送り幡多郡を平定	信玄が死去。信長が義昭を追放し足利幕府滅亡
1574	天正2	36	元親が一条内政を大津城主、吉良親貞を中村城主とする	武田勝頼が遠江高天神城を落とし、武田氏の最大版図を築く
1575	天正3	37	渡川の戦い。元親は一条兼定を破り、土佐を統一	長篠の戦い。信長が徳川家康とともに勝頼を降す
			10月26日 元親が信長に使者を送り阿波出兵の許可と信長の偏諱を得る	明智光秀の丹波攻めが始まる
1576	天正4	38	元親が伊予、阿波へ侵攻開始。阿波白地城を支配下に	本願寺が毛利氏と組み挙兵。織田水軍を木津川に破る
1577	天正5	39	元親が久武親信を南伊予方面の軍代とする	豊臣(羽柴)秀吉の中国攻めが始まる
1578	天正6	40	元親が讃岐へ侵攻。藤目城を攻略(3正面作戦のスタート)	謙信が死去。薩摩の島津義久が耳川の戦いで宗麟を降す
1579	天正7	41	元親が阿波で三好氏、讃岐で羽床氏を圧倒。久武親信が討ち死に	御館の乱。上杉景勝が景虎に勝利
1580	天正8	42	5月 元親の妹婿・波川玄蕃が謀反を起こし、鎮圧されて自刃する	秀吉が「干殺し」で三木城を攻略
			6月 親泰が使者として信長のもとへ。三好式部少輔の服属を報告	石山本願寺が降伏。11年に及ぶ石山戦争が終結
1581ごろ	天正9ごろ	43	信長が三好笑岩らの要請で元親に伊・讃の返上を命ずる。元親は拒絶	奥羽の伊達政宗が15歳で初陣
1582	天正10	44	8月28日 中富川の戦い。元親は十河存保を破り、四国征服への決定的勝利	本能寺の変。信長が死去。秀吉が光秀を破り、後継者に名乗り

282

Truth In History 長宗我部元親

長宗我部家年表

西暦	和暦	元親の年齢	長宗我部氏の動き	同時期の天下の動き
1583	天正11	45	存保の要請で秀吉が仙石秀久を派遣。元親が引田で秀久を破る	賤ヶ岳の戦い。秀吉が柴田勝家を滅ぼす
1584	天正12	46	6月11日 元親が存保の籠もる十河城を攻略	小牧・長久手の戦い。家康が秀吉を破る
			8月18日 元親が家康と同盟。家康から3か国を与えると約束される	秀吉と家康が講和。しかし両雄の冷戦は継続
1585	天正13	47	春 元親が伊予湯築城の河野通直を降し、四国を統一	秀吉が関白就任
			6月16日〜7月25日 秀吉の四国征伐。元親敗戦。土佐一国のみ安堵される	人取橋の戦い。政宗が蘆名・佐竹連合軍と激闘
1586	天正14	48	1月 元親が年賀のため大坂城へ赴く	秀吉の九州征伐開始。毛利が長宗我部らに出陣を命ずる
			12月12日 戸次川の戦い。長宗我部軍は島津に敗れ、嫡男の信親が討ち死に	家康が上洛して秀吉に臣下の礼
1587	天正15	49	元親の次男・香川親和が病死	秀吉が島津義久を降伏させ、九州を平定
			9月26日 秀吉の命で「長宗我部検地」が始まる（〜1598）	秀吉が「バテレン(宣教師)追放令」を発布
1588	天正16	50	10月 元親が世継ぎを四男の盛親に決定。吉良親実ら反対派を粛清	秀吉が「刀狩令」を発布
			冬 元親が居城を岡豊から大高坂に移転	加藤清正と小西行長が各肥後半国の大名に
1589ごろ	天正17ごろ	51	浦戸城への再移転計画が進められる	摺上原の戦い。政宗が蘆名・佐竹軍を破り、奥羽に一大勢力
1590	天正18	52	元親が小田原攻めに参陣。伊豆下田城攻略戦で軍功	小田原攻め。北条氏滅亡。政宗も臣従し、秀吉が天下統一
1591	天正19	53	元親が居城を浦戸城へ移転	豊臣秀長が病没。千利休が切腹。豊臣秀次が関白就任
1592	文禄元	54	元親が朝鮮出兵に参陣。釜山に上陸し南方を進軍	文禄の役が始まる。日本軍が朝鮮へ侵攻
1593	文禄2	55	6月 元親が晋州城攻撃に参加。手柄を立てて帰国	明と一時停戦。休戦期に入る
			12月21日 香宗我部親泰が長門で病死	豊臣秀頼が誕生
1594	文禄3	56	元親は秀吉の命で数艘の大船を建造する	秀吉が伏見城を築城。居を移す
1595	文禄4	57	元親が軍令を出して弾薬徴収など進め、朝鮮再出陣を準備する	秀次が謀反の罪を問われて切腹
1596	慶長元	58	イスパニア船が浦戸に漂着。秀吉は積み荷を没収（サン・フェリペ号事件）	キリシタン弾圧強化。長崎二十六聖人殉教
1597	慶長2	59	3月24日 元親と盛親が分国法「長宗我部元親百箇条」を発布	明との和平交渉が決裂。慶長の役が始まる
			6月 元親が朝鮮に再出兵。黄石山城攻めなどに参陣	14万の軍勢が朝鮮に上陸
1598	慶長3	60	3月 元親が秀吉の命により帰国	秀吉が伏見城で死去（8月）、文禄・慶長の役終結
1599	慶長4	61	3月 元親が三男の津野親忠を香美郡岩村に幽閉	五大老の一角、前田利家が死去
			5月19日 元親が伏見の屋敷で病没。盛親が家督を相続	石田三成が失脚。家康が豊臣家の実権を握り伏見城へ
1600	慶長5	—	9月15日 関ヶ原の戦い。盛親は西軍に与し、敗れて土佐へ逃走	家康が天下分け目の決戦を制し、一躍天下人に
			9月27日 盛親が兄の親忠を殺害。その後上坂して家康に謝罪	石田三成、小西行長、安国寺恵瓊は処刑
			11月 盛親は死罪は免れるが土佐一国22万石没収	西軍の毛利家は減封（120万石→37万石）
			冬 長宗我部旧臣が徳川方に抵抗（浦戸一揆）。年末までに鎮圧される	上杉家も減封（120万石→30万石）、島津家は本領安堵
1601	慶長6	—	盛親は京で蟄居。以後14年牢人暮らし	土佐の新当主・山内一豊が浦戸城へ入城
1614	慶長19	—	9月 盛親は豊臣家に味方すべく京を脱出し大坂城に入城	大坂冬の陣が始まる
1615	慶長20	—	5月6日 八尾の戦い。盛親が藤堂隊を破る。その後は全軍の劣勢に敗走	大坂夏の陣が始まる
			5月15日 盛親は捕らえられ六条河原で斬首。長宗我部家は滅亡	豊臣家は敗れて滅亡。家康は翌年(1616)に死去

情報 長宗我部家年表

283

長宗我部元親合戦録

とのもとのかっせん
戸ノ本の合戦
永禄3年(1560)

主将	長宗我部国親
敵	本山茂辰
結果	勝利

備考：長浜城下の決戦。初陣の元親が大活躍

うしおえじょうぜめ
潮江城攻め
永禄3年(1560)

主将	長宗我部元親
敵	本山方の将士
結果	勝利

備考：偽兵の計を見破り無血勝利

あさくらがっせん
朝倉合戦
永禄4年(1561)～6年(1563)

主将	長宗我部元親
敵	本山茂辰
結果	勝利

備考：本山氏の重要拠点・朝倉城攻め。苦戦したが、城を孤立化させて本山親茂を敗走させる。元親は高知平野を制す

おこうじょうこうぼうせん
岡豊城攻防戦
永禄6年(1563)

主将	長宗我部元親
敵	安芸国虎
結果	勝利

備考：土佐東部の大物・安芸国虎が手薄の岡豊城を奇襲。吉田大備後、福留親政らと一領具足の活躍で撃退

もとやまじょうぜめ
本山城攻め
永禄7年(1564)

主将	長宗我部元親
敵	本山茂辰
結果	勝利

備考：旧族・森氏を再興させて城を圧迫。本山茂辰はさらに奥深い瓜生野城へ撤退

うりうのじょうぜめ
瓜生野城攻め
永禄11年(1568)

主将	長宗我部元親
敵	本山親茂
結果	勝利

備考：本山茂辰没後、跡を継いだ本山親茂を攻める。筏を使って秘境・瓜生野に迫り、総攻撃。親茂は降伏し、本山との長き争いに終止符

Truth In History **長宗我部元親**

長宗我部元親合戦録

安芸城の戦い (あきじょうのたたかい)
永禄12年(1569)

主将	長宗我部元親
敵	安芸国虎
結果	勝利

備考：土佐の盟主を決めた一大決戦。八流の戦いで勝利を収めた元親は、安芸国虎を安芸城に追い詰めて降伏させた。土佐東部を平定した元親は、いよいよ土佐統一に王手

渡川の戦い (わたりがわのたたかい)
天正3年(1575)

主将	長宗我部元親
敵	一条兼定
結果	勝利

備考：一条家を追放された一条兼定が自領を取り返すべく逆襲。元親はこれを下し、名実ともに土佐を統一

海部城攻め (かいふじょうぜめ)
天正3年(1575)

主将	長宗我部元親
敵	海部宗寿
結果	勝利

備考：初の他国への侵攻。弟・島親益の仇を討ち、四国統一への第一歩を記す

白地城攻め (はくちじょうぜめ)
天正6年(1578)

主将	長宗我部元親
敵	大西覚養
結果	勝利

備考：四国統一の拠点と定めた白地城を奪取

藤目城攻め (ふじめじょうぜめ)
天正6年(1578)

主将	長宗我部元親
敵	斎藤下総守・三好勢
結果	勝利

備考：初の讃岐侵入。讃岐の入口にあたる要衝を陥落させた。一時は三好方に奪い返されたが、再び制圧

天霧城攻め (あまぎりじょうぜめ)
天正6年(1578)

主将	長宗我部元親
敵	香川之景
結果	勝利

備考：調略により屈服させて無血開城。次男・親和を香川家の養子として名門・香川家を縁戚とする

羽床城攻め (はゆかじょうぜめ)
天正7年(1579)

主将	長宗我部元親
敵	羽床伊豆守
結果	勝利

備考：激戦の末、中讃岐の雄を下す。「麦薙ぎ」の逸話が有名

おかもとじょうぜめ
岡本城攻め　　天正7年（1579）

主将	久武親信	備考	南予の軍代・久武親信が西園寺方の土居氏に敗れる。親信の死で伊予攻めは一時中断
敵	土居清良		
結果	敗北		

だいいちじいわくらじょうぜめ
第一次岩倉城攻め　　天正7年（1579）

主将	長宗我部元親	備考	三好式部少輔は戦わずして降伏。元親は三好の本拠・勝瑞城への侵攻ルートを確保した
敵	三好式部少輔		
結果	勝利		

はかわじょうぜめ
波川城攻め　　天正8年（1580）

主将	長宗我部元親	備考	元親の妹婿・波川玄蕃が謀反。直ちに鎮圧され、謀反に加わった一条内政も追放された
敵	波川玄蕃		
結果	勝利		

なかとみがわのたたかい
中富川の戦い　　天正10年（1582）

主将	長宗我部元親	備考	元親の四国平定を決定的なものにした合戦。大激戦の末、阿波三好勢力の中心人物だった十河存保を破る
敵	十河存保		
結果	勝利		

だいにじいわくらじょうぜめ
第二次岩倉城攻め　　天正10年（1582）

主将	長宗我部元親	備考	再び三好方に寝返っていた三好式部少輔を粉砕。元親は阿波を平定
敵	三好式部少輔		
結果	勝利		

ひけたのたたかい
引田の戦い　　天正11年（1583）

主将	長宗我部元親	備考	虎丸城の十河存保の救援に向かった豊臣方の仙石秀久と対決。香川親和らの働きで撃退。存保は城を捨てて十河城へ逃走
敵	仙石秀久		
結果	勝利		

そごうじょうぜめ
十河城攻め　　天正12年（1584）

主将	長宗我部元親	備考	兵糧攻めで十河存保を破る。四国から三好勢力を駆逐し、讃岐を平定
敵	十河存保		
結果	勝利		

Truth In History 長宗我部元親

ゆづきじょうぜめ
湯築城攻め
天正13年(1585)

主将	長宗我部元親
敵	河野通直
結果	勝利

備考：毛利氏の援兵を撃退し、河野通直を降伏させた。西園寺公広も降伏し、四国平定が完了

しこくせいばつ
四国征伐
天正13年(1585)

主将	長宗我部元親
敵	豊臣秀長
結果	敗北

備考：圧倒的な豊臣軍の兵力の前に元親が敗れる。戦後は土佐一国のみ安堵された

へつぎがわのたたかい
戸次川の戦い
天正14年(1586)

主将	仙石秀久
敵	島津家久
結果	敗北

備考：豊臣秀吉の家臣となった元親は、信親や十河存保らとともに九州で島津と戦う。しかし、軍監だった仙石秀久の采配ミスで大敗。愛息・信親は討ち死に

おだわらぜめ
小田原攻め
天正18年(1590)

主将	豊臣秀吉
敵	北条氏政・氏直
結果	勝利

備考：元親は水軍として参戦。下田城攻撃で軍功をあげた

ぶんろく・けいちょうのえき
文禄・慶長の役
文禄元年(1592)〜慶長3年(1598)

主将	豊臣秀吉
敵	明・朝鮮
結果	事実上の敗北

備考：四国勢の一角として従軍。泗川付近の戦闘に参戦。苦戦続きで多くの将兵を失う

情報　長宗我部元親合戦録

287

◆四国地図

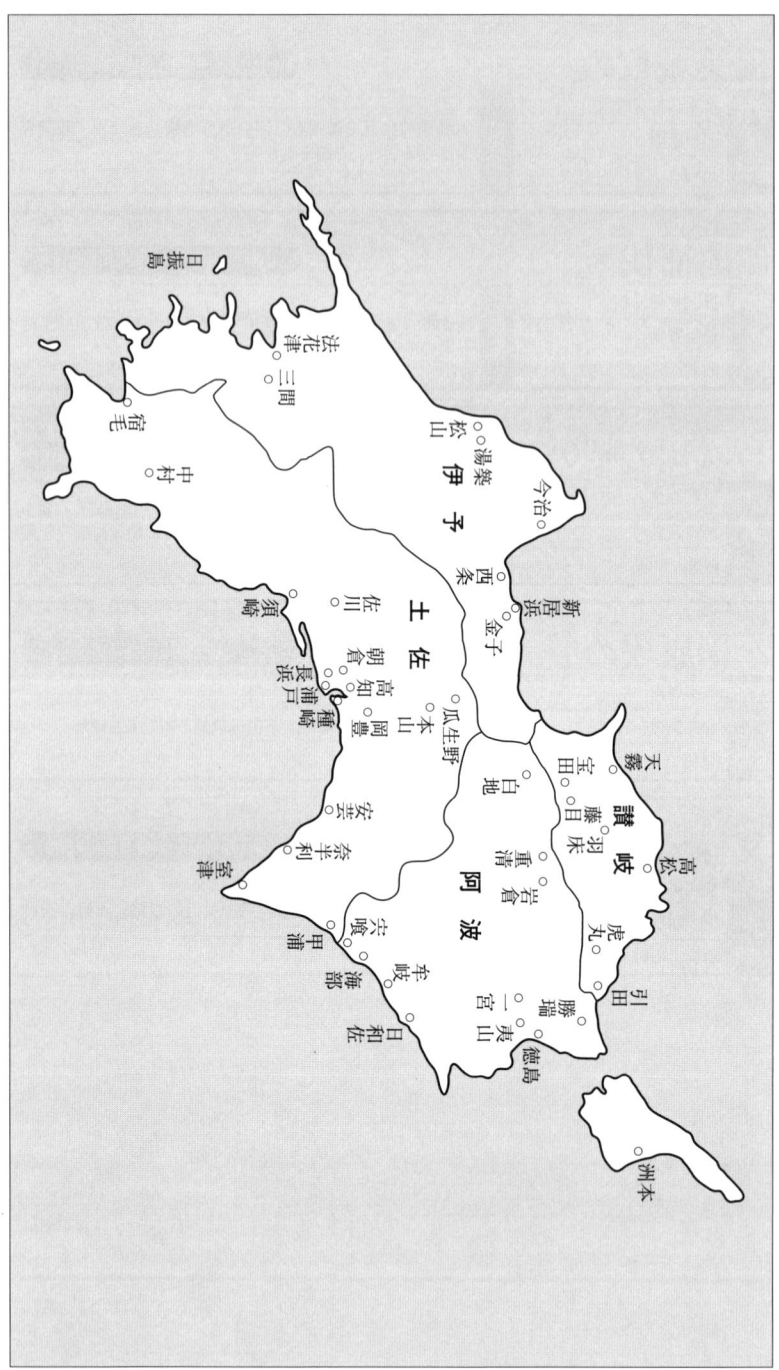

讃岐
高松・丸亀・引田・天霧・宝田・藤目・昼床・勝瑞・虎丸・徳島

阿波
白地・重清・岩倉・芥川・大西・一宮・勝瑞・海部・日和佐・甲浦・牟岐・撫養

伊予
湯築・松山・今治・法花津・日振島・三間・宿毛・中村・西条・新居浜・金子

土佐
佐川・朝倉・高知・岡豊・本山・瓜生野・安芸・奈半利・室津・長浜・浦戸・種崎・須崎

洲本

288

総索引

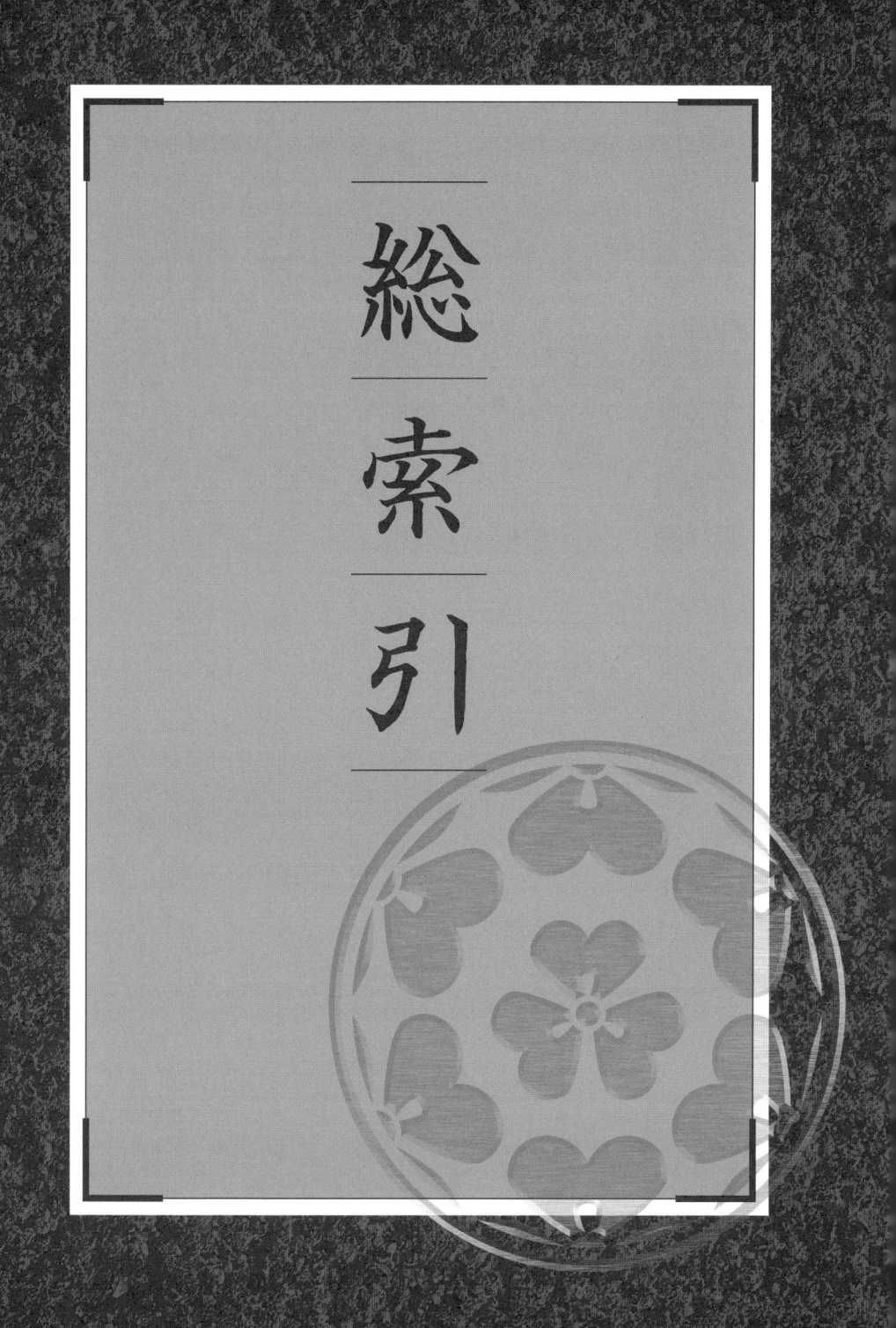

総索引

※太字は「人物」あるいは「情報」で項目として掲載されているページ。

あ

明石全登	227,228
赤松則秀	218
赤松則房	166,167
安芸国虎	36,50,53,61〜65,69〜76,81,82,87,**271**
安芸城	23,36,53,62,63,70〜74,78,79,100
安芸城の戦い	70〜75,**285**
明智光秀	58,61,93〜96,98,126〜132,142,163,168,**277**
浅井長政	57,58
朝倉合戦	51〜53,**284**
朝倉城	29,36,42〜48,50〜53
朝倉孝景	203
朝倉孝景条々	203
朝倉敏景十七箇条	→朝倉孝景条々
朝倉義景	57
浅野長晟	227
浅野幸長	214,215
あさひ	58
足利尊氏	18,19,41,110,184
足利義昭	69,93,140,143
足利義助	140,141
足利義澄	140
足利義輝	57〜59,90
足利義冬	140
足代城	106
飛鳥井曽衣	112,113
安宅清康	127
安土城	126,129
穴内城	73,74,78
安濃津城	212
天霧城	53,107,115,117,143
天霧城攻め	115〜117,**285**
尼子晴久	57
新井白石	211
有沢石見	63,74,75
有馬豊氏	214
安国寺恵瓊	159,166,167,171,208,213,214,216,218
安藤守就	128

い

井伊直孝	230,232〜235,238
井伊直政	150,206,216〜222,230
五百蔵左馬進	228,236
池城	38,41
池田恒興	129,142,148,149
池田輝政	214,215
池頼定	15,39,41
池六右衛門	197
生駒親正	187,197
井沢頼俊	105
石谷氏(元親夫人)	58〜61,69,93,95,102,112,128,141,145,**248**
石谷兵部少輔頼辰	→石谷頼辰
石谷兵部大輔光政	→石谷光政
石谷光政	58〜60
石谷頼辰	59,60,128,141,175,182,183,**264**
石垣山城	66
石川勝重	116
石田三成	167,185,207〜218
伊集院久宣	177
和泉式部	97
板垣退助	33,55
板垣信方	184
板倉勝重	228,238
一条兼定	36,50,51,53,61,63,65,68,70,71,74〜78,82〜88,124,**269**
一条兼良	20,50
一条内政	15,50,51,83,84,88,124,125
一条内基	84,85
一条経嗣	21
一条教房	20〜22,25,26,41,50
一条房家	22,25〜31,36,50,84,**274**
一条房冬	50
一条房通	50,84
一条房基	36,50
一条政親	50,125
一宮城	123,129,157,161,163
一宮成助	105,123
一ノ森城	152
一領具足	39,40
一遍上人	32,139
稲葉一鉄	61

稲葉正成	141	大内義隆	35
犬山城	148	大垣城	211〜213,215
渭山城	157,161	大窪美作守	45,46
今井宗久	168	大黒主計	217
今川氏真	57	大坂城	146,148,149,151,169,170,174,
今川氏親	203		199,207,209,213,215,216,
今川仮名目録	203		218,227〜233,235,236,238
今川仮名目録追加21条	203	大坂夏の陣	231〜236
今川義元	57,203	大坂冬の陣	229〜231
入江左近	88	大洲城	101
岩倉城	53,121〜123,129,137,	大高坂城	36,196,224
	143,157,161〜163	大高坂権頭	50

う

		太田城	155
上杉景勝	142,146,197,208,218	大谷吉継	208
上杉謙信	34,57,93,171,184,196	大津御所	84,88,124
植田城	157,159,160	大津城	38,84
上ノ原城	181,183	大友宗麟	51,57,68,77,84〜86,88,170,
上ノ坊	150,167,168		173,174,176,183,186
魚津城	129	大友義統	176〜178,187
宇喜多秀家	142,153,156,157,159,160,208,218	大西覚養	103〜106,**275**
潮江城	44,48,67	大西上野介	104〜107,116〜118,
潮江城攻め	47〜49,**284**		121,146,**264**
牛岐城	53,122,123,135,157,161	大西城	53
臼杵城	176,183	大野治胤	237
馬ノ上城	62,63,72	大野治長	227,230〜232,236,237
浦戸城	36,42,44,46,47,50,53,161,195,196,198,	大平捨牛	113
	200,202,209,210,216,217,220〜223	大森城	101
瓜生野城	67,69	小笠原中務	104
瓜生野城攻め	67〜69,**284**	岡本城	120,152
上井覚兼	174	岡本城攻め	118〜121,**286**

え

		奥宮正明	14
江戸城	208,209,211	小督	31
夷山城	123,129,135	岡豊城	16,17,21,23,25〜29,31,34,36〜39,
江村小備後	→江村親家		43〜45,48,49,53,63〜65,69,89,
江村小備後親家	→江村親家		102,103,109,112〜115,119,128,
江村親家	38,47,49,62,68,109,123,**259**		133,134,145,155,157,170,196
江村孫左衛門	123,135,157,161,162,	岡豊城攻防戦	63〜65,**284**
	164〜166,181,218,	織田有楽斎	230
	225	織田信雄	142,146〜150
遠藤周作	188	織田信孝	129,130,142〜144,146,147

お

		織田信長	13,34,35,39,57,58,61,69,70,89,
お市	58		93〜98,101,109,112,113,118,
応仁の乱	20〜22,90,110,138		122,126〜132,140〜142,147,
大内家壁書	203		163,167,171,183,193,210,**277**
大内氏掟書	→大内家壁書	織田秀信	218
大内政弘	203	小田原城	196,197

小田原攻め	196,197,**287**
小市国造小致命	138

か

蚊居田修理	39
改田城	38
海部越前守	→海部宗寿
海部城	53,81,82,99,100,124,133
海部城攻め	98〜100,**285**
海部宗寿	81,82,99,100,**275**
鏡城	176,180
香川親和	15,115〜117,143,146,167, 169〜171,186,190, 191,**251**
香川之景	115〜118,146,**276**
垣見家純	→垣見和泉守
垣見和泉守	198
掛川城	210
籠宗全	195
香西成資	14,167
春日局	59,141,210,**254**
片桐且元	188
加藤清正	167,208,225,226
加藤嘉明	197,198,220
金岡城	62,72
金山城	152
金子元宅	116,151,152,157〜159,164,**266**
金子元春	157〜159
金子山城	101,116,151,157〜159
甲ヶ森城	101
カプラル	86
上夜須城	61,64
蒲生氏郷	188
川之江城	116
甲浦城	88
神戸信孝	→織田信孝

き

岸和田城	148
北之川親安	124
北ノ庄城	146
北畠信雄	→織田信雄
吉川広家	208,214,215,218,219
吉川元長	156,158,159
吉川元春	101,158
木津城	157,160〜162
紀貫之	14,54,55,114
岐阜城	89,96,146,212

木村重成	227,233〜235
清洲城	142
吉良峰城	23,36,37,51,53,76
吉良親貞	15,41,42,45,47,53,62,71,72,76〜78, 80〜82,84,86,100,103,112,117, 120,172,191,217,**249**
吉良親実	15,117,135,172,173,175, 191〜193,205,**253**
吉良播磨守	175,182,183

く

空海	33,111,114,168
九鬼嘉隆	197,218
楠正成	17,184
国沢将監	50
国吉甚左衛門	118
窪川城	78
熊谷源助	64,65
久万城	50
久万俊朝	228
久万兵庫	109
栗本城	86,87
来島通総	166,167
久礼城	77,82
黒岩越前	70〜72,74,75
黒岩掃部	224
黒岩隼人	212
黒川広隆	158
黒瀬城	53,68,101,151,152,166
黒田如水	148,156,159,160,162,176,188
黒田長政	148,208,212,214,216
黒田孝高	→黒田如水
桑名内蔵允	212
桑名将監	181,186
桑名太郎左衛門	107,108,113,146,169,175, 177,181〜183,**261**
桑名丹後守	52,78,88,107,122,135,**261**
桑名弥次兵衛	122,135,181,201,210,212,215, 216,220〜222,224,225,229, 234,235,**261**
桑野城	99,100,122,123

け

月峰和尚	221
介良城	38
源右衛門	83
顕如	119,126

こ

甲州法度之次第	203
香宗我部貞親	206,210,226
香宗我部親氏	197,206,**253**
香宗我部親秀	31,40,41,206
香宗我部親泰	15,41,42,52,62,71,72,78,80,81,99,100,114,123,124,126,133,135,136,140,141,144,148〜150,157,161,190,197,198,202,206,**250**
香宗我部秀通	40〜42,206
香宗我部秀義	40
香宗城	23,36,40
幸田露伴	188
高知城	50,196,224
河野通清	138
河野通直	53,101,151,152,159,**274**
河野通信	138
河野通盛	138
弘法大師	→空海
功満王	13
郡山城	168
小倉城	178
小島源蔵	109
後醍醐天皇	18,19
後藤又兵衛	227,228,231〜233,236
小西行長	145,149,154,188,207,216,218
近衛前久	114
小早川隆景	103,147,156,158,159,162,166,167,200
小早川秀秋	208,214
小牧・長久手の戦い	148〜151
小牧山城	148
小松谷寺覚桜	112,113
小諸城	197
金地院崇伝	231
近藤長兵衛	235

さ

西園寺公広	53,68,120,151,152,166,**274**
雑賀孫一(市)	→鈴木孫一重秀
斎藤伊豆守利賢	→斎藤利賢
斎藤内蔵助	→斎藤利三
斎藤下総守	107,108,116
斎藤龍興	60,61
斎藤道三	60
斎藤利賢	59,60
斎藤利三	58〜61,93〜95,102,128,131,132,141,168,**277**
斎藤福	→春日局
斎藤三存	141
斎藤義龍	57,60
榊原康勝	234
坂口安吾	188
坂本乙女	54
坂本城	94
坂本龍馬	33,54,55,224
相良氏法度	203
相良長毎	203
佐川信濃守	77,82
佐川城	100
策彦	102
佐久間信盛	128
佐竹太郎兵衛	120
佐竹親直	15,228,235
佐竹義宣	156,218
佐々成政	155,156
真田昌幸	218
真田幸村	218,227〜229,231〜233,236
誠仁親王	155
佐和山城	213
算砂	→本因坊
三法師	142

し

重清城	121
重清豊後守	121
始皇帝	13,14,92
四国征伐	156〜165,**287**
宍喰屋	94,167
宍戸元秀	158
泗川城	198
柴田勝家	126,129,133,142〜144,146,147
島親益	15,41,80,82,89,99,**251**
島津家久	174,176〜178,183,186,**278**
島津貴久	57
島津歳久	174,186
島津義久	85,174,186,214
島津義弘	174,186,198,208,214,218
島弥九郎	→島親益
清水康英	197
下田城(高知県南国市)	38
下田城(静岡県下田市)	197
重茂城	159

聚楽第	172,199	十河千松丸	187
勝賀次郎兵衛	193	十河存保	53,80,100,105〜107,118,121〜124,
勝興寺城	136		126,129,132,134,135,137,143〜146,
勝瑞城	53,80,90,103,105,106,121〜124,		148,149,166,167,174〜180,185,187,
	129,132,133,135〜137,149		268
聖通山城	107	**た**	
小備後親家	→江村親家	第一次岩倉城攻め	121,122,286
如渕	112〜114,193,**265**	田井古城	67
塵芥集	203	第二次岩倉城攻め	137,**286**
新開道善	122,123	大備後重俊	→吉田重俊
新加制式	203	高尾城	116,157〜159
信玄家法	→甲州法度之次第	高島孫右衛門	13,224
新庄城	73,74,78	高天神城	66
秦泉寺掃部	43	高峠城	159
秦泉寺城	50	高縄山城	138
秦泉寺豊後	34,43,46,52,71,**266**	高松城	129,131,145,160
秦泉寺大和	52	高森城	152
真蔵主	→如渕	高屋城	122,126,129
新名城	118	尊良親王	114
す		滝川一益	129,143,146
陶晴賢	35	滝宮城	118
宿毛城	36,53	武田勝頼	93,129,167
宿毛甚左衛門	135,151,201,221,225	武田信玄	34,57,93,162,171,184,193,196,203
須崎城	117	竹ノ内惣左衛門	221,222
鈴木内膳	183,188	立石助兵衛	216,220,221,225
鈴木平兵衛	220〜222	伊達稙宗	203
鈴木孫一重秀	119	伊達政宗	167,193,232
崇徳上皇	14,32	谷忠兵衛	107,143,152〜154,157,161〜165,
洲本城	146		168,175,181,183〜185,190,202,
駿府城	228		204,217,**256**
せ		谷彦十郎	175,183
勢雄	144	種崎城	44〜47,49
関ヶ原の戦い	211〜216	玉井彦助	144
仙石秀久	145,146,148,149,166,167,	**ち**	
	174〜178,182,185,197,	長宗我部右近大夫	15,115,206,225,239,**252**
	273	長宗我部雄親	15,17,21
千石堀城	155	長宗我部兼序	15,17,24〜27,38,43,
千利休	168		44,56,64,67,69,**251**
千姫	58	長宗我部兼能	15,18,19
そ		長宗我部国親	15,25〜31,34〜50,52,54,58,
蘇我赤兄	23		59,67〜69,71,75,77,80,81,
十河景滋	110		84,92,114,155,191,**244**
十河一存	80,103,110	長宗我部国康	39,71
十河金光	110	長宗我部五郎次郎親和	→香川親和
十河城	53,103,105,143,146,149,150	長宗我部氏掟書	→長宗我部元親百箇条
十河城攻め	148,149,**286**	長宗我部親興	→比江山親興

Truth In History 長宗我部元親

長宗我部親貞	→吉良親貞
長宗我部親武	→戸波親武
長宗我部親吉	157,163
長宗我部千熊丸	→長宗我部盛親
長宗我部信親	15,59,69,95,97,112～115,117, 128,133,135,141,145,146,155, 157,161,164,172,174～177, 179～191,193,198,201,204, 207,225,237,**246**
長宗我部信能	15,18,19
長宗我部文兼	15,21,27
長宗我部孫次郎親忠	→津野親忠
長宗我部元門	15,21
長宗我部元親(第15代)	15,21
長宗我部元親(第21代)	12～239,**245**
長宗我部元親百箇条	102,190,202～204
長宗我部盛親	15,26,59,115,145,190,191,193, 197,200～202,204～207, 209～222,225～239,**247**
長宗我部弥九郎	→島親益
長宗我部弥三郎(信親)	→長宗我部信親
長宗我部弥三郎(元親)	→長宗我部元親(第21代)
長宗我部弥七郎	→香宗我部親泰
長宗我部康豊	15,206,**252**
長宗我部能俊	→秦能俊

つ

九十九山城	115
津田信澄	130
土橋重治	155
土御門有春	81
土御門上皇	14,32,79
筒井順慶	142
津野勝興	78,116,117
津野定勝	76,78,82,116
津野城	23
津野親忠	15,115～117,166,167,169, 190～192,197,205,206, 217～219,**252**
椿泊城	99
坪内逍遙	188
鶴賀城	176,177,179,180,183

て

天竺孫十郎	38

と

土居清良	120
土居宗三	68,83
東条関兵衛	100,122,135,137,157,160,161
東条紀伊守	161
十市城	38,39
十市新右衛門	181,209,221
藤堂勘解由	234,235,237
藤堂式部	234
藤堂高虎	161,162,168,185,198,205～207, 217,219,220,225,229,232～235, 237
藤堂高刑	234
藤堂高吉	234
藤堂良勝	234
藤堂良重	234
十市縫殿助	225
土岐頼遠	58
常磐城	151
得居通年	166,167
徳川家光	141
徳川家康	13,19,35,57,58,66,113,147～151, 155,167,171,197,200,207～220, 223,225～234,236,238,**278**
徳川秀忠	232,234,237
土佐泊城	157
利光宗魚	176
鳥取城	160
戸ノ本の合戦	44～47,**284**
富田信高	212
豊臣国松	237
豊臣秀吉	12,31,33～35,39,58,66,88,98,101, 113,126～134,138,141～156, 159,160,163～174,176,181, 185～187,190,191,194～200, 204,205,207,210,229,**278**
豊臣秀頼	58,173,200,205,209,215,216, 218,219,227～232,236,237
豊永城	104
豊永藤五郎	228
虎丸城	53,143～146,167,174

な

内藤長秋	233
長坂三郎左衛門	237
長島城	147,149,150,212
中島親吉	38
中島可之助	95～98,**263**
中島大和	51,52,60,77

中島与市兵衛…………	113,124,181,225,228
中富川の戦い……………	135～137,286
中内源兵衛………………	117,118,262
中内惣右衛門………	225,228,236～239,262
中内兵庫…………………………	123
長浜城…………	42,44～47,49,50,52
長浜の戦い…………	→戸ノ本の合戦
中村一氏…………………………	148
中村御所……………	21,22,26,27,83,84
中村城……	22,23,36,53,84,87,100,204,216
中山田政氏………………………	226
中山田泰吉…………	206,210,226,266
永吉飛騨………………………	193
那須与一………………………	143
長束正家…………	208,209,213,214,216
奈半利城………………………	78,88
奈良太郎兵衛…………………	107
に	
新納忠元…	176,177,179,181,182,184～186
仁宇城………………………………	99
西長尾城…………………………	118
二条城……………………………	238
新田義貞…………………………	18
蜷川道標…………	102,113,202,206,220,
	221,225,226,265
丹羽長秀…………………	129,130,142
忍性……………………	35,112～114
忍蔵主…………………………	→忍性
の	
野根城……………………………	88
は	
波川玄蕃…………	15,41,124,125,264
波川城……………………………	41,124
波川城攻め……………	123～125,286
白地城……………	53,103,104,107,118,122,
	143,152,153,155～157
白地城攻め……………	105～107,285
羽柴筑前守…………………	→豊臣秀吉
羽柴信吉………………………	→羽柴秀次
羽柴秀次……	122,126,128,148,156,160～162
羽柴秀長…	156,157,160～166,168,169,186,193
羽柴秀吉………………………	→豊臣秀吉
蓮池城………	23,36,43,50,51,76～78,116,172
秦河勝………………………	15,14,18
秦能俊………………	14～18,26,209
蜂須賀家政………	148,156,166,197,239

蜂須賀小六…………	148,156,159,161,166
蜂須賀正勝…………	→蜂須賀小六
八幡城………………………………	169
浜松城………………………………	150,211
林通勝………………………………	128
羽山左八郎…………………	236～238
羽床伊豆守…………………	→羽床資載
羽床城…………………………	107,117,118
羽床城攻め…………………	117,118,285
羽床資載………………………	117,118,276
播磨与十郎………………………	57
板西城………………………………	136
ひ	
比江山親興………	39,71,72,121,135,136,157,
	162,163,166,169,170,
	191～193,205,254
引田城………………………………	146
引田の戦い…………………	145,146,286
久武昌源………………	38,49,52,86,87
久武親直……	38,119,121,123,135,151,152,158,
	172,173,190～193,198,201,202,
	205,206,209,210,216～218,
	220～222,225,226,258
久武親信………	38,52,62,86,87,95,98,100,
	101,103,119,120,122,152,
	169,171,172,257
ヒトラー…………………………	193
姫倉右京……………………………	61
姫倉城………………………………	61,62,72
姫倉備前守………………………	61
姫路城………………………………	157
姫野々城……………………………	36
非有………	190,202,206,209,210,216,220,265
平賀源内………………………	33,111
日和佐城……………………………	99
ふ	
福井城………………………………	50
福島正則…………	167,197,208,210,212,
	213,216,219,227,229
福留右馬丞………………………	44,45
福留親政………	49,51,64,65,86,89,112,263
福留隼人………	89,109,152,175,181,263
福原元俊…………………………	158
藤尾城……………………………	107,143
伏見城………………	200,207,211,232,237
藤目城…………………	107～109,115,116

296

藤目城攻め	107〜109,**285**
藤原純友	138,183
藤原仲平	22
藤原秀郷	29
フロイス	88,96,119
豊後の陣	→戸次川の戦い
文禄・慶長の役	197〜199,**287**

へ

戸次川の戦い	175〜183,**287**
戸次統常	177,178
戸波城	36,77
戸波親清	225
戸波親武	39,71,72,109,149,157, 159,160,217,**253**

ほ

北条氏直	196,197
北条氏政	146,196,197
北条氏康	57
北条高時	18
北条泰時	202
法然	32
法花津播磨守	85,88
細川顕氏	110
細川詮春	90
細川氏綱	90
細川勝元	20,22,24
細川源左衛門	181
細川真之	80,91,105,106
細川澄元	90
細川澄之	90
細川宗桃	39,51,71,151,225,**262**
細川高国	90
細川忠興	210
細川信良	141
細川晴元	90,141
細川藤孝	142
細川政元	25,90
細川持隆	90
細川義春	90
細川頼元	110
細川頼之	110
堀尾忠氏	211
本因坊	113
本庄主税助	177
本多正信	150
本能寺の変	130〜132

ま

前田利家	35,156,197,200,207,208
前田利長	207,227
正岡子規	32,139
増田長盛	161,185,193,198,208, 209,215,218,233
増田盛次	233,234
町三郎右衛門	209
松井武大夫	220
松尾新城	215
松尾新兵衛	204
松坂城	212
松平忠輝	232
松永久秀	57
丸橋忠弥	**254**
丸山城	158

み

三木城	126
御庄越前守	85
水野勝成	232
水口城	216
南村梅軒	35
源頼朝	138,147,174
三原城	157
宮崎久兵衛	239
明神源八	225
三好式部少輔	122,126,127,129,130,137,**275**
三好実休	80,81,90,91,110
三好笑岩	122,124,126〜130,132,134,137,**272**
三好長治	53,80,100,103〜107,203
三好長慶	35,57,80,90,91,110,122
三好秀次	→羽柴秀次
三好政長	90
三好存保	→十河存保
三好元長	90
三好康俊	→三好式部少輔
三好康長	→三好笑岩
三好之長	90
三好義賢	→三好実休

む

牟岐城	99
夢窓疎石	19
村上武吉	138
村上義清	184
牟礼城	160

297

め

妻鳥友春	116

も

毛利勝永	227,228,232,233,236
毛利輝元	101,147,153,156〜158,176,200,208,215,216,218,219,**276**
毛利秀元	212,214,215,218
毛利元就	35,42,57,101,102,193
木食上人	212
本篠城	115,117
元親夫人	→石谷氏(元親夫人)
本山茂定	42
本山茂辰	15,30,36,37,39,41〜45,47,48,50〜53,56,58,61,66,67,**270**
本山城	23,36,37,42,50〜53,61,63,65〜67
本山城攻め	65〜67,**284**
本山親茂	52,53,66,67,69,152,169,175,182,183
本山梅慶	25,27〜30,36,37,39,42,43,52
本山養明	24,25,27〜29,43
森鷗外	187〜189
森城	66,67
森勝介	113
森孝頼	66,67
森長可	148,149
森頼実	66

や

八尾・若江の戦い	232〜235
八木康教	54,55
屋島城	145,157
矢野伯耆	135
山内一豊	210,211,214,220,223,224
山内外記	120
山内千代	210
山内康豊	220
山岡兵部	234
山口弘定	233
山崎の戦い	131
山路城	124
山科言継	60
山田城	38
山名宗全	20,22

ゆ

結城氏新法度	203
結城政勝	203
柚木城	99
雪	83,85

よ

湯築城	53,101,103,138,151,152,157,159
湯築城攻め	151,152,**287**
横須賀城	66
横山新兵衛	216
横山民部	74
吉井修理	43,69
吉田伊賀介	47,52,61,62,64,65,71,72
吉田猪兵衛	215,229,235
吉田重親	228,234
吉田重俊	38,61,62,64,65,68,71,72,74,75,77,78,102,107,**259**
吉田次郎左衛門	222,**260**
吉田大備後	→吉田重俊
吉田大備後重俊	→吉田重俊
吉田孝頼	29,31,38〜40,49,51,62,222,**259**
吉田周孝	→吉田孝頼
吉田東洋	29
吉田政重	135,225,228,**260**
吉田康俊	135,157,161,181,215,218,224,228,**260**
義治式目	→六角氏式目
淀殿	31,216,227,229〜231,236

ら

ランデーチョ	198

り

竜王城	178
龍造寺隆信	57,85,173
霊仙山城	159

ろ

六角氏式目	203
六角承禎	→六角義賢
六角義賢	57,203

わ

脇坂安治	197
脇城	122,157,163
渡辺了	233
渡川の戦い	85〜87,**285**

■参考文献

『戦国史料叢書 四国史料集』	山本大 校注／人物往来社
『土佐物語』	吉田孝世 著、岩原信守 校注／明石書店
『注釈元親記』	高嶋正重 著／土佐史談会
『日本合戦騒動叢書6 元親記』	泉淳 著／勉誠社
『国史大系徳川実紀』	吉川弘文館
『戦国文書聚影 長宗我部氏編』	戦国文書研究会、山本大 著／柏書房
『改訂史籍集覧』	近藤瓶城 編／近藤活版所
『土佐国編年紀事略』	中山巌水 編、前田和男 校訂／臨川書店
『南海通記・四国軍記』	香西成資 編／歴史図書社
『南海治乱記』	香西成資 著／教育社
『鴎外全集』	森林太郎 著／岩波書店
『土佐偉人伝』	寺石正路 著／歴史図書社
『長宗我部元親』	山本大 著／吉川弘文館
『土佐長宗我部氏』	山本大 著／新人物往来社
『長宗我部元親伝』	中島鹿吉 著／秦神社社務所
『長宗我部元親のすべて』	山本大 編／新人物往来社
『全讃史』	中山城山 著／藤田書店
『高知県の歴史』	山本大 著／山川出版社
『徳島県の歴史』	福井好行 著／山川出版社
『香川県の歴史』	市原輝士、山本大 著／山川出版社
『愛媛県の歴史』	田中歳雄 著／山川出版社
『県史 高知県の歴史』	荻慎一郎他 著／山川出版社
『県史 徳島県の歴史』	石躍胤央他 著／山川出版社
『県史 香川県の歴史』	木原薄幸他 著／山川出版社
『県史 愛媛県の歴史』	内田九州男他 著／山川出版社
『国勢調査以前 日本人口統計集成』	内閣統計局／東洋書林
『信長公記』	太田牛一 著、桑田忠親 校注／新人物往来社
『太閤記』	小瀬甫庵 著、桑田忠親 校訂／新人物往来社
『川角太閤記』	志村有弘 著／勉誠社
『群書類従』	塙保己一 編／続群書類従完成会
『桑田忠親著作集 第1巻 戦国の時代』	桑田忠親 著／秋田書店

『豊臣秀吉のすべて』	桑田忠親 編／新人物往来社
『豊臣秀吉事典』	杉山博他 編／新人物往来社
『戦国人名事典』	阿部猛、西村圭子 編／新人物往来社
『定本名将言行録(上・中・下)』	岡谷繁実 著／新人物往来社
『常山紀談(上・中・下)』	湯浅常山 著、森銑三 校訂／岩波書店
『関ヶ原合戦史料集』	藤井治左衛門 編著／新人物往来社
『日本切支丹宗門史』	レオン・パジェス 著、吉田小五郎 訳／岩波書店
『高山公実録(上・下)』	上野市古文献刊行会 編／清文堂出版
『日本の歴史』	中央公論社
『日本の歴史』	児玉幸多他 編／集英社
『完訳フロイス日本史』	松田毅一、川崎桃太 訳／中央公論社
『類聚伝記大日本史』	雄山閣出版
『国別守護・戦国大名事典』	西ヶ谷恭弘 編／東京堂出版
『戦国期歴代細川氏の研究』	森田恭二 著／和泉書院
『室町戦国の社会 商業・貨幣・交通』	永原慶二 著／吉川弘文館
『古文書の語る日本史5 戦国・織豊』	峰岸純夫 編／筑摩書房
『戦国武将の手紙を読む』	二木謙一 著／角川書店
『日本の城ハンドブック』	南条範夫 監修／三省堂
『松田毅一著作選集』	松田毅一 著／朝文社
『武功夜話』	吉田蒼生雄 訳注／新人物往来社
『大日本古記録 上井覚兼日記(上・中・下)』	東京大学史料編纂所 編／岩波出版
『島津家文書』	東京大学史料編纂所 編／東京大学出版会
『新編藩翰譜(1~5巻)』	新井白石 著／新人物往来社
『土佐国古城略史』	宮地森城 著／青楓会
『新訂 幕藩体制史の研究』	藤野保 著／吉川弘文館
『第一代一豊公紀』	山内家史料刊行委員会 編／山内神社宝物資料館
『戦国大名論集15 長宗我部氏の研究』	秋澤繁他 編／吉川弘文館
『本光国師日記(1~7巻)』	崇伝 著／続群書類従完成会

『大日本古文書 家わけ11ノ1 11ノ2 小早川家文書(之一・之二)』……東京大学史料編纂所 編／東京大学出版会
『長宗我部掟書の研究』……………………………………井上和夫 著／高知市立市民図書館
『長宗我部元親・盛親の栄光と挫折』……………………高知県立歴史民俗資料館 編／高知県立歴史民俗資料館
『長宗我部盛親 土佐武士の名誉と意地』………………高知県立歴史民俗資料館 編／高知県立歴史民俗資料館
『戦国合戦ガイド』…………………………………………會田康範、後藤敦 著／新紀元社
『日本の合戦3 群雄割拠(上)』……………………………桑田忠親 編、高柳光寿 監修／人物往来社
『日本の合戦4 群雄割拠(下)』……………………………桑田忠親 編、高柳光寿 監修／人物往来社
『日本の「名城」伝』………………………………………吉田龍司 著／宝島社
『戦国合戦「超ビジュアル」地図』………………………吉田龍司、岡林秀明 著／宝島社
『戦国城攻め「超ビジュアル」地図』……………………吉田龍司、安田峰俊 著／宝島社
『歴史群像シリーズ特別編集【決定版】図説・戦国甲冑集』……伊澤昭二 監修・文／学習研究社
『歴史群像シリーズ特別編集【決定版】図説・戦国合戦集』……学習研究社
『歴史群像シリーズ特別編集【決定版】図説・戦国地図帳』……学習研究社
『歴史群像シリーズ51 戦国合戦大全下巻』……………………学習研究社
『歴史群像シリーズ50 戦国合戦大全上巻』……………………学習研究社
『図解 戦国史 大名勢力マップ』…………………………武光誠 監修／ローカス

(順不同)

あとがき

　四国の県民性を示す話に次のようなものがあります。
　「徳島人は大阪を向き、香川人は岡山を向き、愛媛人は広島を向いて生きている。そして高知人は、ただ太平洋を向いて生きている」
　また、土佐の人は自分の土地を自嘲してこんなことをいっています。
　「土佐は"行き止まり"である」
　「土佐は"どんづまり"である」
　実際にいかれた方ならわかるでしょうが、まさに土佐は、四国という島のなかにあって、さらに隔絶された孤島のイメージがあります。陸路では入るにも出るにも一苦労、まさしく"行き止まり"の国です。
　そんな地形からして、土佐は不思議な人材を生み出す環境にあるのかもしれません。
　思えば土佐の人は乱世に強い民です。
　戦国時代は元親。そして幕末は坂本龍馬、土佐勤王党など強烈な人物を輩出しました。特に幕末の土佐藩は倒幕運動で国中が沸騰し、佐幕派だった高松や松山に攻め入って降伏させています。ちなみに徳島藩も倒幕派でしたが、土佐藩に出遅れて目立った活躍をしていません。
　つまり、戦国でも幕末でも、四国の主導権を握ったのは土佐人だったわけです。偶然にしてはでき過ぎな話といえるでしょう。
　熱しやすく、情にもろく、いざ合戦となれば畦道（あぜみち）の槍を取って駆け出す、死生知らずの野武士たち――。
　近年こそ、財政悪化と人口流出に苦しむ県としてのイメージがありますが、土佐人には元親、龍馬、そして一領具足らの熱き精神が脈々と生き続けているような気がしてなりません。

●

　四国の取材旅行は楽しいものでした。
　レンタカーを借りてのんびりと四国を一周。海岸線の風景は綺麗だし、鰹のタタキ、讃岐うどんなど食も充実していましたし、ひとり旅にはもってこいの土地といえます。
　ただし、私自身方向オンチというせいもありまして、あちこちの史蹟巡りには大変苦労しました。また、四国がこれほどまでの山国だとは思っていなかったので、峠の走行も難渋しました。

例の野根山街道では道に迷い、とんでもない山道をさまよう羽目に陥りました。カーナビにも表示されない道だったので、ちょっとしたパニックに陥ったほどです(元親や一領具足は、こんな山道を踏破していたわけですが……)。
　そんな愚かな旅人を、四国の人々は優しく助けてくれました。お遍路さんを相手に長年接してきた歴史もあるからでしょうか、懇切丁寧に道や史蹟の場所を案内してもらいました。
　また、行く先々の宿で土地の人々と一緒にお酒を飲みましたが、お酒は美味しいし、会話も楽しいものでした。
　有名な「よさこい」の意味は諸説ありますが、「夜さ来い」「寄ってらっしゃい」という意味があるそうです。
　楽しく飲んで、楽しく生きる。元親が京で一般庶民に「飲め、食え」と勧めた土佐の風習は、今でも残っているようです。
　――最後になりましたが、取材にご協力いただいた高知県、高知県立歴史民俗資料館・野本亮学芸専門員様、高知県立図書館・渡邊哲哉指導主事様、徳島県の木内輝和様に深くお礼を申し上げます。
　そして、最後まで読み進んでいただいた読者の皆様に深く感謝します。
　ありがとうございました。

　　　　　　　　　　　　　　　　2009年8月　　　　吉田龍司

〈著者プロフィール〉

吉田龍司（よしだ りゅうじ）

文筆家。京都市出身。
1989年市立都留文科大学文学部英文学科卒。
証券経済専門紙「株式新聞」元デスク。
2002年よりフリーになってからは、おもに歴史、経済、サブカル方面で活躍。記者生活での取材経験を活かし、古城・古戦場のフィールドワークや各種文献の調査などを好む。
著書　『武田信玄』(新紀元社)
　　　『日本の名城伝』(宝島社)
　　　『戦国クロニクル』(宝島社)
　　　『時代がわかる！年代別 戦国合戦史』(戦国クロニクル文庫版・宝島社)
　　　『今日からいっぱし！経済通』(日本経営協会総合研究所)
　　　『儲かる株を自分で探せる本』(講談社)
共著は『戦国武将事典 乱世を生きた830人』(新紀元社)、『戦国大名格付け』(綜合図書)、『戦国合戦超ビジュアル地図』(宝島社)など多数。

Truth In History 16
長宗我部元親　土佐の風雲児 四国制覇への道

発行日	2009年9月28日　初版発行
著者	吉田龍司
編集	新紀元社編集部／堀良江
発行者	大貫尚雄
発行所	株式会社新紀元社 〒101-0054　東京都千代田区神田錦町3-19　楠本第3ビル4F TEL:03-3291-0961　FAX:03-3291-0963 http://www.shinkigensha.co.jp/ 郵便振替　00110-4-27618
カバーイラスト	諏訪原寛幸
本文イラスト	福地貴子／櫻井秀徳
デザイン・DTP	株式会社明昌堂
印刷・製本	東京書籍印刷株式会社

ISBN978-4-7753-0747-2

本書記事およびイラストの無断複写・転載を禁じます。
乱丁・落丁はお取り替えいたします。
定価はカバーに表示してあります。
Printed in Japan